2018 鼓楼年鉴

GULOU NIANJIAN

南京市鼓楼区地方志编纂委员会办公室

㊤

方志出版社
Publishing House of Local Records

图书在版编目（CIP）数据

鼓楼年鉴. 2018 / 南京市鼓楼区地方志编纂委员会办公室编. —北京：方志出版社，2018. 7

ISBN 978-7-5144-3153-7

Ⅰ.①鼓… Ⅱ.①南… Ⅲ.①区（城市）—南京—2018—年鉴 Ⅳ. ①Z525.34

中国版本图书馆CIP数据核字（2018）第173848号

鼓楼年鉴（2018）

编　　者：南京市鼓楼区地方志编纂委员会办公室

责任编辑：徐　宏

出 版 人：冀祥德

出 版 者：方 志 出 版 社

地址　北京市朝阳区潘家园东里9号（国家方志馆4层）

邮编　100021

网址　http://www.fzph.org

发　　行：方志出版社发行中心

电话（010）67110500

经　　销：各地新华书店

印　　刷：南京顺和印刷有限责任公司

开　　本：787 × 1092　　1/16

印　　张：31.75

字　　数：635千字

版　　次：2018年7月第1版　　2018年7月第1次印刷

印　　数：001 ~ 650册

ISBN 978-7-5144-3153-7　　定价：180.00元

南京市鼓楼区行政区划图

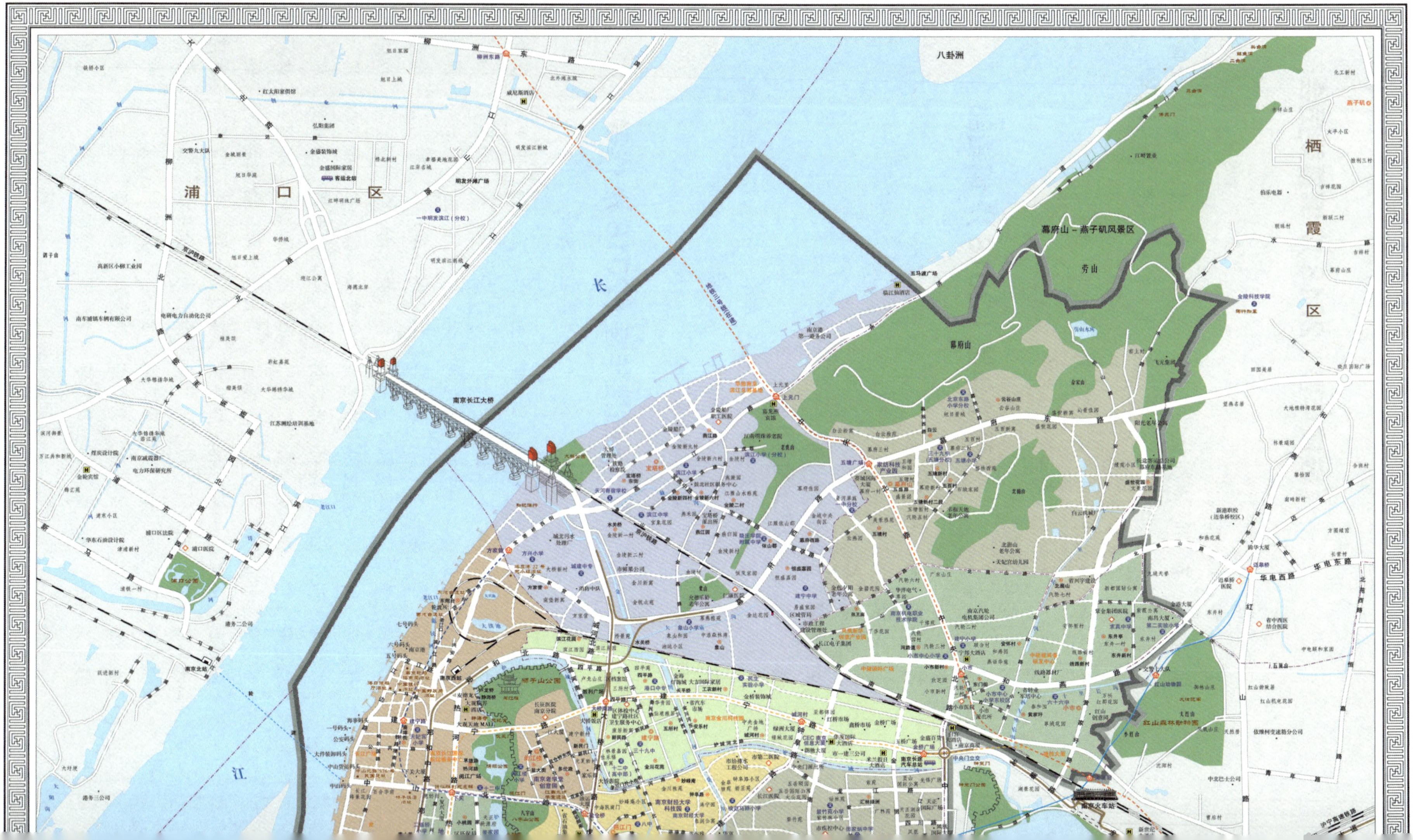

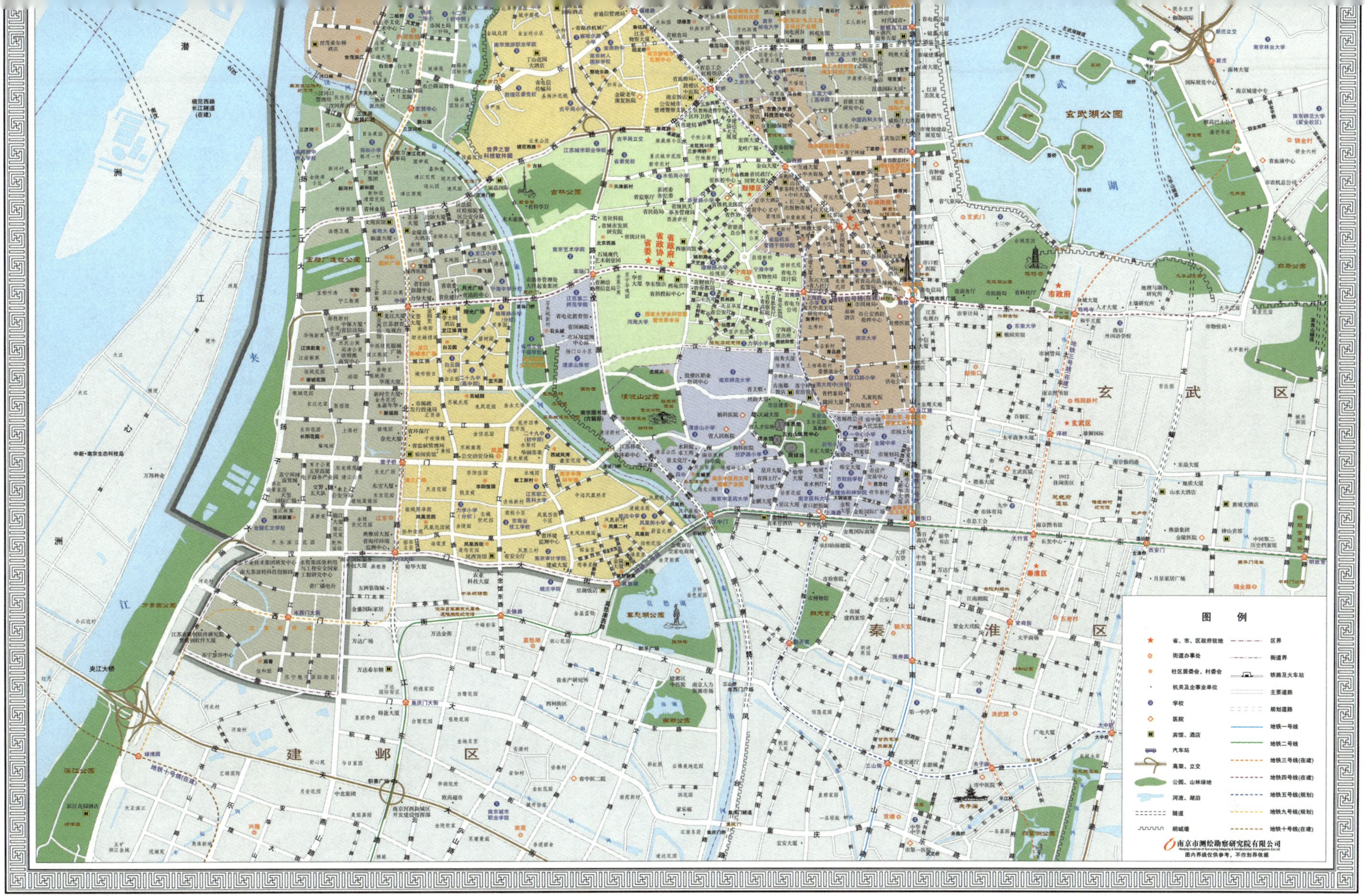

南京市鼓楼区民政局、住建局　监制
南京市测绘勘察研究院　编制

2014年1月

编辑说明

一、《鼓楼年鉴(2018)》是汇集区情资料的综合性地方年鉴,她以马克思列宁主义、毛泽东思想、邓小平理论、"三个代表"重要思想、科学发展观,习近平新时代中国特色社会主义思想为指导,系统记述2017年鼓楼区自然、政治、经济、文化、社会等方面发展的主要情况,特别是记录鼓楼人民在区委、区政府正确领导下,争创首善之区、建设幸福鼓楼的重要足迹。她为广大干部、群众了解、研究、建设鼓楼,提供参考依据和信息资料,也为地方志续修积累资料。

二、为充分体现鼓楼特色,《鼓楼年鉴(2018)》的框架设计做了调整,全刊设12个类目:专记、印象鼓楼、服务经济、科学技术、都市建设、经济管理、公共服务、社会治理、地方组织机构、街道、附录、索引。

三、《鼓楼年鉴(2018)》采用分类编辑法,设类目、分目、条目等层次,部分分目下设副分目,分别以不同字体字号标识。2018卷有类目12个、彩图18版、随文图片54张、表格64张。

四、本卷年鉴主题彩页共分为:鼓楼要闻、宜居鼓楼、幸福鼓楼三个部分。

五、《鼓楼年鉴(2018)》所刊载的文字内容和数据,由全区各部门、各街道、各单位提供,并经主要领导审定。

统计资料数据使用法定计量单位,其中主要数据由鼓楼区统计局提供,其他数据由各部门提供,数据时间截至2017年12月31日。所用统计数据,由于统计的来源、口径、方式、方法和时间的不同而有一定差异,引用时以区统计局数据为准。

全文中,凡直书月、日而未写年份的均为2017年。一些首次出现的内容,时间表述上作适当的上溯,个别材料时间作下延。

六、《鼓楼年鉴(2018)》的编纂工作得到全区各部门、各单位、各街道、驻区有关单位以及省、市地方志办的大力支持,广大编纂人员为年鉴撰稿、编辑、校对付出了辛勤的劳动,在此深表谢意,同时欢迎社会各界提出改进意见,以便提高编纂质量。

12月30日，中国共产党南京市鼓楼区第二届委员会第四次全体（扩大）会议

6月21日，全国、省、市、区四级人大代表视察黑臭河道治理工作

10月12日，驻区高校“两落地、一融合”项目对接会

10月26日，区政协"优化供给，推动社区服务提档升级"专题议政会议

11月21日，区管干部学习贯彻党的十九大精神轮训班

交汇口

林琨/摄

清淤

桃园新貌　　刘建民/摄

美丽守护人

滨江之歌 李玮/摄

琅小集团十周年展示

关爱环卫工人

“朗诗常青藤颐和苑”养老中心

为老红军画像　　孙宁/摄

片警小刘说防范

快乐的平安志愿者

你点我检

无偿献血，机关人在行动

粽叶飘香，情满军营

目　录

科学技术

目录

都市建设

经济管理

公共服务

社会治理

地方组织机构

街　道

附　录

索　引

专记

ZHUAN JI

乐业宜居，幸福鼓楼

据龙蟠虎踞之雄，依负山带水之胜。地处南京核心的鼓楼区，因明代据此而建的鼓楼而得名。鼓楼岗高爽的地势，不仅孕育了南京主城北部的金川河，更孕育了南京城区最早的文明。

时光荏苒，现今的鼓楼区早已成为南京最为重要的政治、文教和商贸中心。人文气息浓郁的鼓楼区，不仅成为百姓安居首选，巨大的科技创新潜力更让鼓楼在现代发展中充满活力。

创业鼓楼

创业者的起航地

在 4 月 25 日举行的第十届中国留学人员南京国际交流与合作大会上，2016 年度南京市高层次人才入选者霍俊，在鼓楼展台上展示的智能车锁吸引了众多好奇的目光。2015 年创办了南京迅之蜂智能科技有限公司的霍俊，在去年决定把企业落户鼓楼，“除了扶持政策，我们更看重鼓楼区对于初创企业的服务以及资源对接能力。”

正如霍俊所说，近年来鼓楼区通过深入开展“创业鼓楼”行动，已经营造出良好的创新创业生态环境。各种创业大赛、专题论坛、主题沙龙活动的举办，也让更多创新创业人才了解鼓楼，并最终选择鼓楼作为自己事业的起航之地。

创业路上有助力

鼓楼区有着得天独厚的科技、教育、人才优势，而这些都将为鼓楼的创新创业注入无尽活力。此外，鼓楼区还将通过着力服务企业主体、优化创新布局、引导协同创新、强化知识产权战略，营造大众创业、万众创新政策环境，有效促进发展驱动方式转变和产业转型升级。

安居鼓楼

精细管理促宜居

地处南京中心城区的鼓楼由于开发时间较早，辖区内老旧小区相对较多，如何让老城区焕发新容颜？鼓楼区自有妙招：通过精细化综合整治进一步提升城市品位、完善功能设施、打造宜居环境。

根据南京市委市政府《2017 年南京市城市精细化建设管理十项行动方案》文件精神，鼓楼区制定了精细化建设管理 10 大项、70 个子项的行动方案。这 70 个项目既包括了市政基础设施建设、水体两侧环境整治，又甄选了一批老旧小区综合整治、游园绿地建设等民生工程。

水清草绿环境美

春日桃花盛放的季节，也是鼓楼小桃园一年中最美之时，而在今年 5 月刚刚对外开放的小桃园二期“落英缤纷春季花园”内，未来将呈现出更绚丽的桃花盛放景象。小桃园游园二期是鼓楼区 2017 年实施城市精细化建设管理行动以来，第一个完工的绿地游园工程。今年鼓楼区还将计划完成护城河西岸游园的施工，与此同时，大庙沟绿地、二仙沟绿地、金陵湾绿地、老虎山东北侧绿地，都将成为居民家门口的小游园。

乐享鼓楼

城市养老有“样本”

在鼓楼区130万的常住人口中，60岁以上老人高达20万余人。如何让老人们老有所依、老有所为、老有所乐？鼓楼区自2003年始在全国率先探索实践社会化养老服务，着力构建以居家为基础、社区为依托、机构为支撑、信息化服务为辅助的社会化养老服务体系。

目前，鼓楼全区120个社区全部成立社区养老服务站，2A级及以上社区养老服务站88个，动态实现60岁以上孤寡、独居和困难老人免费服务全覆盖。全区95个助餐点，日均助餐5000余人次。此外还有社区康复点21个，老年人“心灵茶吧”精神关爱点达15个。鼓楼养老服务模式，被誉为中国城市养老“鼓楼样本”，鼓楼区也先后荣获“全国养老服务示范单位”和“全国老龄工作先进单位”等荣誉称号。

多元发展送所需

鼓楼区构建的“低端有保障、中端有调节、高端有市场”的养老服务新格局，也正积极适应辖区老人日益增长的多元化、多层次养老服务需求。在全方位指导和帮助的基础上，鼓楼区尤其注重养老服务组织的差异化、多样化发展，全力打造老人“身心能娱乐、生活能照料、健康能保障、修养能提高”的全功能一站式社区生活服务管家。

正是通过不断促进公共服务、社会服务、公益服务、互助服务相互补充，鼓楼区才逐渐形成了养老服务“政府出政策、社区让空间、社会力量来运作”的工作合力。

文化鼓楼

名家指导送社区

人文底蕴深厚的鼓楼区，不乏文化大家与名人，如何拉近名家与普通人的距离？鼓楼区文化局今年为辖区的普通文化团队送上了一份“大礼”——文化名家送指导进社区。

已经迎来第十四个年头的“幸福鼓楼”社区文化艺术节，今年不仅将为辖区居民送上2200多场文化活动，而且还将邀请文化名家、高校文艺志愿者走进群众文化团队，手把手为社区的大爷、大妈们提供艺术指导，帮助大爷、大妈们玩出专业水准。

公益文化渐丰富

不断完善全区公共文化服务体系，不断满足人民群众的文化需求，不断提升文化的引领能力、服务能力和创新能力，坚定文化自信，促进文化自觉，推动鼓楼区文化建设迈上新台阶。这是2017年鼓楼文化的总体思路，依据这样的工作思路，鼓楼区将不断丰富公益文化活动，打造品牌文化团队。

与此同时，鼓楼区还将继续做好街道、社区特色文化品牌的培育和挖掘工作，并通过发掘社区文化人才，加强对社区文化精品团队的提升辅导，打造出一批有展演水平、参赛水平的品牌文化团队。

源自《扬子晚报》2017年5月19日江苏发展大会特刊T20版　通讯员　刘阳　扬子晚报全媒体记者　薛玲

走向现代商务商贸　培育千亿级软件产业　实施"文旅鼓楼"战略

聚焦三大产业，开创服务经济时代新格局

今天，南京市鼓楼区首次以大型商务活动方式集中推介三大核心产业，聚焦发展商务商贸、软件互联网和文化创意旅游产业。去年全区服务业增加值1030亿元，位居南京市第一。今年上半年鼓楼全区服务业增加值581亿元，增长11%，占地区生产总值93.8%。三大重点产业税收增幅分别达到27.8%，32.4%和16.7%，现代服务经济领跑效应突显。

随着一二线城市率先进入服务经济时代，主城区的发展机遇和挑战并存，聚焦三大产业，运用科学的、法治的、市场的、专业的理性思维开拓发展新格局，南京鼓楼奋力走在城区转型升级前列。

向空间要亩均效益 从传统商贸走向现代商务商贸

2016年，鼓楼全区商务商贸产业营业收入3389.8亿元，建成使用的商务办公面积1万平方米以上的规模商务楼宇95幢，总建筑面积519万平方米，楼宇内入驻企业4500多家。截至2016年底，全区税收亿元楼宇达15幢，目前全区共有在建楼宇28幢，总建筑面积812万平方米（含部分商住综合项目），另有储备类楼宇项目11个，被授予"2016年中国楼宇经济十大活力城区"。

最近，鼓楼区制订加快商务商贸产业发展的实施意见，坚持精品、高端、特色发展路线，引进顶级商务商贸企业，构建"核心商圈—重点街区—社区商业"三级产业层级和"一轴一带三街区多网点"的商务商贸产业发展布局。"一轴"，以泛中央路商务商贸产业核心发展轴；"一带"，即下关滨江高端商务经济带，发展以高端航运物流服务为核心的商务服务业和高端商务消费和休闲购物娱乐业态；"三街区"，即大龙江商业街区、商文旅特色街区、环高校精品街区。

针对新街口、湖南路、中央门等三个核心商圈制定转型路径，其他重点街区和社区商业根据不同特点和实际状况，确定各自转型升级路径。

鼓楼下大力气培育品牌，提升业态。盘活精品存量，推动传统商贸企业向互联网转型，引进电子商务运营、大数据分析、精准营销等互联网服务企业，促进传统商贸企业发展O2O模式，重点打造南财大等电子商务产业园。

商务商贸并重，引进高端增量。商贸产业着力发展体验经济，实现现有购物中心向主题鲜明、个性独特的主题型、体验型多元化消费场所转型；商务产业重点发展总部经济，发展高端商务和楼宇总部经济。

在特色品牌培育上，培育南京饭店、

江苏酒家、马祥兴菜馆、四明眼镜店等一批城市名片老字号。打造特色商业文化商圈，对相当一部分民国建筑进行深度挖掘，尤其对慈悲社、傅厚岗、大马路等片区民国文化街区进行高端策划打造。

在机制上，建立工作推进机制、招商带动机制、政策扶持机制和环境优化机制。如结合土地开发利用、交通路网组织、景观绿化设置、基础设施配套建设、公共开放空间布局、视觉空间走廊设置等，进一步提升城市形象面貌，为商务商贸产业发展营造良好的外部环境。

战略定位高远，思路清晰，鼓楼商务商贸产业招商成效明显，今年以来，先后引进了江苏省港口集团有限公司、北京中伦（南京）律师事务所、北京天同（南京）律师事务所、英协英语培训（江苏）有限公司、金浦东裕、中国平安财产保险股份有限公司江苏总部项目等一批重点项目。

发挥首善之区优势
用优质资源，恭候软件互联网
创新创业者加盟

鼓楼区委区政府提出了将软件互联网产业作为全区“三大产业”之一重点推进的战略理念。

鼓楼发展软件互联网产业的优势，集中体现在三个方面：

第一，首善之区、钟灵毓秀，是发展软件互联网产业的最优空间。鼓楼浓缩了全市政治资源、科教资源、社会资源、山水城林资源的精华，历史积淀与现代文明交相辉映，自然山水与现代科技相得益彰，最适宜发展创新产业、绿色产业。

第二，资源集聚、人才荟萃，具有发展软件互联网产业的最佳条件。鼓楼集聚南京大学等20所高校、120余家科研机构，68个博士后流动站，52个国家重点学科，拥有10多万名科技人才。创新资源、创新人才集聚度位居全国前列，是名符其实的科技高地、创新天堂。

第三，园区众多、载体丰富，具有发展软件互联网产业的最好平台。拥有江东软件城、模范路科技创新街区、幕府绿色小镇三个核心园区，拥有各类科技园区44个、市级以上众创空间18个，总建筑面积700万平方米，累计入驻企业3000多家。鼓楼区主要负责人表示，将拿出最优越的空间、最优质的资源、最优惠的政策，恭候软件互联网企业和创业创新者的到来。

鼓楼全区软件互联网企业已达1161家，2016年产业收入为444.7亿元。今年上半年，全区软件互联网产业保持旺盛增势，产业收入达236.7亿元，同比增长24.7%，预计至2020年总产值将突破千亿规模。

在软件开发领域、物联网、数据处理和存储服务，云计算、大数据领域，电子商务领域，北斗卫星应用产业等领域，鼓楼拥有诸多在全国有较大影响力的企业和项目，如有华东地区最大规模的大数据存储中心——凤凰数据云计算中心，可容纳约6万台服务器；有苏宁云商、中储集团等传统企业不断拓建网上销售、网上订单制作、智慧物流等互联网交易平台，成功实现面向电子商务领域的转型升级；在军工开发领域，华讯方舟、全兴传输等14家驻区企业组成了南京国盛防务军工联盟，主营雷达设备、电子通信设备、微波及射

频通信等尖端军工信息系统的开发应用。

在今年南京软博会期间，鼓楼区推动浪潮集团江苏区域总部、中明绿源智慧能源等20余个重点项目的引进或实施。随着原有企业的开拓发展和新项目的注入，互联网融合应用不断增强，必将发挥软件互联网产业的乘数效应，带动鼓楼整个信息产业转型升级，打造一条具有鼓楼特色的软件互联网产业的发展之路。

彰显历史文化名区个性 重点打造环南艺文创功能区

南京市鼓楼区集南京吴文化、明文化、民国文化特质为一身，历史文化底蕴深厚。2017年，区委、区政府将文化创意旅游产业（以下简称文旅产业）确定为当前及今后一段时期全区重点产业之一，形成以文化创意产业为主导，文化休闲旅游产业为补充，总部经济繁荣，文化与科技并存，文化与商业融合，开发与保护并重的文化产业集聚区和功能区。

全区文创纳税企业为3747家，纳税企业年均增幅达近20%；2016年实现文化及相关产业增加值77.7亿元，占GDP比重6.9%，总量位居南京市第一方阵；注册资本规模以上企业共848家，其中千万元以上的近百家；2016年全区文创企业税收规模近5亿元；文化创意和设计服务、新闻出版发行类是鼓楼区的优势传统产业，占比达60%，近年来与新科技、新媒体相融合的趋势不断凸显，在国家统计局发布的文化产业名录120个小类中，鼓楼文企涉及近80个小类；产业集聚较为明显，全区共有8个文化产业园区，环南艺文化创意产业功能区正在申报国家级文化产业示范园区。

在产业方向上，重点发展新媒体、数字出版、创意设计、文化休闲、文化演艺、文化艺术品服务、文化艺术培训及总部经济、智力服务、旅游休闲、博览展陈等。

在空间上，构建“三区两带一轴”格局，重点打造环南艺文化创意产业功能区、颐和路历史文化精品街区、“大阅江”风景区这“三区”。重中之重是环南艺文化创意产业功能区。以南京艺术学院为中心，北至模范西路，西至秦淮河岸线，东至虎踞路，南至石头城公园，面积约1.3平方公里，以转换高校资源、生产先进文化内容、培育先进文化人才、促进文化产业融合为功能定位，力争三年内建成特色鲜明、“双效”显著的国家级文化产业示范园区。

此外，还要培育鼓楼滨江带、环明城墙带和中山北路轴这“两带一轴”。

实施“文旅鼓楼”战略，加快文旅产业与关联产业资源的整合利用，紧扣文化创意产业与旅游产业的结合点，开发文旅产业新业态、新模式，延伸覆盖商务商贸、软件互联网、健康养生、教育培训等区域优势产业，通过深度融合提升综合价值。

到2020年，全区文旅产业融合度进一步增强，文旅产业规模进一步提升、进入全市第一方阵；逐步形成3个以上国内知名文旅产业品牌，文旅产业收入年增速15%以上；文化创意产业增加值占GDP比重达到10%，创建国家文化产业示范园区1个，省级以上文化产业园区1-2个；旅游产业总收入300亿元以上，新创4A级旅游景区1个。

源自《新华日报》2017年9月11日08版　刘　阳

鼓楼年鉴 2018

印象鼓楼

YIN XIANG GU LOU

基本情况

【地理位置】 鼓楼区位于长江下游南岸、南京城西北部，是南京市中心城区之一，也是江苏省委、省人大常委会、省政府、省政协机关所在地，拥有南京主城 11 公里黄金长江岸线。东以中央路、中山路、窑上村十字街为界，分别与玄武区、栖霞区为邻；南以汉中路、汉中门大街、集庆门大街西段（西至清河路，东至燕山路北段）为界，分别与秦淮区、建邺区接壤；西、北以长江为界与浦口区相望。区域面积 54.18 平方公里。

【自然环境】 鼓楼区是山峦环绕，湖川相依，山、水、城、林浑然一体的中心城区，有龙蟠虎踞之雄，依山带水之胜。秦淮河、金川河穿境而流，清凉山、狮子山、幕府山雄踞其中，明城墙傍山环绕，11 公里长江黄金岸线新姿绵延，鼓楼岗、五台山将秦淮河冲积平原和金川河冲积平原南北分开。

鼓楼区地处中纬度大陆东岸，因受地理环境影响，形成春温、夏热、秋暖、冬寒四季变化明显，及冬夏时日长、春秋时日短的气候特征。

春季 大致始于 3 月下旬或 4 月上旬，到 5 月下旬或 6 月上旬结束，平均历时 60～70 天。

特点：气温逐渐升高，降水比冬季增加；春季除有霜外，连阴雨天气较多，有“清明时节雨纷纷”之说，有时会出现“倒春寒”（2 月气温偏高，3～4 月间气温反而偏低）的反常天气。

夏季 大致从 6 月上、中旬到 9 月中旬，历时 100 天左右，明显分为初夏的梅雨天气和盛夏的伏旱天气。“梅雨季节”因湿度大、温度高，衣服、家具等易受潮发霉。

特点：降水丰富，相对湿度大；气压偏低，云量多，日照少；地区风力较弱，时有暴雨发生。7～8 月间，梅雨结束后便进入盛夏天气。若此时受太平洋副热带高压脊的直接控制，便出现晴热高湿少雨的时期，即伏旱天气。

秋季 夏冬的过度季节，大致从 9 月中旬到 11 月中旬，历时 60 天左右。

特点：此时冬季风爆发，从地面置换夏季风。因高空的副热带高压南撤相对缓慢，形成低层冷高压上面叠加着副热带高压，出现持久“秋高气爽”的好天气。天高云淡、风和日丽，温湿宜人。“秋老虎”是南京城区气候的一大特点.“秋老虎”天气是指 9 月份进入秋季后气温有时一反常态，出现持续高温天气，最高气温可达 34～35℃以上，民间把这种天气现象俗称“秋老虎”。另一类常见的“秋老虎”天气是指夏季高温后，秋季又接着高温天气，往往是伏旱连秋旱。秋季也有连阴雨天气。深秋季节，由于受强冷空气影响，会出现寒潮及早霜。秋季降水量较夏季明显减少，占年降水量的 20%左右。

冬季 从 11 月中旬到翌年的 3 月下旬或 4 月上旬为冬季，历时 4 个多月。

特点：受冷空气控制，寒冷而干燥。寒潮侵袭下的冬季，平均每隔 7～10 天就有一次受寒潮或冷空气的影响过程。特冷天气都出现在大寒潮影响之后。受寒潮或冷空气的侵袭，也有冷冬月与暖冬月之分。按市区月平均温度距平值划分小于 −1.5℃为冷冬月，大于 1.5℃为暖冬月。冬季降水占年降水量的 11.7%。

【建置沿革】 鼓楼区历史源远流长，是南京城区开发较早地区之一，五六千年前就有多处原始村落存在。周显王三十六年(前333)，楚威王熊商在石头山置金陵邑，此为鼓楼区境第一个行政建置，也是南京城区建置之始。秦始皇嬴政三十七年(前210，金陵邑改为秣陵县，增设江乘县，现区境北部属江乘县、南部属秣陵县。西汉至唐代，区境隶属名称、地界划分多有变更。五代杨吴天祐十四年(917)至清末，区境均为江宁、上元两县管辖。明初，筑南京城墙，区境主体部分圈入内城，其余部分也在外廓之内。

民国元年(1912)1月，中华民国临时政府废上元、江宁两县，建南京府为国都。区境属南京府[民国2年(1913)，改称江宁县，为江苏省省会]。

民国16年(1927)4月，国民政府定都南京，改江宁城区为南京市，区境属南京市。

民国22年(1933)3月，南京市分划自治区，城区设8个行政区。今区境时为第六区、第七区，是建区之始。

民国26年(1937)12月，侵华日军占领南京后，区境受日伪管辖，分属第四区、第五区。民国31年(1942)4月，汪伪南京特别直辖市重新划分城区为6个区，以北极阁、华侨路、清凉山一线，沿定淮门、挹江门、金川门至玄武门城墙，划为“城区自治实验区”(为今区境部分)。

民国34年(1945)，抗日战争胜利后，恢复原第六区、第七区建制，为今区境主体。

1949年4月，南京解放。1950年6月15日，第六、第七区调整为新五区、新六区(后习惯称为第五区、第六区)。新五区范围：自中央门、玄武门至新街口，自新街口至汉中门，沿城墙至挹江门，自挹江门沿城墙、护城河至中央门。新六区范围：南沿定淮门外明城墙，经挹江门、兴中门、钟阜门、新民门、金川门至黑龙江路西，折北宝塔桥西至长江中心线；南至新河二村至长江中心线。

1955年8月3日，第五区、第六区分别更名为鼓楼区和下关区。第五区设挹江门、三牌楼、中央门、水佐岗、丁家桥、鼓楼、阴阳营、上海路、沈举人巷9个街道办事处，第六区设三汊河、宝善街、二板桥、商埠街、热河路、车站、四所村、宝塔桥、三汊河水上9个办事处，作为区人民委员会派出机构。

1967年3月，鼓楼区改称延安区，下关区改称东方红区。

1973年11月12日，延安区革命委员会、东方红区革命委员会分别更名为鼓楼区革命委员会和下关区革命委员会。

1980年9月、10月，下关区革命委员会、鼓楼区革命委员会先后撤销，相应成立下关区人民政府、鼓楼区人民政府。

1995年4月，南京市区划调整，鼓楼区区域四至：东起中央门沿中央路、中山路至新街口，与玄武区为邻；南自新街口沿汉中路、凤凰西街、江东北路到螺丝桥大街，与建邺区相连；西自螺丝桥大街沿长江堤岸到划子村渡口，与雨花台区江心洲隔江(夹江)相望；北自划子村渡口沿定淮门大街过秦淮河沿城墙至挹江门，再沿中山北路，过大桥南路沿金川河、护城河到中央门，与下关区接壤。下关区区域四至：东以窑上村十字街为界与栖霞区相连，东南与玄武区接壤，南以定淮门大街为界与鼓楼区毗邻，西、北以长江为界，与浦口区相望。

2002年10月22日，宁委发〔2002〕45号文，将建邺区莫愁湖街道办事处汉中门大街以北地区及其建制划归鼓楼区管辖；汉中门大街以南部分划归建邺区南湖街道办事处管辖。

2007年3月1日，经省、市政府批准，将建邺区兴隆街道江东村委会划归鼓楼区管理。两区此段行政区域界线走向为：自汉中门大街中心线与清河路交汇处起，折向西南沿清河大街中心线至规划的集庆门大街中心线，折向东沿规划的集庆门大街西段中心线至规划的燕山路北段中心线，折向北沿规划的燕山路北段中心线至汉中门大街中心线。

2013年2月19日，根据《国务院关于同意江苏省调整南京市部分行政区划的批复》（国函〔2013〕24号），鼓楼区、下关区合并设立新的鼓楼区。 （区地方志办公室）

【行政区划】 2017年，鼓楼区根据《市政府关于鼓楼区阅江楼街道更名为下关街道的批复》（宁政复〔2017〕93号），经市政府批准，12月27日，阅江楼街道正式更名为下关街道。6月2日，凤凰街道凤凰熙岸社区服务中心揭牌。至年末，鼓楼区人民政府辖13个街道办事处，辖区内有120个社区居委会。 （区民政局）

【人口】 2017年，鼓楼区在册户籍318547户925435人。其中，男性460613人、女性464822人，性别比1:1.01。全年出生人口8675人，出生率9.37‰；死亡人口6012人，死亡率6.5‰；人口自然增长率2.87‰。省外迁入7277人，省内迁入9366人；迁往省外5734人，迁往省内6399人。

（公安鼓楼分局）

2017年鼓楼区社区居委会一览表

表1

街道	社区	地址	街道	社区	地址
华侨路	慈悲社	明华新村14号	宁海路	苏州路	天目路21号
	广州路	广州路41号		仙霞路	虎丘路14号101室
	石头城	石头城新村40号		康藏路	水佐岗60-3号
	龙蟠里	虎踞路38号3单元101室	湖南路	丁家桥	湖南路8号
	清凉山	虎踞路49号		裴家桥	裴西村6号
	虎踞关	虎踞关36号		傅厚岗	高云岭34号
	五台山	五台花园1幢1单元101室		马台街	天福园28号
宁海路	古林	定淮门6号		青岛路	汉口路52-1号
	天津新村	天津新村7幢		大方巷	五条巷14号
	三步两桥	水佐岗32巷28幢		云南路	渊声巷41号
	北京西路	虎踞北路4号		南秀村	金银街17-2号
	山西路	四卫头45号	中央门	三牌楼	三牌楼大街110-1号
	颐和路	琅琊路11号		模范马路	狗耳巷22-1号

续表 1

街道	社区	地址	街道	社区	地址
中央门	青石村	青石村 89 号	凤凰	白云园	白云园 50 号
中央门	将军庙	新模范马路 17 号	凤凰	蓝天园	蓝天园 19 号
中央门	工人新村	工人新村 82 号	凤凰	凤凰熙岸	凤凰东街 6 号
中央门	劝业路	新模范马路 7 号	江东	宝船	沅江路 62 号
中央门	颂德里	三牌楼大街 111 号	江东	江滨新寓	江滨新寓 31 号
中央门	观音里	观音里 8 号	江东	银城花园	银城花园 86 号
中央门	汇林绿洲	黑龙江路 17 号	江东	清河新寓	清江路 39 号
中央门	天正和鸣	中央路 389 号 2 栋 101 室	江东	腾飞园	腾飞园 17 幢
中央门	紫竹林	长江新村 7-1 号 临时办公地址：芦席营 97 号 B 座 1 楼	江东	宝地园	龙园西路
中央门	新门口	东瓜圃桥 9 号 102 室	江东	聚福园	漓江路 6 号聚福园东园 04 幢
挹江门	察哈尔路	回龙桥 8 号	江东	长阳花园	清凉门大街 298 号长阳会所 1 楼
挹江门	戴家巷	戴家巷 16 号	江东	睿城	润江路 1 号
挹江门	丁山	察哈尔路 108 号	热河南路	白云亭	郑和中路 8 号
挹江门	福建路	洪庙巷 21 号	热河南路	晏公庙	热河南路 221 号
挹江门	妙峰庵	铁路北街 284 号	热河南路	小桃园	姜家园 46 号二楼
挹江门	钟阜路	钟阜路 29 号	热河南路	二板桥	二板桥 369 号
挹江门	回龙桥	校门口 1 号 20 幢	热河南路	姜圩路	热河南路 37 号
挹江门	鲁迅园	中山北路 283 号	热河南路	清江花苑	郑淮路 9 号
挹江门	模范西路	察哈尔路 79 号	热河南路	新和园	新河一村 11 号 2 幢
凤凰	莫愁新寓	胜棋里 17 号	热河南路	三汊河	迎江园 7 幢旁
凤凰	凤凰二村	凤凰二村 10 幢	热河南路	新河村	新河二村 126 号 3 幢 102 室
凤凰	凤凰西街	凤凰西街 275-1 号	建宁路	滨江花园	滨江花园西园 25 号旁
凤凰	西城岚湾	清凉门大街 8 号 3 幢	建宁路	四平路	大桥南路 48 号
凤凰	凤凰街	凤凰庄 9-103 号	建宁路	新民路	江沿村 76-1 号
凤凰	凤凰花园	福安园 28 号	建宁路	金川花苑	新民村 29 号
凤凰	教工新村	教工新村 34-2 号	建宁路	五所村	五所村 20 号
凤凰	华阳佳园	清凉门大街 113 号 1 幢 112 室	建宁路	安乐村	安乐村 117-5 号
凤凰	苏城苑	湛江路 98 号苏城北苑 11 幢 2 单元	建宁路	工农新村	建宁路 84 号

续表 1

街道	社区	地址
建宁路	城河村	建宁路 23 号巷内
宝塔桥	方家营	方家营 800 号
	桥东街	金陵新九村 27 幢 101 室
	金陵新四村	金陵新四村 10 号楼旁
	金陵新六村	金陵新七村 33 幢 1 单元
	燕江路	金陵新八村 2 幢 1 单元
	燕江园	燕归园 18 号
	水关桥	金陵新二村 62 幢
	金陵二村	宝燕南路 10 号
	象山	幕府西路 103 号
	恒盛嘉园	幕府西路 55 号恒盛嘉园 29 幢
	幕府西路	幕府西路 33 号金域中央 21 幢 101 室
	依山郡	宝燕南路 94 号
小市	东井新村	小市村 32 号
	东井亭	东井亭 100 号
	线路新村	和燕路 63 号
	黄家圩	小市街 88 号大院
	安怀村	安怀村 44 幢前
	东门街	东门街 24 号-70
小市	小市新村	小市新村 451 号
	河路道	河路道 1 号
	张王庙	张王庙 200 号
幕府山	五塘新村二段	五塘新村 25 幢旁
	五塘新村一段	五塘新村 40 幢旁
	盛世花园	安怀村 468 号绿苑小区 1 幢门面房
	云谷山庄	幕府东路 57 号云谷山庄小区 40 幢 3 楼
	北崮山	安怀村 460-1 号
	五佰村	五塘新村 1 号
	五塘村	五塘村 89 号云燕园 12 幢
	白云	幕府东路 55 号旭日景城 17 幢
下关（阅江楼）	多伦路	盐仓桥 26 号
	新民门	建宁新村 31 号
	盐大街	盐西街 22 号
	东炮台	阅江广场四楼
	商埠街	阅江广场四楼
	唐山路	中山北路 607 号 1 幢 3 单元 101 室
	世茂滨江	南通路 89 号
	热河路	阅江广场四楼

（区民政局）

文脉鼓楼　首善之区

三国时期孙吴在现鼓楼区清凉山畔建造石头城，踞山临江，史称“石城虎踞”，为历代兵家必争之地，南京因之又名“石头城”。

历史悠久的鼓楼区是南京市中心城区，文脉绵长、古迹众多、人文荟萃，是南京文明的发源地。鼓楼区拥有深厚的历史文化底蕴——吴文化、明清文化、民国文化、航海文化、妈祖文化、商埠文化等积淀深厚，山、水、城、林交相辉映，是南京最具优势的人文佳地。

这里历史文化遗产丰富，有石头城、明城墙、宝船遗址、江南水师学堂、颐和路公馆区、扬子饭店等知名的历史遗迹、旧址。其中，不可移动文物592处，各级文保单位182处，近现代历史建筑、旧址559处。

鼓楼区近年来不断挖掘深厚的历史文化底蕴，塑造独具韵味的人文氛围，推动全区文化工作的提升。文脉绵延，造就今日的首善之区。

文保斥资6亿　传承历史之美

近年来，鼓楼区已先后投入近6亿元资金用于文物保护，修缮了一批重点文物保护单位，包括汇文书院、金陵大学建筑群、金陵女子大学建筑群、拉贝旧居、国民政府最高法院旧址、国民政府行政院旧址、国民政府交通部旧址、国民政府外交部旧址、国民政府立法院监察院、何应钦公馆、赛珍珠旧居、首都饭店、矿路学堂旧址、金陵协和神学院、扬子饭店、静海寺、中英庚款董事会旧址、南京招商局旧址等的修缮保护。

此外，全区还完成了《整合文化旅游资源打造文化旅游强区》和《历史文化街区功能板块》调研报告，为全面保护和传承鼓楼历史文化资源打下了基础。

目前，鼓楼区已全面修缮完成了明城墙鼓楼段，总长7.2公里，主要由清凉门—国防园、定淮门—狮子山、钟阜路—中央门三段组成，实现了全面贯通，打造了彰显古都风貌的明城墙核心景观带。

针对颐和路十二片区，鼓楼区投资4.5亿元进行全面修缮，展示民国公馆区的历史风貌。位于宝善街的原民国扬子饭店和位于大马路的原中国银行等有着丰富的历史文化沉淀，全区以这一片区的民国建筑为依托、通过设立博物馆、陈列馆等方式，目前已开放下关历史博物馆、鼓楼规划展示馆等，计有6处民国建筑得到了修缮出新。全区用“一轴两带多片区”规划，把现代楼宇经济与历史文化遗产相整合，以颐和路、大马路为主打造历史街区，彰显文化遗产魅力。

今年，在此基础上，鼓楼区将配合全市规划，启动对颐和路十一片区的改造修缮，并将颐和路十二片区的游览功能加以完善、以“四馆”联动的方式，展示红色、海洋和民国文化等主题。

“民国”和“滨江”，已经成为鼓楼区最闪亮的历史文化名片。

众多历史地段　蕴藏文脉烙印

鼓楼区有不可移动文物592处，主要分布在中山北路、颐和路、大马路、仙霞路、南师大、南大等地区，以近现代历史文化资源为特色亮点，在中国近代建筑史上占有重要地位。其中有七处重要的历史地段，分别是：颐和路历史文化街区，天目路公馆区、金陵大学历史建筑群（位于南京大学内）、金陵女子大学历史建筑群（位于南京师范大学内）、滨江历史风貌区等历史风貌区，以及仙霞路和陶谷新村历史地段。

鼓楼区具有“近现代建筑样板区”的美誉。集中分布在中山北路轴线及颐和路－金陵大学、滨江两大片区，占南京近现代历史建筑的80%左右。其中中山北路一轴聚集着官府机构等公共建筑近56处；

颐和路—金陵大学历史片区共有使馆、官邸、名人旧居、大学建筑群等351处；滨江历史片区是民国商埠文化的典型代表，现存近现代历史建筑15处。

“民国历史文化街区”内的军、政公署类建筑主要有原国民政府战略顾问委员会、原国民政府陆军军需学校、原国民政府行政院、立法院、监察院、外交部、最高法院、军政部、海军部、交通部等。

南京外国驻原国民政府使馆馆舍有数十个，其中绝大多数国家均设于鼓楼区内，主要位于颐和路“使馆区”，包括美国、印度、法国、英国、加拿大、日本、比利时等。

这里还是民国时期政要、科学家、教育家、实业家寓居之地，花园洋房密布，绿树翠竹掩映，包括于右任、陈布雷、程潜、陈诚、竺可桢、赛珍珠、马歇尔等的公馆。

颐和路民国公馆区是南京公布的首批重点历史风貌街区，共37.8万平方米，有近现代历史建筑225幢，分成12个片区。

位于下关的滨江历史片区是洋务运动的产物，繁荣于20世纪初，曾是南京最繁华的商区之一，近代许多重大历史事件和重要开埠通商活动都发生在这里。整个街区东连铁路南京西站，西临长江，南连郑和中路，北至龙江路，总面积约20万平方米，是下关商埠中心地带，也是体现民国商埠建筑群的地带。

这里有中山码头、中山北路576号建筑（小红楼）、原南京港候船厅、原南京招商局、原中国银行、原江苏邮政管理局、原和记洋行办公楼等21处民国建筑，总建筑面积达6万平方米。

借力文脉资源　打造首善之区

鼓楼区历史文化积淀深厚，驻区有大量的机关单位、高校、科研院所、文化艺术机构，以及众多的历史文化名人名家，丰富的历史资源和荟萃的人文优势，如何转化为营造幸福宜居“软环境”的基石？全区近年来借力文脉资源优势，通过各类文化行动打造“首善之区”。

31座社区展览馆、纪念馆、体验馆，让居民们在家门口触摸历史、品味文化、感悟人生。丁山社区居住着为毛泽东放过电影的老红军索心忠、从事电影放映工作50多年的汪明康……丁山社区为此把这些“资源”变现为一座红色记忆电影馆。

颐和路社区居住着30多位老将军，他们的革命历程和道德情操如何传承下去？去年，宁海路街道海洋国防教育馆新馆、颐和路社区将军馆同时开馆，一个是“全国海洋意识教育基地”，一个则位列首批“南京市社会主义核心价值观教育实践基地”。小场馆有大能量，皆因其蕴藏着丰富的历史文化内涵和充满正能量的价值核心。

全区文化艺术工作则以白云亭文化艺术中心为核心，600多支社区文化艺术团队为骨干，打造全年覆盖每个社区的各类文化活动2000余场次，仅白云亭中心今年就将组织各类大型文化活动100多场。

鼓楼区还依托文脉资源优势打造文化产业发展新路。今年，“环南艺文化创意产业功能区”已进入建设阶段，南艺拥有11处美术馆、音乐馆、展览馆，免费向市民开放，拥有和毗邻18处历史文化古迹以及省国画院、水木秦淮等文化园区。这一功能区是多元历史文化交相辉映的结合点，秦淮河环绕，明城墙穿越，石头城、清凉寺等历史遗存构筑了功能区独特文化内涵。省国画院、省工美馆、南京艺术学院等则位居功能区核心区域。目前，该功能区正在积极申报创建“国家级文化产业示范园区”。

源自《南京日报》2017年5月19日江苏发展大会特刊“文化之城”10版　冯智勇　刘　阳　于洁尘

大事记

1月

3日　鼓楼区召开经济工作会议。区委书记张一新传达中央和省市经济工作会议以及省委常委会专题研究南京市工作会议精神。

区政协召开二届一次会议预备会议。

4日　区第二届人大第一次会议预备会议举行。

5日　区第二届人大第一次会议在南京政治学院礼堂开幕。区长刘军代表区人民政府作工作报告，提出今后五年和2017年工作任务。

6日　区第二届人民代表大会第一次会议、第二次全体会议举行。

区政协二届一次会议第二次、第三次全体会议举行。

7日　区第二届人民代表大会第一次会议第三次全体会议暨闭幕式。

9日　阿里巴巴集团置业部总监汪涛和投资专家刘璟哲到区考察投资环境。

12日　“五台山健康促进服务中心”揭牌仪式在五台山体育中心举行。

13日　鼓楼区在江东软件城召开重点企业座谈会。区长刘军表示区政府将一如既往为企业做好服务。区委书记张一新表示将致力于把鼓楼打造成为企业和企业家的天堂、创业就业的天堂，让企业家在鼓楼有归属感、价值感和自豪感。

区召开黑臭河道整治工作推进会。

14日　区工商联（总商会）召开第二次会员代表大会。

18日　市政府检查组到区检查2016年度消防工作并考评。

19日　市人大常委会副主任、区委书记张一新会见平安普惠集团副总经理邹宣戈、马永丰一行。

20日　中共鼓楼区第二届纪律检查委员会第二次全体会议召开。区委常委、区纪委书记赵小华作《落实党内监督专责，全力强化监督执纪，不断推动鼓楼全面从严治党向纵深发展》工作报告。会议通过工作报告和全会决议。

21日　区召开2017年军民迎春座谈会。

22日　区委召开2016年度书记抓基层党建和落实全面从严治党主体责任述职会。

24日　区委召开2016年度民主生活会。市人大常委会副主任、区委书记张一新主持，并代表区委常委会班子作对照检查，提出整改措施。

市人大常委会副主任、区委书记张一

新到颐和路社区看望慰问老将军朱文泉。

25日　区召开信访稳定工作专题会议，部署“信访积案化解攻坚专项行动”和春节、省“两会”期间维稳工作。

区长刘军到颐和路社区看望慰问老将军向守志。

2月

9日　区召开防治重大动物疫病工作会议。

10日　区召开黑臭河道整治指挥部全体会议。

12日　区在湖南路现代服务业总部城工地举行2017年全省重大项目集中开工现场推进会南京市鼓楼区分会场活动。

14日　区召开2017年城建城管水务暨“两减六治三提升”专项行动工作部署大会。区长刘军对贯彻落实会议精神提出明确目标和要求。

15日　区召开党员干部“大走访”活动动员暨机关作风建设大会。市人大常委会副主任、区委书记张一新在讲话中指出区机关存在的“四个不足”，并提出解放思想、振奋精神，转变理念、提高标准，改进作风、干事创业，加强领导、狠抓落实等要求。

18日　市人大常委会副主任、区委书记张一新，区长刘军检查黑臭河道整治工作。张一新要求相关单位确保黑臭河道整治工作按照时间节点推进。

21日　区召开城市精细化建设管理十项行动重点任务动员部署大会。

23日　扬州市委书记谢正义一行到区考察学前教育和义务教育。

24日　区召开2017年度安全生产暨消防工作会议。

27日　区召开城管综合行政执法工作总结表彰大会。

区召开市纪委“四个专项行动”专题部署会。

3月

1日　区在静海寺广场开展“幸福鼓楼　文明先行”——2017“市民文明素质提升行动”启动暨“志愿365·美好你我他”主题活动，并为4个市级街道志愿服务总站示范点授牌。

6日　中共中央统战部党派工作局局长桑福华率调研组到区就“关于中国特色社会主义政治制度研究”课题调研。

市人大常委会副主任、区委书记张一

3月1日，鼓楼区在静海寺广场开展“幸福鼓楼　文明先行”暨“志愿365·美好你我他”主题活动

新主持召开书记专题会议，听取二届区委首轮巡察情况汇报。

区召开老旧小区整治工作推进会。

区委宣传部、区文明办、区级机关工委、区妇联联合举办鼓楼区千户“最美家庭”表彰暨故事分享会。

10 日 区企业大千生态景观股份有限公司“大千生态（股票代码 603955）”在上交所主板上市。

13 日 市人大常委会副主任、区委书记张一新检查环境整合整治项目。

15 日 区召开经济社会发展总结表彰暨动员部署大会。区长刘军总结 2016 年工作，对 2017 年任务提出 6 点要求。市人大常委会副主任、区委书记张一新对做好 2017 年工作提出 4 点要求。

区召开人才工作推进暨培训会。

区举办纪念 3·15 国际消费者权益保护日主题活动。

16 日 江苏省及南京市自救互救素养提升工程暨 12320 主题宣传活动在静海寺广场举行。

区召开档案工作会议。

区开展领导干部任前集体廉政谈话。

区委巡察工作领导小组召开第二轮巡察工作动员部署会，传达学习中央关于巡视巡察工作精神和省委市委有关要求。

17 日 市人大常委会副主任、区委书记张一新调研黑臭河道整治工作，对下一步黑臭河道整治工作提出 3 点要求。

民盟南京市鼓楼区一总支召开换届大会。

19~28 日 区在市委党校分两期举办 2017 年社区书记、主任培训班。

20 日 市人大常委会副主任、区委书记张一新赴高淳区漆桥镇双游村开展挂钩帮扶走访。

22 日 区召开 2017 年度全区人大代表建议、政协提案办理交办暨培训工作会。

23 日 区召开 2017 年民政、残联暨民政系统党风廉政建设、机关作风建设会。

区召开宗教活动场所负责人会议。

市人大常委会主任陈绍泽率队到区视察黑臭河道综合整治工作。

24 日 区政协召开二届一次常委会议，审议通过区政协 2017 年常委会工作计划以及区政协委员履职考评办法（试行）。

25 日 省委副书记、市委书记吴政隆，市长缪瑞林率队到区察看外金川河整治情况和宁西公寓小区雨污分流工程。吴政隆询问建设方案，察看工程进度，征求群众意见建议，并慰问一线建设者们。

27 日 市人大常委会副主任、区委书记张一新会见南京艺术学院党委书记管向群一行。

29 日 省住建厅、市水务局组成考核组检查验收区 2016 年清江东沟、清江河、中保河黑臭河道整治工作。

区召开 2017 年宣传思想文化工作会议。

4 月

1 日 市人大常委会副主任、区委书记张一新调研文化旅游创意产业，并提出工作要求。

10日　市人大常委会副主任、区委书记张一新检查城市精细化建设管理十项行动重点任务推进工作。

11日　区总工会召开一届六次全委会，审议通过有关选举事项，履行有关选举程序，增、替补委员18人。选举区总工会主席。

12日　市人大常委会副主任、区委书记张一新调研商贸服务业发展工作，并提出要求。

苏宁控股集团、毕马威、戴德梁行等企业领导到区探讨合作事宜。

13日　中央综治办一室副主任徐龙刚一行到宁海路街道仙霞路社区考察“雪亮工程”智能技防小区科技防范工作。

《群众》杂志社总编朱维宁一行到智梦园和南京苏夏工程设计有限公司调研区城市基层党建工作。

14日　深圳市福田区人大常委会主任杨湘宁率队到区考察交流人大工作。

18日　市人大常委会副主任、区委书记张一新听取全区商贸服务业发展情况汇报。

19日　第12届南京妈祖庙会暨妈祖诞辰1057周年春祭大典系列活动开幕式在阅江楼风景区静海寺广场举行。

20日　市人大常委会副主任、区委书记张一新调研区属国有企业。

国家行政学院教授祁述裕率南京市创意文化重点功能区评估组到区“环南艺文化创意产业功能区”开展年度评估调研。

区在南秀村社区和鲁迅园社区举办首批社区24小时自助图书馆开放启动仪式。

22日　省委副书记、市委书记吴政隆一行检查荷花里小区环境整治工作。吴政隆强调，要把人民群众放在最高位置，精益求精、持之以恒，稳扎稳打、善作善成，让美好的城市环境成为群众生活质量增长点，成为展现南京“强富美高”新形象发力点。

24~26日　第十届中国留学人员南京国际交流与合作大会在南京国际博览中心举行，区举办以“创聚鼓楼·创享未来——2017人工智能创业论坛”鼓楼专场活动。

25日　朱文泉、陈昊苏等160多位中国新四军和华中抗日根据地研究会第五届常务理事会第六次会议与会领导和代表参观颐和路社区将军馆和宁海路海洋国防教育馆。

上海市人大常委会人事代表工作委员会副主任傅爱明率上海各区人大常委

4月25日，中国新四军和华中抗日根据地研究会第五届常务理事会第六次会员代表大会代表到宁海路街道“两馆”参观

会工作人员一行40人至阅江楼街道考察交流。

26日　区召开安全生产暨消防工作会议。

28日　基督教小市教堂举行新堂建设奠基典礼。

5月

5日　市长缪瑞林视察华侨路街道管家桥环境综合整治工作。缪瑞林听取管家桥、华侨路等道路综合整治情况汇报，肯定整治工作成绩，要求区和街道加强管理道路两侧自行车停放，确保居民出行安全。

省军区政治部副主任、大校李光玉参观颐和路社区将军馆和宁海路街道海洋国防教育馆。

6日　“幸福鼓楼·相约春天”2017社区文化艺术节启动仪式在静海寺广场举行。

市委常委、市长缪瑞林一行，视察中青园小区14栋楼增设电梯施工现场，向社区、施工方和业主询问增设电梯资金来源、筹措、分配、后续长效管理以及施工中的困难和解决方法等情况，并在施工方陪同下乘坐电梯体验。缪瑞林肯定鼓楼区既有住宅增设电梯推进工作。

8日　区召开2017年度“扫黄打非”暨文化市场管理工作会议。

9日　省编办主任俞军带领省“放管服”改革专项督查第一督查组到区，专项督查南京市2013年以来“放管服”改革落实情况。

10日　省军区副司令员、少将周志斌，南京警备区司令员、大校曹新民视察湖南路女子民兵连。周志斌肯定湖南路女子民兵连建设成绩，并对加强民兵连建设提出：军地各级要关心湖南路女子民兵连，解决连队建设中遇到的困难和问题；要积极创造条件，发挥女子民兵连作用；要抓住建连20周年契机，推进女子民兵连全面建设要求。

11日　区举办2017年地震及地质灾害应急演练暨防灾减灾科普宣传活动。

12日　区召开2017年度防汛防旱工作会议，传达全市防汛防旱工作会议精神。

15日　市人大常委会副主任、区委书记张一新调研义务教育均衡发展工作，并提出要求。

17日　市人大常委会副主任、区委书记张一新检查江苏发展大会区环境保障工作。

18日　市科技活动周暨第29届科普宣传周启动仪式在南京财经大学科技园举行。

金陵天使创投商会在南京工业大学科技园成立。

19日　省军区政委、少将孟中康到区走访调研。

22日　区举办2017“创聚鼓楼·创享未来”美南中国专家协会联合会创新之旅活动。

22~23日　省卫计委专家到区评估血吸虫消除工作。

26日　区举办2017智慧产业(南京)发展大会暨金陵天使会投资年会。

27日　区召开“两学一做”学习教育常态化制度化工作座谈会。

区举行《璞石成玉的秘密——“孩子们心中的社会主义核心价值观”》情景剧首映式。

6月

6月2日，凤凰街道凤凰熙岸社区服务中心举行揭牌仪式

2日 凤凰街道凤凰熙岸社区服务中心举行揭牌仪式。

区召开《颜氏家训陈列馆概念设计方案》论证会。

5日 西澳大利亚州政府中国首席代表陈惠娥带领珀斯科技商贸考察团走访鼓楼区，与驻区相关企业开展交流洽谈会。

8日 江苏路30号康达母婴会所后场发生液化气爆燃。市长缪瑞林第一时间赶赴现场视察事故情况。

9日 省海洋与渔业局、鼓楼区政府《提升全民海洋意识 推进国家级海洋意识教育示范区建设合作框架协议》签约仪式在区举行。

13日 省委督查室主任刘劲松、副主任赵凌云带领省督查组到区检查全省集中开工部分项目——中冶和记洋行和金盛集团总部基地项目进展情况，听取项目建设汇报，查阅相关施工手续台账。

14日 副省长马秋林调研指导区市场监管和“两学一做”学习教育工作。

区委中心组举办理论学习（扩大）会，邀请省纪委审理室主任杨光作《坚定不移推进全面从严治党，把清正廉洁写在党员干部队伍旗帜上》专题辅导。

15日 区召开安全生产暨消防工作会议。

20日 中国动漫集团、江苏华声国际文化有限公司与南京商业学校校企合作签字揭牌仪式在区举行。

22日 市长缪瑞林到区调研公共停车设施规划、建设和管理有关情况，察看田家炳中学在建地下停车场，听取施工进展和管理情况工作汇报。

省妇联副主席顾敏带队到幕府山街道云谷山庄社区开展“走基层 助力微心愿”走访慰问座谈活动。

区召开防汛防旱组织指挥暨应急抢险工作会议。

28日 区召开文明城市创建动员部署大会。区长刘军提出文明城市创建要求。

潍坊市奎文区区委书记李辉等一行带领奎文区党政代表团参观考察区楼宇经济、特色园区等工作。

区举办“榜样在身边”——“桃源映像”文艺汇演暨第五届小桃园电影节开幕式。

29日 区举办庆祝中国共产党成立96周年红领论坛暨党建智慧平台上线活动。

6月29日，鼓楼区举办红领论坛暨党建智慧平台上线活动

30日 由区委组织部、宣传部、区级机关工委、南京日报社主办，南京日报社、江苏省演艺集团南京大红花艺术团等承办的“穿越时空的对话·鼓楼行”暨鼓楼区级机关“七一”表彰大会，在鼓楼区机关大礼堂召开。

“飞入寻常百姓家”当代中国书画名家进社区邀请展在南京金盏花文化艺术中心开幕。

区在武警南京支队一大队举办青少年“学军爱军砺志报国”国防夏令营开营仪式。

7月

1日 市长缪瑞林到区督查防汛工作，实地察看江东软件城燕山路万达广场积淹水点防汛项目，听取江东软件城整体排水改造情况汇报。

3日 省委书记李强调研区城市环境整治工作，实地察看小桃园游园绿地建设情况。李强强调，实施环境综合整治是利民惠民大好事，要进一步落实责任、扎实推进，强化长效治理，真正把好事办好，让老百姓通过整治增强获得感和幸福感。

5日 全市重点产学研合作项目签约仪式在南京国际会议大酒店举行。

区在南京财经大学举办“大院大所鼓楼行”专场座谈会。

6日 区召开区消费者权益保护委员会成立大会，全省首家区一级消保委成立。

8日 全区教育工作座谈会召开。区长刘军通报教师编制、教育经费投入和教育规划建设等情况。市人大常委会副主任、区委书记张一新提出要求。

10日 武汉市武昌区区委书记、区

6月30日，“飞入寻常百姓家”当代中国书画名家进社区邀请展在凤凰街道蓝天园社区南京金盏花文化艺术中心开幕

人大常委会主任张幸平带领武昌区党政代表团一行到区参观考察。

11日　国家税务总局局长王军到区调研国地税合作办税经验，分别听取鼓楼国、地税局工作汇报，肯定区优化资源、联合办税的做法。

区召开归国留学人员统战工作调研座谈会。

12日　区委中心组举办理论学习（扩大）会，邀请省安监局副局长陈忠伟作《认清形势，明确责任，扎实做好安全生产工作》专题辅导。

13日　全国地方党政领导干部“三社联动”专题研究班到区开展现场教学活动。

省督导组到区对2016年度妇女儿童公益社工项目开展省级中期督导。

14日　区召开第三轮巡察工作动员部署会。

18日　区举办构建和谐劳动关系动员部署会暨“人社助理结对企业园区行”品牌建设推进活动。

19日　区举办“旗帜鲜明讲政治”专题党课。市人大常委会副主任、区委书记张一新围绕“为什么要讲政治”“如何旗帜鲜明讲政治”和“切实增强讲政治的高度自觉”三个方面作报告，提出4点要求。

重庆市江北区政协主席刘汉华一行到区考察调研社区治理现代化工作。

20日　团中央青年志愿者工作部部长张朝晖到区调研青岛路社区“青春·志部落”工作。

21日　2017年全区妇女儿童工作会议召开。

24日　省委常委、市委书记张敬华到区调研，察看白云亭文化艺术中心、下关滨江商务区滨江岸线、下关历史陈列馆、国家大学科技园及驻园企业华讯方舟。市人大常委会副主任、区委书记张一新介绍鼓楼区基本情况，并从着力改革创新、发展优势产业、精细城市管理、推进富民增收、维护和谐稳定、全面从严治党六个方面汇报工作。张敬华肯定鼓楼区工作，并强调指出：鼓楼区发展基础好，但地域空间有限，要把改革放在突出位置，挖潜提质。党政主要领导要亲自推动，跟踪进度，敲钟问响，着力营造良好营商环境，提高区域竞争力，以首善标准建设幸福鼓楼。同时，对区下一步工作提出6点要求。

25日　由省综治、安监、信访部门组成的督查组到区督查社会矛盾和安全隐患大排查大整治情况。

27日　省环保厅现场督查夹江饮用水源地环境保护工作。

28日　省民政厅副厅长刘亚军、市民政局领导带领“全国社区治理和服务创新实验区中期评估考察团”，到江东街道睿城社区调研社区治理和服务创新工作。

区政府、区政协主办，区政协办、区双拥办、区文化局承办的“翰墨颂军魂”——纪念中国人民解放军建军90周年书画展，在下关历史陈列馆开展。

31日　区纪委联合宁海路街道在颐和路社区将军馆举行“将军说廉”微视频系列宣传教育活动启动仪式。

8月

5日　团中央书记处书记徐晓到区调研青年公益共享成长平台“青春·志部落”，听取平台运行模式、入驻项目、资源整合和未来发展规划等方面汇报。

11 日　区委召开二届三次全体（扩大)会议。

15 日　区召开征兵工作推进会。

16 日　省委常委、市委书记张敬华调研滨江发展工作。张敬华实地调研下关海事码头，乘船考察滨江风光带下关段、幕燕段和长江大桥，听取有关情况汇报，并对做好滨江开发提出要求。

17 日　区召开驻区部队全面停止有偿服务工作军地协调领导小组会议。

20 日　省委常委、市委书记张敬华专题调研河长制落实情况，察看里圩河、清江东沟河，听取鼓楼区黑臭河道整治情况汇报。张敬华强调，要全面落实河长制，多措并举、标本兼治，促进岸绿水清、河湖长治，让城市更加宜居宜业，让群众生活更加幸福美好。

21 日　市人大常委会副主任、区委书记张一新调研建宁路街道和中央门商贸区工作。

22 日　区召开社会矛盾和安全隐患“大排查大整治行动”整改工作会议。

区与交通银行江苏省分行签订“十三五”期间全面战略合作协议。

南京警备区司令员曹新民到区调研征兵工作。

24 日　新疆籍务工经商人员服务管理白云园社区工作站举行揭牌仪式。

区召开建设施工领域安全生产隐患大排查大整治专项行动讲评推进会。

25 日　市长缪瑞林到区专题督查大排查大整治行动。缪瑞林一行检查江东街道长江之家小区地下室群租房安全隐患整治情况，肯定整治成果。他指出：要牢固树立“没有安全就没有一切”意识，始终绷紧安全稳定这根弦，既要有力有效整治突出问题，又要切实加强日常安全管理，以大排查大整治行动为契机，抓牢消防安全、公共安全、社区安全等突出问题，从严从紧、举一反三，落实监管责任，细化整改措施，推动问题解决，确保隐患治理到点到位、整治成果长效巩固。

29 日　柬埔寨人民党中央委员、青年联合会主席、国会议员洪玛尼率领青年干部考察团到睿城社区睿志党支部参观调研。

30 日　团省委书记王伟到区调研青年创业创新工作。

9 月

1 日　区召开重点服务贸易企业座谈会。

4 日　区召开区委巡察机构、区纪委派驻机构改革部署会议。

5 日　市人大常委会副主任、区委书记张一新调研世贸配建学校、29 中电台村、商业学校三期和原 29 中玉泉路校区等重点教育项目建设工作。

昆山市 4 个城市管理办事处与区部分街道签署结对共建协议。

6 日　市妇联主席谈健到区调研妇联工作。

7 日　第 13 届中国（南京）国际软件产品和信息服务交易博览会鼓楼专场活动——软件互联网产业高层论坛在国际博览中心举行。张一新作全力支持软件互联网产业发展主旨演讲并致欢迎词，区长刘军介绍鼓楼区投资环境和软件互联网产业现状及未来规划。

8~10日　区举行庆祝第33个教师节表彰大会暨2017鼓楼师德讲坛系列活动。

9日　市人大常委会副主任、区委书记张一新调研宝塔桥街道。

11日　国家环保部环监局副局长夏祖义一行到区督查夹江水源地环境隐患整治情况。

11~13日　区举办“厚植产业优势，创领无限未来”核心产业投资发展推介会。

13日　区召开环南艺功能区建设工作领导小组会议。专题研讨环南艺文化创意产业功能区规划和城市设计有关内容。

14日　江苏省《关于加强和完善城市社区治理的意见（征求意见稿）》征求意见座谈会在区召开。

区召开迎接党的十九大召开宣传工作会议。

15日　区委中心组举办理论学习（扩大）会，邀请省社科联党组书记、常务副主席刘德海作《深入学习领会习近平总书记“7·26”重要讲话精神》辅导报告。

16日　区召开宁海路片区城市改造和城市管理工作专题会议，市人大常委会副主任、区委书记张一新提出要求。

19日　省委常委、市委书记张敬华调研区医患纠纷矛盾调处服务工作，询问区医患矛盾调处服务中心工作流程，了解矛盾化解情况，肯定鼓楼区医患矛盾调处中心工作，并强调要依据专家意见做好医患双方工作，尽力化解矛盾，努力为南京市打造和谐健康的医患环境提供样板。

21日　全国老龄办常务副主任王建军到区调研老龄工作。

29日　市长缪瑞林专题督查大排查大整治行动，检查鼓楼区华阳佳园小区出租房治理情况。市委常委、政法委书记徐锦辉，区长刘军参加督查。缪瑞林强调：要加大执法力度，深入排查、摸清底数，开展好群租房整治工作，切实消除安全隐患。要强化长效治理，坚持疏堵结合，着力解决好保洁员、快递员等低收入群体居住问题，促进社会和谐稳定。

30日　副省长蓝绍敏到区督查夹江水源地环境隐患整治工作，察看夹江水源地一级保护区内，南京钧龙置业有限公司宝船厂厂房拆除和木材清理现场，肯定鼓楼区落实水源地环境整治工作，要求该区继续加大推进好宝船迁移和厂房拆除工作，确保按既定时间节点完成整改任务。

10月

12日　区召开驻区高校“两落地、一融合”项目对接会。市人大常委会副主任、区委书记张一新代表区委区政府感谢驻区高校对鼓楼发展的支持，对鼓楼区深入推进“两落地、一融合”工作提出4点要求。

17日　区首个街道综合行政检查执法大队在建宁路街道挂牌成立。

18日　区四套班子全体领导集中收看中国共产党第十九次全国代表大会开幕盛况。

区召开双拥共建领导小组会议，动员部署“省级双拥模范区”创建工作。

24日　区召开四级人大代表联席座

谈会。

25 日 市人大常委会副主任、区委书记张一新主持召开“两落地、一融合”工作推进会。

国民党中央委员陈汪全带领台湾新北市扶轮社团组到区调研残疾人工作。

区举办第六届全球（南京）研发峰会鼓楼专场活动——企业国际创新网络发展论坛。

26 日 区在白云亭文化艺术中心举办区委离退休干部工作委员会揭牌仪式暨老干部“喜庆十九大永远跟党走”书画展开幕式。

全省首家养老综合服务样本——江东街道睿城社区“朗诗常青藤颐和苑”服务中心正式启用。

27 日 区召开学习传达党的十九大精神会议。区长刘军主持。市人大常委会副主任、区委书记张一新提出要求。

区青年大学生优秀创业项目展在Youth space青创空间举行。

28 日 区在古林公园举办“关爱老年人、欢庆十九大”重阳节大型游园活动。

10 月 26 日，鼓楼区江东街道睿城社区“朗诗常青藤颐和苑”服务中心启用

11 月

2 日 市人大常委会副主任、区委书记张一新调研街道创新发展工作。

4 日 省委常委、市委书记张敬华到区调研城市保洁工作，察看鼓楼区老菜市街巷保洁情况，并到区环卫公司考察公司运行、人员管理和考核等情况。

6 日 区召开“两落地一融合”项目专家论证会。

7 日 省教育厅副厅长朱卫国一行到区调研教育工作。

9 日 区召开重点文创企业座谈会。

10 日 市人大常委会副主任、区委书记张一新走访南京邮电大学。

第二届紫金知识产权国际峰会鼓楼分会场活动在南京（鼓楼）知识产权服务业集聚发展试验区举行。

美国内布拉斯加州副州长福利一行到区考察洽谈。

11 日 市长缪瑞林、副市长华静视察夹江水源地保护区环境整治工作，区长刘军等领导陪同。在夹江水源地隐患整改项目宝船迁移现场，缪瑞林了解工程推进情况，并指出城市饮用水源地建设和保护的重要性，要求各级各部门落实城市饮用水源地达标建设标准，实施彻底整治，切实保护和改善水源地生态环境，让人民群众喝上放心水。

13 日 区召开学习贯彻党的十九大精神区委宣讲团

工作动员部署会。

15 日　“省双拥模范区”考评组到区开展综合考评。

17 日　学习贯彻党的十九大精神，省委宣讲团成员、省委党校常务副校长、省行政学院常务副院长桑学成到区作《引领新时代的政治宣言和行动纲领——深刻领会和把握党的十九大的丰富内涵和精髓要义》专题报告。

19 日　芬兰清洁技术代表团到区交流考察并进行项目推介。

20~21 日　区举办区管干部学习贯彻党的十九大精神第一期轮训班。市委宣讲团成员、市人大常委会副主任、区委书记张一新作专题辅导报告。

23 日　市人大常委会副主任、区委书记张一新现场督查全区城管环卫工作。

民革中央副主席李惠东带领调研组到区调研新时代民生经济发展工作。

24 日　中宣部宣教局副局长常成到区调研社会主义核心价值观建设工作，实地察看鼓楼实验中学儒学教育基地、颐和路社区将军馆、海洋国防教育馆等。

26 日　国家民委政策法规司副司长金春子带领国家民委少数民族流动人口服务管理示范城市“检评学”工作组，到凤凰街道白云园社区调研指导工作。

27 日　区召开三大重点产业转型升级工作专题推进会，市人大常委会副主任、区委书记张一新提出要求

27~28 日　区举办区管干部学习贯彻党的十九大精神第二期轮训班。

29 日　市人大常委会副主任、区委书记张一新调研街道创新发展工作。

12 月

4~5 日　区举办深入学习贯彻党的十九大精神第三期轮训班。

5 日　区创新设立“区长质量奖”，推进质量强区建设。

8 日　市人大常委会副主任、区委书记张一新督查区国家公祭日期间安全稳定工作。

13 日　区在中山码头、挹江门等 10 个南京大屠杀死难者丛葬地举行公祭仪式。

15 日　市区领导张一新、刘军率区党政代表团赴苏州工业园区、姑苏区考察学习。

16 日　区召开 2018 年工作务虚会。区长刘军点评全区工作完成情况，对明年全区工作提出部署意见。市人大常委会副主任、区委书记张一新提出要求。

21 日　区召开 2017 年全区作风建设综合评议工作会。

22 日　区委中心组举办理论学习（扩大）会，邀请南京审计大学法学院院长、教授刘爱龙作《党的十九大报告的法治思想解读》专题辅导报告。

28 日　区重点民生项目——东方颐年象山颐养中心举行开业典礼。

30 日　中国共产党南京市鼓楼区第二届委员会第四次全体会议举行。

区新建新型研发机构——低轨卫星宽带通信系统研究院，在全市“两落地、一融合”第一批项目（新型研发机构）签约仪式上正式签约。

鼓楼年鉴 2018

服务经济

FU WU JING JI

商务商贸

·综　　述·

【概况】 2017年,鼓楼区确定"一轴一带三街区多网点"(泛中央路商务商贸产业核心发展轴,下关滨江高端商务经济带,大龙江商业街区、商文旅特色街区、环高校精品街区,以及多个社区商业网点)商务商贸业发展布局和以重点项目支撑产业发展的原则,制定新街口、湖南路、中央门3个核心商圈转型路径,其他重点街区和社区商业根据不同特点及实际状况,拟定各自转型升级路径。全年实现社会消费品零售总额973.32亿元,增长10%,批发和零售业收入395.04亿元,住宿和餐饮业收入27.6亿元,增长6%。年内,全区产业招商引进实际到账千万元以上重大项目95个,其中引进商务商贸类项目11个,实际到账注册资金32亿元,新增地区性总部或行业龙头项目10个。至年末,全区建成使用商务办公面积1万平方米以上规模商务楼宇95幢,总建筑面积519万平方米,亿元税收楼宇16幢,规模楼宇税收总额71.6亿元,占全区总税收38%。全区总部企业完成税收37亿元,占全区税收总量39.3%。是年,鼓楼区获中国楼宇经济十大活力城区称号。

【《加快商务商贸业产业发展实施意见》出台】 9月8日,《加快商务商贸业发展实施意见》(简称《实施意见》)(鼓委发〔2017〕134号)出台。《实施意见》主要分为指导思想、基本原则、发展定位和目标、产业层级和空间布局、实施计划与途径、保障机制六个部分。指导思想和基本原则部分:明确产业发展目的、意义和原则,强调通过坚持科学规划布局,推进创新转型升级、发挥市场主导作用和细化时序进度节点。发展定位和目标部分:明确鼓楼区商务商贸发展宏观目标定位和具体指标参数体系。产业层级和空间布局部分:进一步明确"核心商圈引领、重点街区带动、社区商业配套"产业发展体系,提出"一轴一带三街区多网点"整体发展布局。实施计划与途径部分:主要明确重点产业集聚区域工作重点。保障机制部分:主要明确工作机制、招商引资、政策配套和环境优化等方面相关要求。

【商贸服务业(上海)招商说明会】 3月16~17日,鼓楼区组队赴上海考察学习,与长宁区政府就楼宇改造提升、楼宇创建服务以及楼宇招商等方面交流探讨,并实地考察陆家嘴滨江金融城、恒隆广场、白玉兰广场等载体项目。在延安饭店举办商贸服务业(上海)招商说明会,推介鼓楼区商贸服务业发展概况、投资环境和载体项目。中信泰富、上海美国商会、美国加州驻华贸易代表处、苏格兰国际发展局、戴德梁行、新加坡企发局、中国金茂控股集团有限公司南京金茂汇等知名企业和机构40余人参加。

【服务业集聚区】 2017年,鼓楼区有省市级服务业集聚区8家,其中省级现代服务业集聚区2家、市级现代服务业集聚区6家。至年末,8家现代服务业集聚区规划建设面积776.8万平方米,其中建成载体面积254.2万平方米,在建载体面积167.8万平方米,投入使用载体面积131.4万平方米。

【服务业分类完成情况】 2017年,鼓楼区规模以上服务业企业555家实现营业收入1108.2亿元,同比增长8.7%,实现利润总额96.8亿元,同比增长22.8%。其中,交通运输、仓储和邮政业完成295.2亿元,同比增长11.74%;信息传输、软件和信息技术服务业完成157.9亿元,同比增长37.1%;房地产业完成40.3亿元,同比增长0.94%;租赁和商务服务业完成414.2亿元,同比增长0.42%;教育业完成7.2亿元,同比增长19.34%;科学研究和技术服务业完成109.2亿元,同比增长5.64%;水利、环境和公共设施管理业完成2.5亿元,同比增长4.58%;居民服务、修理和其他服务业完成14.7亿元,同比增长8.11%;卫生和社会工作完成11.1亿元,同比增长22.8%;文化、体育和娱乐业完成55.9亿元,同比增长5.4%。 (李其明)

【"金洽会"签约商务商贸业项目】 9月,"金洽会"上,鼓楼区28个签约重大项目中,中伦(南京)律师事务所、南京港投资管理、海童头等舱母婴用品、平安财险江苏总部、建宁路8号商业综合体、金浦东裕投资、绿宝金轮文化商业广场(外资)、华融金融中心、国大药业江苏总部9个商务商贸业项目落地。同时,由区商务局作为责任单位重大总部项目包括:省港口集团投资283亿元,华贸中心投资80亿元,博西全球家电采购与出口中心、毕马威科技研发及共享服务中心投资700万美元。 (涂 澄)

·总部(楼宇)经济·

【概况】 2017年,鼓楼区新认定江苏省宏源电力建设监理有限公司为区级总部企业。至年末,全区有市区级认定总部企业39家,其中市级22家、区级17家。全年完成税收39.6亿元,占全区税收总量20.1%。至年末,全区有规模以上商务楼宇95幢,建筑面积519万平方米,入驻企业4000多家;在建及储备类楼宇项目38个,建筑面积约700万平方米。全区有亿元税收楼宇16幢,全年楼宇税收71.6亿元,占全区总税收38%;特色楼宇15幢。是年,鼓楼区获2016年度中国楼宇经济十大活力城区称号。

【获中国楼宇经济十大活力城区称号】 8月16日,在杭州召开的"第三届中国楼宇经济峰会"上,鼓楼区连续3年被授予中国楼宇经济十大活力城区称号,辖区中海大厦被评为2016年中国最具活力商务楼宇,南京金陵汇德物业服务有限公司被评为2016中国品质物业管理品牌。

【亿元楼宇和特色楼宇创建】 2017年,鼓楼区以打造亿元楼宇、特色楼宇为抓手,因楼制宜细化方案,分层分批推进。定期填报年度楼宇创建目标月度监控表和规模楼宇税收跟踪统计表。区市场监管局、功能板块(楼宇园区)、街道密切配合,共建鼓楼区楼宇经济信息化管理服务体系,提高楼宇企业注册率和属地纳税率。至年末,银城广场完成税收1.8亿元,实现亿元楼宇创建目标。南财科技园文化产业集聚率43.6%,民防大厦商务商贸集聚率55.6%,基本达到特色目标楼宇创建要求。

【楼宇资源整合】 2017年,鼓楼区把楼宇品质能级改造提升,盘活存量资源作为促进楼宇经济发展重要举措，在推进颐和商厦项目改造基础上，重点调研凤凰广场、世贸中心、金基都市产业园、国药大厦等楼宇，研讨改造方案。与第一太平戴维斯、南京大数据产业协会等机构对接，共同研究制订楼宇整体改造和市场化运营可行性方案。至年末，凤凰广场和世贸中心完成一期工程部分项目改造。

【楼宇服务模式创新】 2017年，区委区政府以“共享共赢”思路，联合区台（侨）办、区工商联、区卫计局、区司法局、区科技局等部门与楼宇业主及物业对接，开展“统战文化进楼宇”“商会沙龙进楼宇”“医疗保健进楼宇”“法律咨询进楼宇”“科技服务进楼宇”等活动，变企业找服务为政府送服务，提升规模楼宇软件服务水平。楼宇社区服务中心作为楼宇内白领群体洽谈业务、学习读书、休闲娱乐、志愿服务、交友派对、心理辅导共享平台，增进入驻企业之间、企业与政府之间交流合作、资源共享、情感互通。构筑智慧楼宇管理模式，整合楼宇经济信息网、鼓楼楼宇APP、投资鼓楼微信和楼宇信息管理服务系统等信息平台，丰富与完善数据统计分析、招商展示推送、政策宣传发布、企业服务互动交流等功能，形成资源共享、动态管理的智慧楼宇管理新形态。区楼宇经济战略发展联盟，借助戴德梁行、第一太平戴维斯、仲量联行等全球房地产五大行专业力量，在产业规划、品质招商及运营管理等方面深入合作，以市场手段促进繁荣，提升区域楼宇经济发展能级。

【亚太商务楼成为全市首幢10亿元税收楼宇】 2017年，金陵饭店亚太商务楼在鼓楼区属纳税金额10.03亿元，成为全市首幢10亿元商务楼宇。亚太商务楼高242米，主楼57层、裙楼4层、地下室3层，位于新街口CBD核心地段、金陵饭店东北角，两者间有4层裙楼相连，总建筑面积17.3万平方米，其中写字楼建筑面积6.6万平方米，是超五星级酒店和高端商务综合体，由金陵饭店和新加坡欣光公司合资建设。2014年6月，投入运营。金陵饭店股份公司投资设立南京金陵汇德物业服务公司（简称汇德物业），与国际著名品牌管理机构戴德梁行签约合作，高起点、高标准建立高端写字楼物业管理体系。2015年8月，汇德物业与鼓楼区华侨路街道合作，创建中共金陵饭店楼宇委员会、金陵饭店楼宇社区服务中心，配备专职人员，为入驻楼宇社区各企业提供党群建设、经济服务、综合治理、民生服务等74项专项服务和物业服务。至年末，亚太商务楼吸引微软中国、惠普中国、IBM（国际商业机器公司）、大金（中国）投资有限公司、德勤永华会计师事务所、辉瑞投资有限公司、平安普惠投资咨询有限公司等近80家世界500强、跨国公司和总部企业入驻。

（孟　晖）

2017 年鼓楼区总部企业一览表

表 2

序号	企业名称	认定类型	认定时间(年)
1	苏宁电器集团有限公司	市级	2012
2	国电江苏电力有限公司	市级	2012
3	南京金陵饭店集团有限公司	市级	2012
4	苏宁环球集团有限公司	市级	2012
5	江苏省对外经贸股份有限公司	市级	2012
6	江苏凤凰出版传媒集团有限公司	市级	2012
7	江苏金浦集团有限公司	市级	2012
8	江苏省电力公司	市级	2012
9	东华汽车实业有限公司	市级	2012
10	江苏五星电器有限公司	市级	2012
11	博西家用电器投资(中国)有限公司	市级	2012
12	富登投资信用担保有限公司	市级	2012
13	南京港(集团)有限公司	市级	2012
14	中国长江航运集团南京油运股份有限公司	市级	2012
15	江苏省食品集团有限公司	市级	2013
16	南京长江油运公司	市级	2013
17	新华日报社	市级	2013
18	苏宁云商集团股份有限公司	市级	2014
19	江苏双楼建设集团有限公司	市级	2014
20	亚信科技(南京)有限公司	市级	2015
21	江苏天智互联科技有限公司	市级	2015
22	南京新联创业园管理有限公司	市级	2016
23	博西家用电器(中国)有限公司	区级	2014
24	紫金信托有限责任公司	区级	2014
25	南京汽轮电机(集团)有限责任公司	区级	2014
26	江苏南京长途汽车客运集团有限责任公司	区级	2014
27	南京苏逸实业有限公司	区级	2014
28	南京国资绿地金融中心有限公司	区级	2014
29	南京大惠企业发展有限公司	区级	2014
30	江苏省电力设计院	区级	2014
31	中国铁通集团有限公司江苏分公司	区级	2014
32	南京国际集团股份有限公司	区级	2014

续表 2

序号	企业名称	认定类型	认定时间(年)
33	江苏省再保融资租赁有限公司	区级	2014
34	南京瑞迪建设科技有限公司	区级	2014
35	亚信科技(南京)有限公司	区级	2015
36	江苏天智互联科技有限公司	区级	2015
37	南京新联创业园管理有限公司	区级	2015
38	南京我爱我家房屋租赁置换有限公司	区级	2016
39	江苏省宏源电力建设监理有限公司	区级	2017

2017 年鼓楼区亿元楼宇及特色楼宇一览表

表 3

序号	认定年度(年)	亿元楼宇名称(16 幢)	特色楼宇名称(15 幢)
1	2014	中南国际大厦	南大苏富特科技创新园 1 号楼
2		南京油运大厦	天正国际广场
3		紫峰大厦	数码港 1 号楼
4		南京国际外包服务大厦	翠峰大厦
5		江苏石油大厦	新华大厦
6		和泰大厦	亚太商务楼
7		凤凰广场	
8		凤凰国际大厦	
9		联创科技大厦	
10		世贸中心	
11	2015	亚太商务楼	苏宁环球大厦
12		银河国际广场	金山大厦
13		智梦园 B 座	金茂汇广场
14			长江科技园综合楼
15	2016	苏宁慧谷 BD7	中山路 99 号
16		苏宁环球	南邮物联网大厦
17			天星翠琅大厦
18	2017	银城广场	南财科技园大厦
19			民防大厦

(孟　晖　涂　澄)

·电子商务·

【概况】 2017 年,鼓楼区重点企业电子商务企业网络交易额增长 40%。为企业申请省级电子商务发展和项目培育专项资金 117 万元。区商务部门帮助指导南京财经大学科技园参加国家级电子商务示范园区创建工作;组织开展 2017 年度市级电子商务示范园区(南京邮电大学物联网园区)、省级电子商务示范社区(华侨路街道五台山社区)创建试点工作。11 月,组织辖区 13 家企业参加市电商博览会,宣传展示电商企业风采。协调赶集网南京运营中心——南京职连信息技术有限公司(简称南京职连)与南京商业学校对接,并就专业技术人才就业和需求等达成初步合作关系,助力学生创业。联合南京侠客行网络科技公司(简称侠客行)举办数据赋能"双 11"电商大会,组织 15 家电子商务企业和 1 个园区参加"数字动能、创领革新"省电子商务大会展览,组织侠客行等 7 家企业申报 2017 年南京市电子商务专项项目、中储物流等 2 家企业申报 2018 年南京市电子商务专项项目。组织江苏汇泊网络科技有限公司(简称江苏汇泊)、南京职连参加 2018 商贸服务业电子商务类专项资金预申报。

【省级电子商务示范基地建成】 2017 年,南京财经大学科技园电子商务示范园区投入使用。园区办公场地 1.2 万平方米,由科技楼近 1 万平方米办公场地以及财智 128 众创空间部分场地组成,有办公、研发与孵化功能现代化、高品质楼宇,为园区企业提供现代化、多样化、全方位服务。至年末,园区引进企业 140 余家、电子商务相关企业近 50 家,其中电子商务服务类企业 20 家,电子商务服务业交易额 4000 万元,先后带动并培养电子商务相关人才 800 人。

【电子商务企业项目申报】 2017 年,区商务局组织南京聚力医药科技有限公司(简称聚力医药)、南京米云互联网络科技有限公司(简称米云科技)、南京中储发展股份有限责任公司(简称中储)、江苏缤葡电子商务有限公司(简称缤葡)、南京信通科技有限责任公司(简称信通)、江苏汇泊、南京侠客行 7 家企业申报市级电子商务专项项目;组织中储物流等 2 家企业申报 2018 年南京市电子商务专项项目。

2017 年鼓楼区重点培育电子商务企业一览表

表 4

序号	企业名称	网站名称	网　址	企业类型	行业类型	注册资本(万元)
1	南京欣网互联网络科技有限公司	中国移动	www.mall.10086.cn	电商应用企业	信息传输、软件技术服务业	1200
2	南京凤凰新华书店有限责任公司	凤凰新华云平台	www.fhxhmall.com	电商平台企业	文化、体育和娱乐业	1500

续表 4

序号	企业名称	网站名称	网 址	企业类型	行业类型	注册资本（万元）
3	江苏五星电器有限公司	五星享购	www.5star.cn	电商平台企业	批发和零售业	110000
4	南京传天羽科技有限公司	BTAES 传天羽天猫店	https://beatscty.tmall.com	电商应用/服务企业	信息传输、软件服务	500
5	南京绿灯侠电子商务有限公司	美的天猫官方店	https://mideajs.tmall.com	电商应用企业	批发和零售业	500
6	江苏金桥国际旅行社有限公司	鑫桥国际旅行社	http://www.jin-qiaoguolv.com	电商应用企业	旅游服务	300
7	江苏猫不醉电子商务有限公司	猫不醉	http://www.maobuzui.com	电商平台企业	批发和零售业	1000
8	南京聚力医药科技有限公司	聚力医药	www.julycn.com	电商平台企业	批发和零售业	500
9	南京德高国际旅游有限公司	江南直通车	http://www.166581.com	电商应用企业	旅游服务	100
10	江苏中博通信有限公司	准备买	www.zbbuy.net	电商平台企业	批发和零售业	10000
11	江苏苏糖糖酒食品有限公司	苏糖糖酒	www.jsst.cn	电商应用企业	批发和零售业	3000
12	南京软月科技有限公司	软月互动	www.softmoon.com.cn	电商服务企业	信息传输、软件技术服务业	10
13	南京市快拼信息科技有限公司	米来官网	http://www.kplink.cn	电商服务企业	信息传输、软件技术服务业	330
14	南京掌门科技有限公司	百阅手机阅读器	http://www.byread.com	电商应用/服务企业	信息传输、软件技术服务	300
15	江苏省邮政电子商务有限公司	中邮快购网上商场	http://www.11185.com.cn	电商平台企业	批发零售	3000
16	南京灵动信息技术有有限公司	灵动信息	http://www.jswei-bo.cn	电商平台企业	软件信息服务	100
17	南京梯云纵信息技术有限公司	梯云纵	www.tyzong.com	电商服务企业	信息传输、软件和信息技术服务业	108
18	南京侠客行网络科技有限公司	侠客行	www.xiakexing.cn	电商服务企业	专业化商务培训	50
19	南京浩扬科技发展有限公司	扬子壹购	http://www.960961.com	电商应用企业	综合日用品/保健食品销售	1000
20	江苏缤葡电子商务有限公司	缤葡网	www.ex2china.com	电商应用企业	批发和零售业	1000
21	南京聚能市场管理服务有限公司	鲜花全球通	2014.xhqqt.com/goodcat.php	电商平台企业	批发和零售业	500

续表 4

序号	企业名称	网站名称	网　址	企业类型	行业类型	注册资本（万元）
22	南京创客汇网络信息技术有限公司	小鱼儿网	www.xiaoyuer.com	电商平台企业	信息传输、软件技术服务业	100
23	南京甩手掌柜家居项目管理有限公司	甩手宝	www.3sbao.com	电商平台企业	批发和零售业	3000
24	江苏宏坤供应链管理有限公司	绿道一站式跨境供应链服务平台	https://www.greenpass360.com	电商服务企业	信息传输、软件技术服务业	2000
25	南京君子游信息技术有限公司	联合旅业君子游	www.junziyou.com	电商服务企业	信息传输、软件技术服务业	200
26	中储南京智慧物流科技有限公司	中储智运	www.zczy56.com	电商平台企业	交通物流	2500
27	江苏省食品集团有限公司	苏食	http://www.jiangsufood.com	电商应用企业	家林牧渔	5000
28	江苏未迟数字技术有限公司	GoogleAdwords	www.advich.com	电商服务企业	跨境贸易、信息传输、软件技术服务业	1000
29	江苏携才养老产业服务有限公司	唯老汇	http://www.wlh-mall.com	电商平台企业	社会保障、养老	1000
30	南京苏庭家政服务有限公司	江苏省家政服务业协会	http://sunvip.ec-focus.cn/web123/jiaxie/web/index2.php	电商平台企业	社会保障	50

2017 年鼓楼区省级电子商务人才培训基地一览表

表 5

序号	企业名称	认证许可
1	南京侠客行网络科技有限公司	首批获得省政府认证许可（2015 年）
2	南京工业大学创业教育与实训基地	首批获得省政府认证许可（2015 年）

2017 年鼓楼区省级电子商务示范园区一览表

表 6

序号	项目名称	企业名称	获批时间（年）
1	电子商务示范园区	南京财经大学科技园	2016

2017 年鼓楼区市级电子商务示范企业园区一览表

表 7

序号	项目名称	企业名称	获批时间(年)
1	电子商务示范企业	江苏五星电器有限公司	2016
2	电子商务示范企业	江苏宏坤供应链管理有限公司	2016
3	电子商务示范园区	南京财经大学科技园	2016

(涂　澄)

·对外经贸·

【概况】 2017 年,鼓楼区新增到账千万元以上大项目 160 个、实际到账注册资金 43 亿元,新增 10 个地区性总部或行业龙头项目。区商务局联合园区、部门和街道,推进在手在谈项目,主要集中在商务商贸、软件互联网、文化创意旅游等行业。引进南京海曼企业管理有限公司、南京名扬置业有限责任公司等外资企业。是年,全区完成外贸出口额 29.5 亿美元,服务贸易进出口总额 6.7 亿美元;实际利用外资 2.6 亿美元,服务外包执行额 14.3 亿美元,离岸执行额 7 亿美元;对外承包劳务营业额 10.9 亿美元。

【外资审批制度改革】 2017 年,鼓楼区全面实施外商投资准入前国民待遇加负面清单管理制度,实施外资企业设立及变更备案 83 件,全部在 3 个工作日内办结。304 家企业上报外资企业统计年报,上报率、通过率 100%。

【外贸出口】 2017 年,鼓楼区外贸出口额 29.5 亿美元,其中出口额 5000 万美元以上企业 7 家,比 2016 年减少 2 家,外贸企业结构呈现贸易型多、规模企业少特点。年内,辖区中国江苏国际经济技术合作集团有限公司出口额列市出口 50 强第 11 位、江苏天元船舶进出口有限公司列第15 位、南京德沛进出口贸易有限公司列第 44 位;辖区江苏省对外经贸股份有限公司进口额列全市进口 50 强第 7 位、博西家用电器(中国)有限公司列第 13 位、中国江苏国际经济技术合作集团有限公司列第 35 位、南京南汽进出口有限公司列第 39 位。至年末,鼓楼区纳入外贸统计有实际进出口业务企业 710 家。

2017 年鼓楼区出口额前 30 位企业一览表

表 8

序号	单　位　名　称	出口额(万美元)
1	中国江苏国际经济技术合作集团有限公司	39583.20
2	江苏天元船舶进出口有限公司	32098.85
3	南京德沛进出口贸易有限公司	12264.69

续表 8

序号	单 位 名 称	出口额(万美元)
4	江苏省对外经贸股份有限公司	9313.86
5	南京利富化工有限责任公司	8311.86
6	南京博尔迈兴机械设备有限公司	8117.90
7	江苏泰信化学股份有限公司	5053.97
8	南京淼润森工贸有限公司	4749.33
9	南京南汽进出口有限公司	4369.66
10	江苏中汇进出口有限公司	4356.19
11	江苏中江国际石化贸易有限公司	4279.95
12	南京贸互加信息科技有限公司	4172.90
13	南京可康户外用品有限责任公司	4168.44
14	南京海鼎胜商贸有限公司	3760.74
15	中国能源建设集团江苏省电力设计院有限公司	3723.46
16	江苏汇鸿国际集团麦蕾贸易实业有限公司	3028.04
17	江苏海外集团机械有限公司	2877.37
18	南京市对外贸易有限公司	2710.43
19	江苏中烟工业有限责任公司	2446.92
20	江苏省陶瓷进出口(集团)有限公司	2440.62
21	中工美(江苏)进出口有限责任公司	2414.93
22	江苏佳泰化工有限公司	2182.17
23	南京艾普拉斯化工有限公司	2048.78
24	南京钛白国际贸易有限公司	2038.28
25	南京邦农化工有限公司	1887.11
26	江苏汤普森农业生产资料有限公司	1875.21
27	江苏省建筑工程集团有限公司	1709.58
28	南京纽邦生物科技有限公司	1693.01
29	江苏浩华服饰有限公司	1661.73
30	南京金诺国际贸易有限公司	1635.84

2017 年鼓楼区进口额前 20 位企业一览表

表 9

序号	单 位 名 称	进口额(万美元)
1	江苏省对外经贸股份有限公司	75912.85

续表 9

序号	单 位 名 称	进口额(万美元)
2	博西家用电器(中国)有限公司	37769.39
3	中国江苏国际经济技术合作集团有限公司	12727.60
4	南京南汽进出口有限公司	10822.41
5	南京汽轮电机(集团)有限责任公司	8207.27
6	江苏省设备成套有限公司	8175.76
7	江苏凤凰文化贸易集团有限公司	4816.97
8	江苏省海外企业集团有限公司	4129.44
9	江苏省外轮供应公司	3305.41
10	江苏悦达南方控股有限公司	2999.88
11	江苏春江防汛物资配送有限公司	2855.05
12	南京纺织品进出口股份有限公司	2393.43
13	南京钛白国际贸易有限公司	2359.74
14	南京大学科技实业(集团)公司	2271.54
15	江苏天元船舶进出口有限公司	1658.61
16	江苏汇鸿国际集团莱茵达有限公司	1332.43
17	南京杰钧电子有限公司	1276.53
18	江苏省建设集团有限公司	1062.50
19	南京汉宝工业原料有限公司	1055.25
20	南京宾利食品进出口贸易有限公司	958.33

【外贸企业投保出口信用保险】 2017年，鼓楼区与中国出口信用保险公司(简称中国信保公司)合作，举办小微企业出口信用保险政策宣讲会，协助外贸企业投保出口信用保险，为南京恒源丝绸有限公司、南京途创贸易有限公司、江苏商荣国际贸易有限公司、南京润顺服装有限公司等6家外贸企业，与中国信保公司搭建沟通和交流平台，通过“企险”专场对接会，推广出口信用保险，让更多外贸企业享受专业保障。

【服务贸易】 2017年，鼓楼区服务贸易进出口总额6.7亿美元，完成市目标任务100.4%,同比增长12.6%。其中,服务出口总额3.4亿美元,同比增长2.1%;服务进口总额3.3亿美元,同比增长25.8%。涉及交通运输、旅游、教育、信息技术、境外工程劳务及文化贸易等多个服务贸易领域,服务贸易额占全市比重15.8%,位列第三,在主城区位列第一。年内,全区服务贸易进出口100万美元以上企业69家,1000万美元以上企业14家,占全区服务贸易进出口额63.9%;贸易出口前30户企业占比77.5%。 (涂 澄)

·投资促进·

【概况】 2017年，鼓楼区开展各类招商活动42场次，举办鼓楼—澳大利亚珀斯市科技经贸交流会、鼓楼区商贸服务业（上海）招商说明会、南京金秋金贸洽谈会鼓楼区专场活动、鼓楼—美国旧金山湾区生命科学交流会。结合“大走访”活动，区商务局走访驻区企业和外商107家，与荷兰经济部、欧盟商会、澳大利亚商会等10余家境内外投资促进机构和商会协会建立联系机制，促进招商引资工作。深化审批制度改革，简化企业年报程序，联合区、街、园区和部门，推进商务商贸、软件互联网、文化创意旅游等洽谈项目。

【民营经济基本情况】 2017年，鼓楼区新增私营企业5693户，新增注册资本335.7亿元。全区私营企业3.97万户，注册资本2997.3亿元，私营企业占全区企业总数83.6%(全区企业4.75万家)，个体工商户4.45万户，(注册资本个体工商户不统计)。民营经济总产值497.7亿元，占GDP比重38.9%，增长9.8%，增幅列全市第一。至年末，全区民间投资总额71亿元，民营规模以上工业总产值15.64亿元，同比增长13.1%。 （孟　晖）

【赴北京招商活动】 4月13～14日，鼓楼区组队赴北京开展软件信息及文化旅游产业专题招商活动。走访、考察盛景网联科技股份公司、东方园林产业集团、中关村创业大街、华贸中心以及东方园林北京总部。区政府就引进孵化加速平台、助推高校科研成果转化、中小企业创新商业模式等专题与盛景网联科技股份公司开展交流并初步达成合作意向；与北京国华置业公司沟通鼓楼区中央路331号地块开发方案；与东方园林产业集团洽谈幕燕文商旅项目运作、合作方式。

【赴杭州招商推介活动】 4月18日，区商务局、下关滨江商务区管委会及相关街道赴杭州开展招商推介活动，考察学习杭州钱江新城规划建设及产业招商情况，举办下关滨江商务区杭州招商推介会，向参会20余家企业推介区投资环境及下关滨江商务区重点项目，并与部分企业签订合作协议。 （涂　澄）

【西澳大利亚珀斯—南京鼓楼企业交流洽谈会】 6月5日，西澳大利亚州政府中国首席代表陈惠娥带领珀斯科技商贸考察团考察鼓楼区，与科技园区入驻企业开展交流洽谈活动。省侨办、市侨办、市投资促进中心相关领导以及区领导等150人参加交流洽谈。活动期间，澳洲星集团、江苏宏坤供应链管理有限公司等企业签订合作协议。

【第28届“金洽会”鼓楼区专场活动】 9月11日，鼓楼区在“金洽会”期间举办核心产业投资发展推介会，以“厚植产业优势，创领无限未来”为题，开展招商引资活动。市人大常委会副主任、区委书记张一新，区长刘军等领导和有关部门负责人，美国旧金山湾区代表团，驻区总部企业，商务商贸、软件互联网、文化创意、旅游产业等海内外客商和有关部门、园区、街道领导等近500人参加。“金洽会”期间，举行美国湾区（南京）创新中心成立和重大投资项目签约仪式，江苏省港口集团、博西全球家电采购与出口中心、华贸中心、毕马威科技研发及共享中心等28个重大项目签约，总投资462亿元。

（涂　澄　孟　晖）

·商贸流通·

【概况】　2017年，鼓楼区实现社会消费品零售总额973.32亿元，增长10%；商务商贸业收入和税收分别增长16.5%和6%；服务外包执行额14.3亿美元，其中离岸执行额7亿美元；外贸出口总额204.4亿元，服务贸易进出口6.7亿美元，实际利用外资2.6亿美元。规模楼宇税收71.6亿元。为企业申请省级电子商务发展和项目培育专项资金117万元。

【区消费者权益保护委员会成立】　7月6日，江苏省南京市鼓楼区消费者权益保护委员会（简称区消保会）挂牌成立，成为自7月1日《江苏省消费者权益保护条例》（简称《条例》）实施以来，全省第一家依据《条例》成立的消费者维权社会组织，也是具有代表性基层工商“三合一”（工商、质监、食药）后江苏首个区一级消费者维权组织，更是省市区三级消费者组织系统内首家正式更名为“消费者权益保护委员会”的消费者组织。同日，召开第一届全委会一次会议。在领导架构上实行委员届期制，选举区人大常委会副主任李艳担任区消保委主任、区市场监管局局长丁卫泽担任常务副主任；在委员构成上突出公益性、公正性和专业性，区消保委第一届全委会由194人组成，分别为辖区党政机关界62人、人民团体界4人、新闻媒体界6人、专家学者3人、社区代表119人。

区消保会承接原鼓楼区消费者协会全部职能，同时根据《条例》规定新增加：参加消费者权益保护法律法规宣传、涉及众多消费者利益商品或者服务价格听证会、约谈存在侵害消费者权益突出问题经营者，并独立发表意见；对商品和服务质量、价格、售后服务以及消费者意见进行调查、比较和分析，并向政府及有关行政部门反映消费者意见等6项职能。是年，区消费者权益保护委员会被中国消费者协会授予2016～2017年度全国消协组织先进集体称号。

【农贸市场建设】　2017年，鼓楼区完成绿恒、定淮门、华农清江路店、东宝路、戴家巷5家农贸市场升级改造，玉海农贸市场转型为玉海好又多生活超市，海润农贸市场设施改造完成，新建文景花园农贸市场。新建4家农副产品平价直销站和11家农贸市场食品安全快检室。年内，鼓楼街、恒尊、郑和南路、绿恒4家农贸市场被评为绿色市场市级示范市场。

2017 年鼓楼区绿色农贸市场基本情况一览表

表 10

序号	市场名称	地　　点	营业面积（平方米）	开业时间	类型	摊位（个）	
						总摊位	其中：蔬菜摊位
1	恒尊农贸市场	幕府西路 57 号	1000	2005 年 10 月	室内	27	12
2	鼓楼街农贸市场	鼓楼街 11 号	1400	1999 年 12 月	室内	86	36
3	绿恒农贸市场	宁工新寓 200 号	2600	2009 年 10 月	室内	108	48
4	郑和南路农贸市场	郑和南路 109 号	1500	2005 年 12 月	室内	42	18

2017 年鼓楼区改造及新建农贸市场基本情况一览表

表 11

序号	市场名称	地　　点	营业面积（平方米）	开业时间	类型	摊位（个）	
						总摊位	其中：蔬菜摊位
1	绿恒农贸市场	宁工新寓 200 号	2600	2009 年 10 月	室内	108	48
2	定淮门农贸菜场	古平岗 2 号	200	2003 年 5 月	室内	10	3
3	东宝路农贸市场	东宝路 29 号	600	2007 年 7 月	室内	19	10
4	戴家巷农贸市场	戴家巷 7 号	1100	2006 年 12 月	室内	36	19
5	华农农贸市场	清江路 99 号	1860	2014 年 3 月	室内	47	20
6	海润农贸市场	五佰村路 71~72 号	1970	1997 年 12 月	室内	62	24
7	文景花园农贸市场	窑上村文景花园 16 幢 17 号	1650	2017 年 12 月	室内	12	3
8	玉海好又多生活超市	定淮门大街 2-1 号	650	2017 年 10 月	室内		

【放心消费工程专项资金申报】 2017 年，鼓楼区开展放心消费工程专项资金申报工作，组织原谷生态、智慧家园农贸市场 2 个项目申报 2017 年放心消费工程专项资金项目；放心肉冷链物流、智慧家园农贸市场 2 个项目申报 2018 年放心消费工程专项资金项目。组织快递物流业发展专项资金扶持项目申报，推荐中储物流、宏坤供应链、晟邦物流申报 2018 年快递物流业发展专项资金扶持项目。（涂　澄）

【烟草专卖】 2017 年，南京市烟草专卖局（公司）二分局（分公司）（简称二分局）推进精准营销试点，用货源投放调控市场，实现销量与结构统筹协调发展。全年销售各类卷烟 3.23 万箱。其中，省内卷烟销售 1.51 万箱，省外卷烟销售 1.72 万箱，实现销售收入 13.54 亿元，同比增长1.42%。销售结构趋于合理，167.58 元 / 条卷烟销售量，同比增长 3.13%；重点品牌卷烟销量 29955 箱，占比 92.68%，同比提高1.8 个百分点。规范市场营销分析工作制度，建立31个终端信息采集点，开展信息采集52次，及时掌握卷烟销售市场状况。组织“3·15”“12·4”便民服务主题日活动，为1597户合法零售客户提供销售服务和经营指导。加大查办倒烟大户力度，查处5倍以上零售大户违法案件31起，涉案卷烟2160条，案值71.46万元。建立公、检、法、工商部门联合执法机制，开展“冬、春季取缔无照经营行为专项行动”“天价烟专项自查”“违法违规大户专项治理”和“建设工地卷烟经营户专项检查”等行动，实现打假破网新突破。累计出动执法人员1857人次，出动车辆471台次，查获涉烟违法案件232起，其中万元以上案件30起、5万元以上案件11起、百万元以上案件1起，拘留11人，逮捕4人，判刑6人；查获各类违法违规卷烟2.42万条，货值459.39万元。全年接待、处理咨询投诉210起，处理满意率98%。加强干部队伍能力建设，修订绩效考核办法，全员上岗持证率100%。完成学术论文9篇，2篇分获省市二等奖和三等奖。营销团队获全市营销竞赛团体三等奖，王飞获“实操能手”称号。

（潘子仪）

·商务商贸区·

【南京下关滨江商务区】 2017年，南京下关滨江商务区（简称商务区）完成固定资产投资53.21亿元，达目标进度120.93%；引进注册资金千万元以上大项目7个，完成全年目标117%；实到注册资本7.3亿元，完成全年任务365%。申报江苏省港口集团为区域性总部企业，江苏中烟工业公司南京卷烟厂申报“苏烟”为省著名商标。引进外资项目2个，增资项目1个，完成全年任务150%；完成一般公共预算收入3.94亿元。全年引进市区级人才各1人。滨江管委会赴北京、上海、杭州等地开展多场针对性招商活动，推动江苏省港口集团、江苏南京港投资管理有限公司落户滨江。

公共设施建设与管理 商务区管委会牵头编制《下关滨江商务区交通系统优化及交通组织研究》。方家营南路一期、方家营北街、龙江桥路西段（江边路—惠民河东路）道路建设工程竣工。公共路（含管廊）、哈尔滨路南段（含管廊）进入施工准备，宝塔桥西街至老江口段10千伏高压杆线迁移完成。参与拆违、整治30余次，拆除各类建筑物4000余平方米，砌筑围墙1万余米，拆除地块防尘网覆盖12万余平方米，配合清运交付地块建筑垃圾和生活垃圾4.5万立方米。完成渔船整治工作任务，88户渔民上岸，152条渔船收回拆解。

土地整理运作 商务区铁路迁建步伐加快，尧化门货场竣工，办理郭家山机辆设施项目前期手续。140户居民交房搬家，4家工企单位拆房交地，11家涉铁路单位签约搬迁；先后完成方兴小学扩建、天妃宫小学复建、新兴路西延等10处民生工程和重点项目地块居民搬迁。搬迁过程中，累计处理历史遗留问题近100起，化解各种矛盾90余起，受理、送审房屋申购案件材料近300份，组织选房524套。年内，商务区与合作开发企业中冶置业集团有限公司就滨江1号、3号地块相关历史遗留问题进行协商并达成一致，签订相关谅解协议，一次性解决滨江涉及中冶置业集团有限公司土地出让及运作遗留问题。

载体建设 鼓楼区完成《滨江商务区商办商业项目发展分析调研报告》(简称《报告》)。该《报告》全面梳理区域码头、岸线商铺、文保建筑、商业地块等可利用资源，提出区域旅游休闲产业整体发展设想。年内，滨江商贸区首个产业载体——长江国际航运中心项目一期竣工，二期港口集团办公楼项目施工。至年末，商贸区项目意向去化面积 9.55 万平方米，总体去化率 65.2%，完成销售额 13 亿元。中冶和记洋行项目完成地下连续墙施工，深业滨江项目 05-01 地块 1 号、2 号楼结构封顶，证大项目部分楼栋桩基施工，龙湖项目 7 号、8 号、9 号楼主体结构完成，恒大滨江商业综合体项目主体施工。

长江岸线滨江商务区段贯通 鼓楼区实施并完成长江岸线三期工程(惠民河口—金川河口段)贯通。该区域东临火车西站，南衔铁路老栈桥遗址公园，西眺浦口火车站，北接长江大桥。工程由市下关滨江开发改造指挥部牵头，重点打造火车主题园。该园分为两大部分：第一部分主要还原老南京火车站风貌，建设仿民国时期风格候车厅和候车站台，布设 1 节火车车头和 3 节绿皮车厢，铺设铁轨和枕木，并配以相应铁路元素小品。第二部分主要反映中国火车发展历程，分别以蒸汽机车、内燃机车和高速列车为主题，围绕火车发展历程主线，通过巨型版画形式，展现铁路机车跟随时代发展变迁史。12 月，滨江风光带滨江商务区段通过各行业主管部门竣工验收，正式移交鼓楼区，并对市民开放。

航运中心核心项目竣工 12 月，南京长江国际航运物流服务中心核心部分一期永宁街项目竣工。该项目由 4 幢 AAAAA 甲级写字楼构成，建筑面积 19.2 万平方米，为下关滨江商务区首个商业办公载体。南京下关长江国际航运物流服务中心是鼓楼区国资自主开发高端商办项目，由国务院交通部授牌成立，也是省交通厅与南京市共建重点项目。项目一、二期总建筑面积 40 万平方米，总投资 51.07 亿元，是下关滨江商务区支柱产业重要培育载体，主要提供航运企业总部办公以及航运交易、物流、贸易、金融、法律、口岸综合服务等功能。计划通过培育和完善航运服务体系，打造长江流域重要的航运总部经济中心、航运综合服务中心、航运物流交易中心和航运人才交流中心。至年末，南京海事局、航运交易中心、长江水文局、南京河道管理处、长江南京通信管理局、引航中心、船交所、航运人才交易平台等 10 余家航运管理服务单位确定入驻航运中心。中集凯通物流发展有限公司、中长燃南京分公司、普及国际货运代理(中国)有限公司南京分公司、长江汇南京兆基实业有限公司等 37 家航运企业，以及建设银行、南京银行等金融配套单位签约入驻集聚区。

(王　欣)

【湖南路商贸区】 2017 年，湖南路商贸区完成税收 12.6 亿元，增长 24%；完成公共财政预算收入 6.38 亿元，增长 15%；固定资产投资 29 亿元。引进“创业南京”计划〔从 2016 年起，用 5 年时间，重点引进和支持在南京市创办科技型企业，或与科技型企业合作创立科研成果产业化基地、新型产业技术研究机构的100名(个)科技顶尖专家(团队)〕人才并通过区级评审1人。至年末，全街区有各类商业企业202家，其中大中型商场6家、服装59家、餐饮67家、金融17家、美容美发5家、珠宝首饰4家、鞋帽箱包9家、眼镜5家、休闲娱乐12家、宾馆13家、书店1家、其余4家；名牌、精品、专卖店占70%以上；营业面积33.57万平方米，就业约1万人。

招商引资 湖南路商贸区引进千万元以上大项目7个，实际到账5个，注册资金1.6亿元。新增南京乐小刻网络技术有限公司为地区性总部企业，新增南京海曼企业管理有限公司外资项目1个，新增外贸出口额600万美元。年内，罗森超市、永辉超市分别落户南京凤凰广场和南京新城吾悦广场。

街区环境管理 南京湖南路山西路地区管理委员会（简称湖南路管委会）完成42家企业窗口地区标准化管理抽检验收，创建山西路商业大街示范区；联合相关职能部门执法检查街区环境卫生、秩序12次，有效管控在建工地扬尘等环境问题，整改率100%。落实安全生产工作职责，重点排查街区消防、危化品安全、食品安全、人员密集场所和建设工地及商家门头店招装修施工等各类安全隐患，为街区用气餐饮行业免费上门安装燃气报警器64台，排除隐患点43处。

绿地南京湖南路商业综合体项目 绿地南京湖南路商业综合体项目位于中山北路和湖南路交叉口，基地西侧为西流湾公园，项目总投资160亿元，建设周期5年，2016年年末启动建设。地上开发用地分A、B、C、E、F、G六部分。其中，A地块用地面积0.83万平方米，建筑限高120米；B地块用地面积1.53万平方米，建筑限高150米；C地块用地面积1.58万平方米，建筑限高100米；E、F、G地块为公园道路用地，全为地下建筑，总建筑面积50.64万平方米，其中地上计划建筑面积29.32万平方米、地下21.32万平方米(含公园及道路地下)。至2017年年末，A地块土方开挖至底板，C2基坑土方开挖至底板，C3首道支撑梁施工；B、E、F、G地块桩基施工完成400根。

7月10~11日，湖南路商业街开展餐饮企业安全生产大检查活动

湖南路地下商业街项目 湖南路地下商业街项目东起中央路，西至中山北路，连通地铁1号及5号线，全长1030米，宽度32米，占地面积4.55万平方米，地下主体建筑面积约9万平方米，打造二层地下商业街，项目总投资20亿元。2016年湖南路地下商业街项目进入全面围挡施工。2017年8月31日，实现路面道路南侧自西向东

单幅机动车车道通行。至年末，地下商业街项目基本完成主体结构施工，实施附属结构和出土口封闭施工。（沈卫国）

【中央门商贸区】 2017年，中央门商贸区完成税收1.93亿元，同比增长12.49%；完成公共收入1.07亿元，同比增长4.91%。23家规模以上商务商贸服务业企业实现营业收入113.4亿元，同比增长94.87%。完成软件和信息服务业收入7.37亿元，新申报自主品牌1家。完成年度固定资产投资2.28亿元，达年度目标114%。

《产业发展和空间利用规划》招标完成 7月24日，中央门商贸区管委会（简称管委会）在区政府网站公开发布《商贸区产业发展和空间利用规划》设计招标公告，要求应标单位针对商贸区产业发展现状和特征、存在问题和困难、产业发展定位和目标、转型方向和路径、空间资源摸排和梳理、空间利用调整和投资分析等方面进行研究，提出科学合理建议。9月29日，管委会邀请区发改局、区住建局、区商务局、建宁路街道共同评审和定标设计方案，对各应标单位研究方案进行综合打分并最终确定中标单位为南京苏博投资顾问有限公司。

招商引资 中央门商贸区引进千万元以上大项目12个，完成全年目标240%，实际到账注册资金1.6亿元，完成年目标100%。引进总部经济企业1家，完成年目标100%。金川科技园二期招商完成70%，完成年目标100%。外贸出口351.1万元，完成59.51%；新增外资企业南京名扬置业有限责任公司，完成年度目标100%。引进"创业南京"计划人才1人，通过区级综合评审，并在规定时间内完成落地工作，区级扶持资金到账。

建宁路8号地块建设 建宁路8号地块位于南京西站货场以东，玉桥三期以西，现状铁路以南，规划建宁北路以北，占地面积2.2万平方米。根据初步规划，该地块可用地面积1.34万平方米，用地性质为商办混合用地，建筑高度≤100米，建筑密度≤50%，容积率≤6.5，规划建筑按规范配建停车位，并配建400个以上社会停车位，功能定位为商业办公及配套停车场。2016年12月16日，由南京龙湖地产有限责任公司以4.3亿元底价竞得，项目总投资13.27亿元。至2017年年末，土方开挖完成45%，1号楼主体施工至3层。

（彭 涛）

【商贸综合体选介】 **南京新城吾悦广场** 地处湖北路51号，2017年竣工，12月15日开业。广场为大型全业态城市综合体，占地面积1.1万平方米，建筑面积6.8万平方米，1栋9层购物中心及1层地下停车场组成，涵盖影院、大型超市、精品购物街、餐饮美食街等业态，成为辖区集购物、休闲、娱乐、餐饮、商务洽谈于一体的一站式购物及生活体验中心。至年末，有签约客商119家，其中企业客商46家、个体客商73家。

南京凤凰广场 地处湖南路1号，东接玄武湖公园西门，北依玄武饭店，南邻紫峰大厦，建筑面积12.49万平方米，其中商业建筑面积4万平方米。广场主力店凤凰国际书城，引进南京新东方英语培训学校、南京学而思培训学校、乐高活动中心、艺家艺术培训机构等不同培训业态相结合，成为以文创零售、特色餐饮为配套的综合型文化场所。2017 年，凤凰广场由传统“书店 +”转变为“+ 书店”理念，增加线上线下互动，增强体验感和场所感，契合凤凰集团文化形象与凤凰茂经营思路。至年末，签约客商 43 家，其中企业客商 14 家、个体客商 29 家。 （沈卫国）

绿地缤纷广场 10 月，绿地缤纷广场开业。广场位于中央北路五塘广场附近，总建筑面积 8.8 万平方米，集购物、餐饮、休闲、旅游等全能业态布局，蕴藏 7 大国际主题商业街，出新现代民国风人文商业建筑。至年末，星巴克、童乐游儿童乐园、台北乐趴、南京银行、宝力豪、大润发时代超市等商家进驻绿地缤纷广场。

（孟 晖）

南京玉桥商业集团 成立于 1999 年 9 月，隶属于南京市交通集团，是集投资、租赁、购物、娱乐、餐饮为一体的新型商贸企业。2017 年，实现税收 1096 万元，同比增长 6%。

玉桥集团投资经营主要项目为玉桥商业广场，为一次规划分三期建设实施。一期项目于 1999 年 9 月竣工并投入运营，建筑面积 3.45 万平方米；二期项目于 2004 年竣工并投入运营，建筑面积 2.55 万平方米；玉桥三期（B 座）建筑面积 8.3 万平方米，由 1 栋 9 层 6.8 万平方米商业楼和 1 栋 5 层 1.5 万平方米综合楼组成，拥有完善配套设施和服务体系。其中，玉桥商业广场 B 座亲子体验馆 2016 年 12 月 16 日重开业。

南京中电熊猫集团 位于建宁路 16 号和 18 号，公司始创于 1936 年，被誉为中国电子工业摇篮，连续 20 年位列中国电子信息百强企业前列，“熊猫 -PANDA”是国内电子行业第一个“中国驰名商标”。建有 4 个国家级工程技术研究中心、1 个博士后工作站、10 个新产品开发研究所。公司主导产业：现代通信、数字视音频、软件信息服务、智能电子、电子制造、现代服务业。下设中国电子物资苏浙公司和南京中电熊猫现代服务产业有限公司。2017 年，公司贸易、物产经营实现税收 760 万元，同比增长 10%。

（彭 涛）

·金融服务·

【概况】 2017 年，鼓楼区实现金融业增加值 128.09 亿元，同比增长 18%，占区 GDP 比重 10%，占市金融业增加值比重 9.5%。新增上市、挂牌企业 10 家，其中上市企业 1 家，“新三板”挂牌 7 家，江苏省股权交易中心（全国中小企业股份转让平台）挂牌 2 家。至年末，全区有 10 家企业在境内外上市，21 家企业在“新三板”挂牌，30 家企业在地方股权交易中心挂牌。组织 20 家拟上市挂牌企业参加税务、法律培训 2 次；组织 120 家拟融资企业参加金融机构对接活动 3 次。全年为 25 家企业发放省市区级上市挂牌政策性补贴 1780 万元、市级资本市场融资补贴 75 万元、省级促进金融业创新发展专项引导资金 290 万元。开展非法集资风险排查、金融风险防控专项行动、互联网金融专项整治等活动，非法集资行为得到控制，金融风险防控能力有效提升。

【小微企业金融服务】 2017 年，鼓楼区政府与中国银行江苏省分行、交通银行江苏省分行签署战略合作协议，引导金融机构服务区内小微企业。拓宽融资渠道，利用南京市小微企业应急互助基金，解决小微企业短期资金需求，全年拨付周转金9480万元，帮助企业还贷20次，为小微企业安排周转资金量在全市各区中排名第一。

【地方金融组织发展】 2017年，鼓楼区有融资担保、小额贷款公司11家。年内，7家融资性担保公司新增担保业务876亿元，年末在保余额874亿元。4家小额贷款公司新增贷款3.68亿元，年末在贷余额3.01亿元。是年，鼓楼区申报市级融资性担保业务补贴1480.72万元、省级财政促进金融业创新发展专项引导资金234.78万元。

【专项资金申报】 2017年，鼓楼区组织辖区企业申报现代服务业发展专项引导资金项目。组织推荐南京亚信科技有限公司等3家企业申报2017年省级现代服务业发展专项引导资金，江苏库品汇网络科技有限公司等2家企业申报2017年省“百千万”（高端人才选拔培养）工程企业、中储南京物流有限公司等5个项目申报2017年南京市服务业专项资金扶持项目，商洛电子科技有限公司等3个项目申报2018年市级现代服务业发展专项引导资金，获市级资金支持180万元。（孟　晖）

2017年鼓楼区融资性担保公司一览表

表12

序号	单位名称	注册地址
1	平安普惠融资担保有限公司	汉中路2号亚太商务楼13层B、C单元
2	江苏亿人担保有限公司	中央北路73号4楼401室
3	南京甬商投资担保有限责任公司	沈举人巷19号华辰大厦902室
4	瀚华担保股份有限公司江苏分公司	汉中路2号亚太商务楼第28层A座
5	江苏徽商担保股份有限公司	广州路188号苏宁环球大厦1510室
6	江苏广源投资担保有限公司	燕江路201号钢铁数码港1号楼12楼
7	江苏经纬投资担保限公司	广州路37号20层

2017年鼓楼区小额贷款公司一览表

表13

序号	单位名称	注册地址
1	南京市瀚华科技小额贷款有限公司	汉中路2号亚太商务楼第28层A座
2	南京市四方科技小额贷款有限公司	新模范马路5号科技综合实验楼B座18层
3	南京金浦科技小额贷款有限公司	马台街99号
4	南京市下关区润信农村小额贷款有限公司	五塘村129号A座三楼

（陆莹楹）

【金融风险排查】 2017年，鼓楼区组织开展非法集资风险排查，重点排查P2P网络借贷、金融信息服务、贵金属投资、投资咨询等高风险行业，检查楼宇94幢、金融和类金融企业494家，查出涉嫌非法集资企业8家、高风险企业5家。启动金融风险排查专项行动，成立13个联合工作组和1个机动小组，以“扫楼、扫街”形式，全面排查金融类企业831家，对108家一般风险企业提出整改要求，确定重点风险企业57家，其中19家企业被列入第一批次重点整治对象。

【互联网金融整治】 2017年，鼓楼区根据国家、省市统一部署，推进互联网金融专项整治工作。排查企业614家，确定P2P网络借贷领域、互联网资产管理、民间投融资机构等重点整改企业14家。下达整改通知书3份，3家P2P企业列入整改，4家互联网资产管理及跨界跨领域企业被取缔，82家企业列入日常监管对象。完成61家互联网资产管理及跨界领域非重点企业日常监测和抽查工作。

（陆莹楹）

【大千生态景观股份有限公司上市】 3月10日，园区重点企业大千生态景观股份有限公司（股票简称：大千生态，股票代码：603955）在上海证券交易所上市，市人大常委会副主任、区委书记张一新出席上市仪式并致贺词，同时与大千生态景观股份有限公司董事长栾剑洪共同敲响上市铜锣。大千生态上市保荐机构为德邦证券。此次公开发行股票2175万股，公开发行后总股本8700万股。该公司是一家专门从事生态园林工程施工、生态景观设计、苗木种植生产，园林景观养护的综合性生态园林企业，拥有全国城市园林绿化一级、风景园林工程设计甲级、市政公用工程总承包二级、旅游规划设计乙级等多项专业资质。 （陆莹楹　徐惠子）

【军民融合产业基金揭牌】 9月20日，在2017年江苏省大众创业万众创新活动周——鼓楼专场活动上，南京华讯方舟军民融合产业基金揭牌仪式同期举行。该基金由南京华讯方舟通信设备有限公司联合其他专业创投机构发起设立，首期规模20亿元。基金依托华讯方舟产业背景，采取资源整合运作思路，具有军民融合产业特色、政府支持、投资目标明确、退出路径清晰、市场化运作特质。基金围绕战略性新兴产业和军民融合主题，重点在通信互联网、智慧物联、信息安全与大数据、智能制造、人工智能、战略新兴材料等领域进

9月20日，南京华讯方舟军民融合产业基金揭牌仪式举行

行产业整合和战略投资，形成军民优势互补创新价值链，培育更多创新领军企业，推进地方军民融合产业发展，实现各基金合伙人战略发展目标。 （涂 澄）

【省科技企业融资路演活动】 12月7日，省科技企业融资路演活动，在南京服务外包大厦举行。活动由江苏省生产力促进中心、区科技局主办，创业人才苗圃、江东软件城协办，20多家园区重点科技企业、全市10多家银行和投资机构参加。融资路演是一种高效企业融资服务，通过项目选拔、项目筛选、银企对接、现场路演等形式，促成企业融资。活动旨在解决企业“找谁贷”、金融机构“贷给谁”难题。南京银行与园区企业北京百灵天地环保科技有限公司华东分公司、南京华鼎空调设备有限公司现场达成初步投资意向。

（徐惠子）

软件互联网

·综 述·

【概况】 2017年，鼓楼区坚持“政府为引导、市场为导向、高校科研院所为依托、金融单位为支撑”政产学研金“五位一体”协同创新机制，共同推动互联网与全区重点产业深度融合和跨界融合发展。全年软件互联网产业收入555亿元，增长25%；税收15.86亿元，增长19%，产业收入及税收增幅位列全区三大重点（软件互联网、商务商贸、文创旅游）产业首位。新增入统（在地统计）涉软企业28家，新增“双软”（软件企业认定、软件产品登记）企业22家。61个项目获省市软件专项支持资金1680万元。组织南京华讯方舟通信设备有限公司、南京华胜天成信息技术有限公司、朗坤智慧科技股份有限公司等11家企业参展第13届中国（南京）国际软件产品和信息服务交易博览会（简称“软博会”），并举办“软博会”鼓楼专场活动，引进和推动20个软件互联网产业重点项目落地，总投资额超过30亿元。年内，引进基石数据科技有限公司、江苏小众网络科技有限公司等知名软件企业。至年末，全区涉软企业软件收入177.8亿元，同比增长15.4%。

是年，驻区南京南瑞集团公司、南京联创科技集团股份有限公司2家企业入围第16届中国软件业务收入前百家企业；驻区南京南瑞集团公司、江苏宏图高科技股份有限公司2家企业入围第31届中国电子信息百强企业。驻区南京康尼电子科技有限公司等6家企业6件产品获第15届江苏省优秀软件产品奖（金慧奖）。

2017年鼓楼区获第15届江苏省优秀软件产品奖（金慧奖）产品一览表

表14

企业名称	获奖产品	企业名称	获奖产品
南京康尼电子科技有限公司	康尼安全门系统控制软件V1.0	南京国图信息产业有限公司	国图不动产统一登记信息平台软件V1.0

续表 14

企业名称	获奖产品	企业名称	获奖产品
南京联创科技集团股份有限公司	联创市民卡卡管理系统软件 V1.0	亚信科技（南京）有限公司	亚信项目投资效益管理系统软件 V2.0
南京南大智慧城市规划设计股份有限公司	南大智慧社会治理创新云平台软件 V1.0	江苏摩尔信息技术有限公司	摩尔公路网管理与应急指挥系统软件 V1.0

【获省市软件专项支持资金 1680 万元】 2017 年，鼓楼区帮助视讯传媒、南京华讯方舟通信设备有限公司等 52 家软件企业申报各类扶持资金。至年末，14 家企业 61 个项目申报省软件专项，其中 6 家企业各 1 个项目获资金支持 680 万元；23 家企业项目申报市软件专项，其中 14 家企业各 1 个项目获资金支持 798.5 万元；1 家企业获省市共建重点特色产业资金支持 150 万元。项目涵盖大数据应用、云计算、车联网、信息安全、通信、平台建设等多个领域，呈现项目新、起点高等特点，体现区域信息化和软件产业发展水平。同时，18 家企业 40 个项目〔含“双软”认定和CMMI认定(软件能力成熟度集成模型)、中国优秀软件产品等〕获市软件专项奖励资金 51.5 万元。

【“软博会”鼓楼专场活动举行】 9 月 7 日，“软博会”鼓楼专场活动——软件互联网产业高层论坛在南京国际博览中心举行。工业和信息化部信息软件司副司长李冠宇，市人大常委会副主任、区委书记张一新，省市有关部门领导、区四套班子全体领导，科技园管委会、滨江商务区管委会主要负责人，及驻区高校、金融机构、软件互联网企业负责人等 300 多人参加。会上，张一新发表支持软件互联网产业发展主旨演讲；区长刘军介绍区投资环境和软件互联网产业现状及未来规划，科技园管委会主任滕献忠重点推介辖区 12 家软件互联网产业特色园区；邀请零点研究咨询集团董事长、飞马旅创始人袁岳和北京华胜天成科技股份有限公司 CTO 杨淮，分别作《互联网内容创新新阵地：跨次元的魅力》和《混合云助力互联网 + 信息化发展》专题演讲。论坛期间，鼓楼区引进和推动浪潮集团江苏区域总部项目、省 CA 互联网第三方支付项目等20 个软件互联网产业重点项目，总投资额超过 30 亿元。

【11 家驻区企业参展“软博会”】 9 月 6～9 日，第 13 届“软博会”期间，鼓楼区组织南京华讯方舟通信设备有限公司、南京华胜天成信息技术有限公司、朗坤智慧科技股份有限公司、江苏南大苏富特科技集团股份有限公司、南京联创科技集团股份有限公司、南京安元科技有限公司、江苏万谷信息科技有限公司、江苏凤凰数据有限公司、江苏省电子商务服务中心有限责任公司、江苏金陵科技集团有限公司、江苏奥派信息产业股份公司 11 家企业参展。11 家单位围绕“创新开放，互联共享”主题，在展会 5 号馆核心区域整体安排 10 个展位，统一展示全区软件互联网产业综合实力和最新发展成果，受到各方面关

注，成为此届“软博会”新闻聚焦热点之一。工业和信息化部信息软件司副司长李冠宇、时任省委书记李强、市委书记张敬华及省市各相关部门领导先后到展位参观，听取各参展企业汇报，肯定该区软件互联网产业发展及创新成果。区委区政府获“软博会”最佳组织奖；江苏南大苏富特科技集团股份有限公司、南京华胜天成信息技术有限公司、南京华讯方舟通信设备有限公司3家展位获“软博会”最佳展台设计奖（此届“软博会”该奖只有10个展位获得）。（孟　晖）

·南京鼓楼高新技术产业开发区·

【概况】 2017年11月，南京鼓楼高新技术产业开发区（简称高新区）在南京鼓楼国家大学科技园基础上成立，并设立中共南京市鼓楼区委南京鼓楼高新技术产业开发区工作委员会、南京鼓楼高新技术产业开发区管理委员会（简称党工委、管委会），与南京鼓楼国家大学科技园党工委、管委会两块牌子一套班子。高新区按照“一区多园”（一区：鼓楼高新区，由江东软件城、模范路科技创新街区、幕府创新小镇3个板块组成；多园：南京大学—鼓楼高校国家大学科技园、南京工业大学国家大学科技园、南京邮电大学国家大学科技园、南京中医药大学科技园、南京财经大学科技园、南京审计大学科技园、河海大学科技园7家大学科技园）思路打造。高新区占地面积9.96平方公里，科技创新载体规划建筑面积578万平方米，其中研发办公面积393万平方米，主导产业为软件互联网、金融和科技服务业。

2017年，管委会实现公共预算收入10.8亿元，同比增长21.3%；税收21.8亿元，同比增长18.4%。固定资产投资完成23.05亿元。认定高新技术企业、创新型企业4家；新增孵化器在孵企业75家，毕业企业6家；引进科技企业72家，其中注册资金1000万元以上企业24家，完成产学研合作项目17个；申报自主品牌2家。至年末，高新区入驻企业2000多家，其中高新技术企业48家、科技企业1000余家，集聚苏宁云商集团股份有限公司、博西家用电器（中国）有限公司、平安普惠金融业务集群等总部企业，以及南京华讯方舟通信设备有限公司（简称华讯方舟）、亚信科技（中国）有限公司、浪潮集团等中国软件百强企业，引入毕马威会计师事务所（简称毕马威）、中国平安财产保险股份有限公司（简称平安财险）等专业服务机构，成立天使投资机构联盟，培育和扶持南京联创科技集团股份有限公司、艾志环保管接技术股份有限公司、江苏南大苏富特科技股份有限公司、南京圣诺热管有限公司等一批龙头高新技术企业。建成24家众创空间，其中7家获批国家级。引进和培育国家“千人计划”（海外高层次人才引进计划）专家15人、南京市领军型科技创业人才计划和“创业南京”高层次创业人才163人（含诺贝尔奖得主1人）。年内，新型研发机构低轨卫星宽带通信系统研究院签约落地；推进南京大学绿色发展和绿色人居研究院、东南大学南京细胞医学工程产业技术研究院、清华大学毫米波雷达芯片研究院等一批成熟项目。

链接：创业南京

2015年年底，南京市委市政府联合发文，计划在“十三五”期间，瞄准创新型、服务型、开放型、枢纽型、生态型经济主攻方向，重点集聚100名科技顶尖专家、培育200名创新型企业家、引进3000名高层次创业人才、引领2万名青年大学生创业，打造具有国际影响和独特优势的产业科技人才高地。

【高校园区企业服务】 2017年，管委会常态化走访南京大学、南京工业大学、河海大学等20所驻区高校，帮助解决实际问题，并就产学研、人才以及大学科技园发展等问题与高校磋商探讨和合作，建立良好互动关系。推动驻区高校与园区重点企业对接交流，召开“两落地、一融合”（科研成果项目落地、新型研发机构落地，校地融合发展）大学科技园座谈会，推进南京大学与重点企业南京华讯方舟通信设备有限公司合作交流，协助区政府与南京大学以及华讯方舟联合举办“第27届网络与知识安全学术研讨会暨鼓楼区‘两落地、一融合’网络安全技术校企学术研讨会”。为驻区大学科技园争取区级扶持政策，邀请区财政局调研、交流探讨落实园区扶持政策以及做好园区企业服务等事宜，确认南京大学、南京工业大学及南京财经大学科技园可享受区级扶持优惠政策；做好驻区大学科技园资质申报服务工作，协助推进南京审计大学科技园建设，协助南京铁道职业技术学院申报省级大学科技园，配合做好南京财经大学科技园招商及拟申报国家级大学科技园相关工作等。年内，管委会走访人才企业30多家，定期跟踪走访重点企业，针对园区企业需求，举办知识产权保护、金融服务等各类讲座，帮助国电南自科技园开展项目用地前期手续办理、土地测算工作，帮助南京电子技术研究所（中电集团14所）就模范路项目规划方案与国土资源管理部门沟通，帮助华讯方舟就方案设计与地铁单位对接。

【校企双向行活动】 6月30日，管委会、区科技局、区金融办与南京邮电大学联合，在南邮大厦Youth space青创空间举办校企双向行活动，主题“新机遇·话产业·赢资本”，内容为校企双向产学研对接交流。活动旨在促进高校科技成果与产业、资本有效对接，鼓励创新创业，帮助科技企业增强自主创新能力，实现创业投资资本较高增值，促进经济转型升级和新兴产业发展。活动中，南京邮电大学推出电子面单个人信息加密保护系统、智能化光纤传能系统、纳米复合材料污水处理装置等多项最新科技成果；驻区20多家电子信息与软件、物联网企业代表与南京邮电

6月30日，高新园区在南邮大厦举办校企双向行活动

大学10多位专家教授以及投资基金公司嘉宾进行技术交流，共同探讨产学研合作路径，并达成近10个初步合作意向。

（陈　欣）

【华讯方舟军民融合“双创”基地开园】 9月20日，华讯方舟军民融合“双创”（创新创业）基地在模范路科技创新街区智梦园开园。华讯方舟总裁袁东、省市区有关部门领导、驻宁部队领导，鼓楼区各有关部门领导，众创空间代表、创业导师代表、投资机构负责人、新锐创业者、创新人才代表、转型企业高层以及新闻媒体代表100多人参加开园仪式。同期，举行军民融合产业基金、信息安全联盟南京分会揭牌仪式；由国防科技大学等建设的太空安全仿真推演联合实验室及南京大学联合实验室、南京航空航天大学大学生实习基地、南京艺术学院实验实习基地签约，宣布入驻；省市部门领导还为“双创”中心10多名创业导师颁发聘书。

该基地由南京华讯方舟通信设备有限公司（简称华讯方舟）筹建，位于智梦园D座，面积3000多平方米，有军民融合“双创”成果展示交易中心、联合办公区、科技智能创业区、互联网+创业区、文创产业创业区5个区域。办公大楼内设有开放工位区、多功能路演厅及军标环境实验室。基地采用公司化运行模式，结合华讯方舟信息技术产业优势，以“华讯方舟军民融合创客中心”为载体，整合军队、地方人才和资源优势，按照移动和互联网、人工智能、新能源、大数据、智慧城市、物联网等新兴科技领域孵化方向，打造品牌，并以投资策略为主要突破口，实现产业资金、优质项目、公共资源集聚和共享。至年末，基地入驻北京清华永新科技电子有限公司（清华大学信息安全项目）、英杰自动化设备有限公司、江苏启飞应用航空科技有限公司、南京超腾网络科技有限公司、南京蔻华文化传播有限公司等一批高科技智能、互联网+、文化产业项目企业30多家，孵化出仿真、大数据、传真、智慧军营等项目，并获批为国家级众创空间。

【创业黑马南京分院开学】 9月22日，黑马“百城计划”开学季暨黑马学院南京分院落成仪式在模范路科技创新街区智梦园举行。南京分院是创业黑马公司“百城计划”国内首批城市分院之一，也是创业黑马在南京设立的唯一分院，位于智梦园C座一楼，占地面积705.48平方米。该分院由创业黑马公司打造，从各方面搭建符合江苏企业家、创业者学习习惯全新交互式授课模式，提供创业观点和学习内容，结合多样化创业活动，为地方创业者提供实战型创业培训，助力地方企业实现互联网升级，提升企业竞争力。开学季上，南京分院推出“百城计划”精品课程——黑马连营。现场邀请创业成功人士分享“移动互联网与新市场格局”“移动互联网与新消费升级”主题课程，同时利用远程在线视频直播系统，实时传递北京黑马总部创业成功人士经验分享。区人大常委会、区商务局、区人才办、区科技局、模范路科技创新街区管委会等有关部门负责人及近百名南京学员参加开学季及同期举行的创业课程学习活动。

年内，该分院与市区政府共同针对地方核心产业和布局产业，凝聚全国产业资源，通过“产业大赛→产业训练营→基金”模式，实现当地产业链“双创”服务。同时，围绕创业、创新、资本、市场风口源头，通过远程视频互动教室，还原学习场景，强化地方创业者学习意识，实现本地创业者聚合、联络与互动。至年末，南京分院开办创业辅导课 4 期 16 次，服务创客约 1200 人次。

链接：创业黑马公司

2008 年成立，总部驻北京。是一家针对高成长“双创”企业综合服务机构，拥有科技部首批创新型孵化器、首批众创空间和国家高新技术企业等创新创业服务资质。2017 年 8 月 11 日，创业黑马公司在 A 股上市。至年末，发展成为集融资、推广、学习、社交等为一体的 O2O 创业孵化加速器，涵盖创业金融、创业辅导和创业公关等服务。公司旗下创业黑马学院、黑马基金、黑马会、黑马大赛、i 黑马网等多个业务，成为具有影响力创业服务品牌。

黑马百城计划：8 月 12 日推出。把创业黑马公司成熟的创新生态，复制到全国 100 个城市落地生根，贴身服务本地企业，实现创新升级。该计划一经推出，即受到全国众多城市政府、企业家、创客关注。在 1 个多月时间里，在南昌、南京、沈阳、成都等城市相继开设分院。（徐春芳）

9 月 22 日，黑马学院南京分院在高新园区举行开业典礼

【低轨卫星宽带通信系统研究院注册】11 月 28 日，低轨卫星宽带通信系统研究院在区签约，成为首个落地鼓楼新型研发机构，也是全市第一批签约落地新型研发机构。12 月 27 日，项目运营单位——南京九度卫星科技研究院有限公司完成注册登记，注册资本 1 亿元。

该项目主要依托南京理工大学电光学院近程高速目标探测技术国家国防重点实验室研发平台，由区政府、南京理工大学电光学院研究团队、南京华讯方舟通信设备有限公司三方合作共建；核心人才团队为南京理工大学电光学院刘光祖团队与楚然团队，有成员 12 人。研究团队将围绕低轨道（LEO）宽带卫星通信系统进行合作研究，引进和孵化一批卫星通讯、卫星导航、卫星遥感、弹载系统等方面企业，建成无缝覆盖全球、面向小型化终端用户高速应用数据通信系统。

【载体与基础设施建设】 **规划建设** 2017 年，管委会承担市区重大项目 11 个（含市 4 个），其中南京科技广场（二期）按计划正常推进，D 楼完成封顶、外墙面粉刷，拆除外立面脚手架；南京邮电大学科创中心项目开工；鼓楼创新广场项目出正负零，进入地上主体结构施工；金盛集团科研总部基地、金浦集团科研总部基地项目按计划推进；绿建大厦项目竣工；幕府创新小镇紫博项目竣工交付；云水路东延及圣游路、丽地路新建道路竣工；启动窑上村城中村地块旧城改造四期项目征收，幕府创新小镇220千伏高压杆线地下管廊施工结束。（陈　欣）

江东软件城项目建设　2017年，江东软件城承担市区级重大项目5个，其中市重大项目3个，新开工金浦集团总部基地项目1个。续建鼓楼创新广场、绿建大厦、金盛总部基地、水西门大街西延工程项目4个。建设面积70万平方米，总投资额76.9亿元。至年末，鼓楼创新广场4栋商办楼宇主体施工；金盛集团总部基地完成土方挖运与支撑施工，进入地下结构施工；金浦集团总部基地进入桩基工程施工；绿建大厦完成室外景观施工，4个项目均超额完成年度目标任务。水西门大街西延工程受下圩河河道蓝线调整限制，重新规划施工方案，并开展桩基施工。是年，园区建成载体建筑面积161万平方米，在建载体建筑面积67万平方米，规划待建载体建筑面积149万平方米。其中，地上建成119万平方米（研发办公面积73万平方米），在建44万平方米，规划待建103万平方米。

下圩河综合整治　3月18日，江东软件城启动下圩河黑臭水体整治工程，项目投资概算952万元。下圩河全长2.4公里，河道分属于鼓楼、建邺两区，江东软件城区域内河道全长1.1公里，南起集庆门大街，北至清河路。由于周边区域建设造成大量污水入河，水质检测为劣五类（重度黑臭），工程包括控源截污、清淤疏浚、引流补水、岸坡改造、生态修复等。年内，园区负责整治工程施工部门按照“截污纳管、河道清淤、引水补水、生态治理、长效管护”工作思路，从“拆、截、清、修、引、测、管”7个环节，全面落实黑臭河道治理措施。11月14日，下圩河黑臭河道整治工程竣工并通过验收。（徐惠子）

模范路创新街区产业载体建设　2017年，模范路科技创新街区完成固定资产投资总额5亿元，建成南京工业大学国家大学科技园、南京邮电大学物联网国家大学科技园、长江科技园、江苏建筑工程创意设计产业园、智梦园、熊猫新兴软件园、智慧谷动漫软件园、南京工业大学虹桥校区改造、南京财经大学省级大学科技园、南邮科技综合楼、三乐电子微波器件研发大楼载体11个，实际使用载体面积47.4万平方米。在南京工业大学科技广场二期、新城市广场虹桥中心（二期）、南京邮电大学蔡家巷科创中心、国睿科技园、国电南自科技园建载体5个，在建载体面积111.72万平方米。9月，华讯方舟军民融合双创基地、黑马学院南京分院落地该街区智梦园，并对外运营。至年末，街区以模范路为主轴，建成南京工业大学科技园、南京邮电大学科技园、南京财经大学科技园、长江科技园、江苏工业设计园、万谷★京东云智慧产业园、熊猫新兴产业园等一批创新型园区，汇聚13家众创空间，其中南邮E联U盟创客驿站、U+众创空间、华讯方舟军民融合创客中心、Youth Space青创空间、南工劝业公社5家为国家级众创空间。（陈　欣）

模范路新一轮规划工作启动　6月，鼓楼区启动模范路科技创新街区新一轮规划工作。根据《关于启动模范路科技创新街区打造咨询策划的请示》批复（鼓府办文〔2017〕537 号)，重点突出街区创新创业整体产业规划，通过政府采购、公开招投标形式，确定由戴德梁行房地产咨询(上海)有限公司(简称戴德梁行)为街区产业和空间规划咨询策划编制单位，编制未来 5～10 年模范路科技创新街区综合性发展行动规划。至年末，戴德梁行提交第一阶段工作成果咨询报告初稿。

(徐春芳)

幕府创新小镇建设规划布局 2017 年，小镇核心区规划建设项目 12 个，计划投资 48 亿元，分为产业载体、旅游健康、配套服务和基础设施四大类。小镇按总体规划形成“一核一廊四片”(科技创新发展核，绿色生态走廊，科技创新、生态游览、长江文化、活力休闲主题片区)。小镇以新一代信息技术产业为主导产业，重点推进新型显示技术、物联网、高端软件 3 个细分产业，采用“政府出资、社会运营”模式，按照“科技、文化、旅游”和“生产、生活、生态”融合发展格局，以新一代信息技术产业为主导产业，兼顾开发仙人湖景区、幕燕滨江风貌区等旅游配套资源，打造生态园林式绿色新型产业基地，形成南京主城富有发展特色和潜力特色小镇。

幕府创新小镇紫博载体建成 2017 年，紫博载体(01-07 地块和 01-10 地块)建成并投入使用。该地块紧邻幕府山南和水吉路，2015 年 8 月开工建设，2016 年 7 月主体结构验收。占地面积 2.26 万平方米，建筑面积 5.87 万平方米，其中地上建筑面积 3.55 万平方米、地下建筑面积 2.32 万平方米，可招商载体面积 3.55 万平方米。至年末，紫博地块 220 千伏高压杆线下地工程完成隧道建设，启动隧道内部构架安装；完成园区 4 条道路机动车道沥青铺设。全年完成固定资产投资 3.01 亿元。

(赵 景)

【人才工作】 **人才集聚** 2017 年，高新区围绕软件互联网、现代服务业、文化产业等市区重点新兴产业，赴深圳、北京等地参加人才交流会，召开人才政策推介会，宣传政策，对接人才项目。联系中国科学院自动化研究所和北京邮电大学校友会等机构，引进面向智慧工厂设备远程振动监测与故障诊断系统、智能无辐射无线充电技术方案、无人机空中警察等优质项目，汇聚更多高端人才进园区创新创业。年内，组织申报“创业南京”高层次创业人才 159 人，其中入选区级 31 人、入选市级 6 人。全年，园区有 4 家人才企业营业收入超过 1000 万元，2 家企业累计获风险投资 2375 万元。1 人参加国家“外专千人”(海外高层次人才引进计划中高层次外国专家项目)答辩，1 人入选“江苏省高层次创新创业人才引进计划”人才，1 人入选市“创新型企业家”，1 家企业入选市“高端团队”计划(2012 年 11 月，南京市出台《关于实施高端人才团队引进计划的意见》，从 2013 年起，力争用 5 年时间，引进 100 个高端人才团队)，1 人入选市“科技顶尖专家集聚计划”。

(陈 欣)

江东软件城人才引进 2017 年，江东软件城申报人才 52 人，通过资格评审 50 人，通过技术评审 26 人，入选“创业南京”(高层次创业人才引进计划)区级 12 人，(放弃落户 1 人)，其余 11 人全部完成企业落地并通过区人力资源和社会保障局专项办审核，殷邦骐、黄永祯、荆涛、王文钢4人通过市级评审入选“创业南京”人才。是年，园区企业南京名相文化传媒有限公司总经理储建华入选2017年“双创”（创新创业）博士，园区重点企业南京巨鲨显示科技有限公司董事长王卫入选国家“万人计划顶尖人才”。（徐惠子）

模范路人才集聚 2017年，模范路科技创新街区引进领军型科技创业人才13人，其中市级1人、区级12人，新引进人才企业落地率100%。至年末，街区有中国科学院和中国工程院院士14人、国家“千人计划”（海外高层次人才引进计划）专家8人、省“双创计划”（江苏省高层次创新创业人才引进计划）人才43人、南京“领军型科技创业人才”（南京领军型科技创业人才引进计划）65人、科技创业家3人、创新型企业家2人、“创业南京”（南京市高层次创业人才引进计划）高层次创业人才15人。（徐春芳）

5名海归获省留创计划资助 7月初，江苏省留学回国人员创新创业计划资助项目申报结果公布，鼓楼区吕云、高维、宋云、呼涛、张矩5名互联网高科技领域专家型人才入选。南京佛罗米信息科技公司创始人兼CEO吕云是美国佛罗里达州立大学计算机学院博士、北航铭品大数据创新实验室执行主任、前佛罗里达州FIU高性能数据库研究中心专家、美国国家科学基金会数据专家，2015年回国创业，2016年落户该区，带领由留美、中科院、北航各地精英组成的项目技术团队进行高校虚拟现实课程研发、虚拟现实实验室等产品开发；IT技术架构领域专家、在美加获土木工程和计算机科学技术双硕士的高维则创建一站式汽车后市场数据云平台；美国加州大学奇科分校工商管理学硕士宋云则作为发起人，创建电子封装材料及有机半导体材料供应商企业南京阔华电子科技公司；海归人才呼涛率队打造中国最好球队管理工具、踢球者社区与一站式足球自训APP；毕业于美国罗切斯特大学计算机科学系张矩开发中小学生基础教育创意动漫产品。（孟　晖）

【招商引资】 **招商引资活动及成果** 2017年，管委会拓宽招商渠道，整合各方资源优势，加强与省、市、区相关部门联系，利用中国（南京）国际软件产品和信息服务交易博览会（简称“软博会”）、“金洽会”、中国留学人员南京国际交流与合作大会（简称“留交会”）、厦门国际投资贸易洽谈会（简称“厦洽会”）、中国进出口商品交易会（“广交会”）等各类经贸活动平台，推介园区投资环境，寻找目标客商，引进毕马威、平安财险、南京晟邦物流有限公司等一批地区性总部或行业龙头项目。年内，新增到账千万元以上大项目33个，实际到账注册资金11.4亿元。新增地区性总部或行业龙头项目4个，新设及增资实际使用外资项目4个，外贸出口额1812万美元。实现服务外包执行额14.3亿美元，其中离岸执行额7亿美元。（陈　欣）

江东软件城招商引资 2017年，江东软件城新增企业110家，其中科技企业32家，新增到账千万元以上大项目11个，实际到账注册资本4.23亿元，新增地区性行业龙头企业中国平安财产保险股份有限公司（江苏分公司）1家；新设实际使用外资毕马威信息技术服务（南京）有限公司、江苏美石建设发展有限公司项目；新增南

2017年江东软件城引进千万元大项目一览表

表15

序号	项目企业名称	注册资金（亿元）	序号	项目企业名称	注册资金（亿元）
1	中明绿源科技有限公司	2.0	7	江苏星珺信息技术有限公司	0.1
2	人民控股集团江苏能源发展有限公司	1.2	8	江苏玄湖忆环境设计有限公司	0.1
3	南京彤天科技实业股份有限公司	0.8	9	南京泓兴环保科技有限公司	0.1
4	南京国盛防务装备有限公司	0.7	10	南京泰佳德环保科技有限公司	0.1
5	江苏协合众能电力有限公司	0.5	11	南京寻渡数据科技有限公司	0.1
6	江苏丽璟生物科技有限公司	0.1			

京华讯方舟通信设备有限公司与南京航空航天大学合作开发的“无人机自组织网络半实物仿真与演示系统”等7个产学研合作项目。

模范路招商引资 2017年，模范路科技创新街区新增到账千万元以上大项目10个，实际到账注册资本3.6亿元；新增地区性总部或行业龙头项目1个(江苏天翔电子技术股份有限公司)。新认定高新技术企业1家，新增在孵企业25家，毕业企业2家。新引进科技企业22家，其中注册资金1000万元以上企业9家。完成产学研项目5个。 （徐春芳）

幕府创新小镇招商引资 2017年，小镇核心区科技载体招商面积7.21万平方米，完成招商4.38万平方米，招商入住率60.68%。其中，一期长安片区3.6万平方米载体，完成招商面积3.45万平方米，招商入住率94.2%。10月，紫博片区交付使用。有可招商载体3.55万平方米，综合楼完成招商9235平方米，8栋可用于出售载体进入招商阶段。至年末，小镇引进企业623家，注册资本48.4亿元，其中千万元企业153家。 （赵 景）

重点税源企业座谈会 1月13日，鼓楼区重点税源企业座谈会在南京服务外包大厦召开。区四套班子、鼓楼国家大学科技园、下关滨江商务区领导出席会议，区相关职能部门负责人、各街道主任及50多家区重点税源企业代表80多人参会。区委常委、常务副区长沈吉鸿介绍鼓楼区投资发展情况，12家区重点税源企业负责人分别作2016年公司发展情况汇报，并感谢区政府长期支持。区领导张一新、刘军感谢企业长期为鼓楼区创造可观税收，同时希望企业扎根鼓楼继续做大做强。

【芬兰清洁技术代表团到访】 11月9日，芬兰瓦萨大学勒丰学院院长米凯尔(Mikael Hallb ck)带队的芬兰清洁技术代表团到访江东软件城，区相关部门领导陪同接待，并特邀园区10多家企业负责人参加座谈。交流会上，副区长冯泉介绍鼓楼区及科技园区整体情况，芬兰代表团带来10多个项目，从新能源节能环保技术到智慧城市旧城改造管网智能升级，均采用低成本、低能耗、高效率节能技术，参会的10多家园区企业代表就清洁技术、智慧城市建设等方面沟通学习。会后，园区多家企业负责人与代表团技术顾问互通信息，表达项目合作愿望。（徐惠子）

【驻区企业选介】 **江苏海隆软件技术有限公司** 位于鼓楼区汉中门大街301号南京国际服务外包大厦AB座6楼，公司隶属于中国知名软件企业“海隆软件”集团，主要业务面向日本金融、证券业务系统、生产管理、企业综合信息管理系统开发，面向日本3D动漫设计和制作及面向中国国内公用事业企业销售服务型企业软件应用开发。2017年，公司实现税收250万元。（石　庆）

江苏吉锐生物技术有限公司 位于鼓楼区汉中门大街301号南京国际服务外包大厦13层座A座，是一家致力于研发生物医学新技术、开发生物技术新产品、引领生物技术新应用的公司。2017年，公司申报国家发明专利14项，通过创新性工作推动中国生物医药和生物技术产业发展。公司营销和服务网络覆盖全国，并与100多家医疗、科研机构、高校院所建立合作关系。开发独家芬母®多肽原料生产技术，上市销售以芬母®多肽为主要成分的芬母®口腔抗菌喷剂、芬母®皮肤抗菌液、私密丽安TM女性护理液和芬母®细胞处理液等产品。同时，提供基因编辑稳转细胞株构建、重组蛋白等技术服务和细胞污染控制等产品。如：cas9敲除细胞株构建、支原体清除试剂盒、细胞房除菌剂等产品。至年末，公司实现税收26.9万元。获中国侨联新侨创新创业联盟理事单位、最具成长潜力留学人员创业企业称号。（魏小云）

南京肯麦思智能技术有限公司 位于鼓楼区汉中门大街301号南京国际服务外包大厦AB座5楼，为江苏省高新技术企业、“双软”（软件企业、软件产品认证）企业、优秀创新企业。公司专注于4G全网通移动物联网智能终端、云POS智能终端、云POS智能支付平板等移动应用终端产品研发、生产、销售和服务。经过7年研发积累，通过与QUALCOMM、ST、MAXIM、NXP、HONYWELL、SYMBOL等芯片合作伙伴紧密合作，在4G全网通信、北斗定位、身份证识别、指纹识别、人脸识别、金融POS加密、接触与非接触金融芯片识别、高频RFID、超高频UHF识别、条码识别等方面具有丰富技术和研发生产经验。产品广泛用于银行、保险等金融领域，公、检、法、司、教育、卫生、环保等智能政务领域，交警执法、马路停车收费等智能交通领域，水电气管网等市政管理领域，快递物流、仓储管理、设备巡检、医疗管理等企业移动办公领域。2017年，公司国内市场营销和服务网络覆盖环渤海、长三角和珠三角三大经济圈，国际市场有欧洲、北美、南美、非洲、中东、东南亚等80多家代理和系统集成商。至年末，公司实现税收50万元。（王　健）

南京全信传输科技股份有限公司 位于鼓楼区汉中门大街301号南京国际服务外包大厦AB座12楼，成立于2001年9月，生产研发基地位于南京市江宁经济技术开发区空港工业园飞天大道71号，占地4.5万平方米。公司是国内专业从事军用光电传输产品研发、生产，同时提供光电传输系统技术解决方案的高科技企业，致力于光电传输产品研发，产品覆盖航空、航天、船舶、兵器、电子五大军工领域，为载人航天工程、二代导航等国家重大项目提供配套，曾承担数十项总装备部科研项目和江苏省科技创新项目，多项科技成果被列为江苏省重点推广项目，是国内唯一1家提供全面配套上市企业。2015年4月，公司在深交所创业板上市，股票代码300447。2017年，公司20多项产品被列为国家高新技术产品，参与编制国内电线电缆国家标准、国家军用标准和行业标准等近10项，拥有专利81项(其中发明专利19项，软件著作权2项)。建有省级、市级工程技术研发及企业技术中心各1个，是江苏省"两化"(信息化和工业化)融合试点企业及南京市知识产权示范企业，获省部级、市级科技进步奖多项。至年末，实现税收4131万元。（李天晔）

南京侠客行网络科技有限公司 位于鼓楼区汉中门大街301号南京国际服务外包大厦AB座2楼，成立于2013年，是一家专注于为中小企业提供电商培训和服务公司，为企业提供电商解决方案，帮助企业组建和提升电商团队。公司主营培训服务、顾问服务、协运营三大业务，是江苏省电子商务人才培训基地、江苏省电子商务协会会员单位。承担南京市电商众创空间、江苏广电"电商三人行"广播栏目组、鼓楼创业支点—电商公共服务平台、海门市政府电商小组顾问、八五电商俱乐部发起单位等项对外培训任务。2017年，公司实现税收340万元。（宋厚强）

江苏省捷达软件工程有限公司 位于幕府创新小镇A27栋，注册资本1300万元。公司成立于1995年，是省属股份制高新技术企业及江苏省信息化协会常务理事单位。主要从事医学影像处理与分析、基础医学教育、临床医学模拟教育、临床教学管理等医学及生命科学领域软硬件研发、生产与销售。2017年，公司拥有10项产品专利、20余项软件著作权。公司高新技术产品通过ISO 9001、ISO 13485质量体系认证，并获第四届江苏省优秀软件产品奖(金慧奖)。至年末，公司完成营销收入3600万元、税收350万元。

南京引光医药科技有限公司 位于幕府创新小镇A43栋，成立于2016年4月，是一家专注于为人体健康产品研发提供全程临床试验专业服务和解决方案的公司，服务内容包括医学撰写、SMO、临床检查、数据管理、统计分析、第三方稽查等。2017年，公司引光医药完成11类药品注册，同时与7个一期临床机构和14个医学合作机构达成战略合作意向。全年实现收入4185.56万元、税收201.85万元。是年，引光医药入选南京市"双创"企业。

（赵　景）

文创旅游

·文化创意产业·

【概况】 2017年，鼓楼区按"一轴两带多片区"总体产业布局，建设和发展文化创意产业。全年实现文化产业增加值占GDP比重7.3%。文创产业收入增长15%、文化产业税收11.5亿元，同比增长21%。环南艺文化创意产业功能区实现税收1.6亿元，同比增长26%。实现公共财政收入7506万元，同比增长19%。环南艺文化创意产业功能区作为全省唯一代表参加国家级文化产业示范园区申报评选，在中国文化产业学院奖评选中获“2017中国年度文化产业园区——最佳协同创新奖”。搭建文化创意产业发展格局，逐步完善街道、部门、园区、企业之间平台渠道，工作机制日益成熟。在“大走访”活动中，区文创办走访辖区文创企业85家、园区6家，帮助企业沟通解决问题39件，上门走访慰问困难家庭18户。开展百企进校园等主题活动5场。承办区人大、政协产业类建议提案办理工作，办结率和满意率100%。市文化产业重点项目乐创81石城文化创业园，推进完成率100%。是年，区文化创意产业区企业江苏福佑艺术设计有限公司获第52届全国工艺品交易会暨2017“金凤凰”创新产品设计大奖赛金奖、铜奖，江苏鼎艺国际文化创意产业有限公司董事长兼首席设计官杜俊获市第五届文化产业“金梧桐奖”年度贡献人物奖，江苏瀚港文化发展有限公司获市第五届文化产业“金梧桐奖”文化创意企业十佳奖、第52届全国工艺品交易会暨2017“金凤凰”创新产品设计大奖赛金奖、银奖，南京欣网互联网络科技有限公司获市第二批重点文化科技企业称号。

链接：一轴　两带　多片区

一轴——中山北路民国历史文化轴。

两带——滨江风光带、石头城文化产业带。

1.滨江风光带：(1)明代宝船段(2)民国下关商埠段(3)近现代上元门工业遗存段；2.石头城文化产业带(石头城—挹江门)。

多片区——挹江门—中山码头：旅游休闲功能节点。萨家湾/双门楼—挹江门：船舶电子设计及文化休闲服务功能节点。和会街—萨家湾/双门楼：文化创意总部集聚办公功能节点。金川河—和会街：旅游服务/文化创意产业设计功能节点。云南北路/云南路—金川河：文化创意休闲功能节点。鼓楼—云南北路/云南路：民国风情金融办公功能节点。

【环南艺文化创意产业功能区建设】 环南艺文化创意产业功能区以南京艺术学院为中心，东至虎踞路，南至石头城公园，西至秦淮河岸线，北至模范西路，面积1.3平方公里。功能区有水木秦淮街区古玩珠宝、明清家具展示销售等，石榴财智中心艺术品展示、拍卖、创意设计，留创园创业孵化、艺术培训、时尚设计等特色产业。2017年实现税收1.6亿元，同比增长26%。功能区以“转换高校文化资源、生产先进文化内容、培养青年创意人才、促进文化产业融合”为理念的发展实践，反映园区发展特色与亮点，树立年度创新创造标杆与示范，获得专家评审和大众投票青睐。3月，启动创建国家级文化产业示范园区申报工作，功能区作为江苏省唯一代表，通过初审、专家答辩、现场考察三关。3月17日，市区领导带队赴北京参加国家级文化产业示范园区评审答辩。3月30～31日，文化部考察组实地考察环南艺文化创意产业功能区，省文化厅、市委宣传部、市文广新局相关领导，区委区政府主要领导陪同考察。12 月 31 日，在北京中国传媒大学举行的“新时代的文化力量·中国文化产业学院奖跨年直播盛典(2018)”上，环南艺文化创意产业功能区获 2017 中国年度文化产业园区—最佳协同创新奖。

【乐创 81 石城文化创业园运营】 2017 年，乐创 81 石城文化创业园完成加固改造建设，实现挂牌运营。众创空间实施运营，南京嘉义禾商务信息咨询有限责任公司、江苏智库信息科技有限公司、随履艺术工作室等创新团队和文创企业入驻。

【获文化发展专项资金 800 余万元】 2017 年，区文创办组织 50 余家重点文创企业参与 2017 年度省级现代服务业发展专项资金申报、2017 年度市文化发展专项资金项目申报，15 家企业共获省市专项扶持资金 800 余万元。

【企校对接活动】 2017 年，区文创办联合驻区高校和文创企业，举办“百企进校园”资源对接及招聘活动 5 场。驻区文创企业参会 64 家次，为南京艺术学院、南京工业大学、南京广播学院等招聘会提供就业岗位 730 多个，收到简历 650 多份。

【南京艺术学院文化创意产业园项目（北京西路 72 号地块）再开发获批复)】 2 月 22 日，北京西路 72 号地块建筑部分使用用途变更方案获南京市文化广电新闻出版局批准(宁文字〔2017〕126 号)。4 月 12 日，市国土资源局鼓楼分局发出地块出让金交款通知书。区政府同意引进部分商业配套项目，并按相关规定做好后续工作。6 月 9～18 日，该地块城镇低效用地再开发项目批前公示。9 月 20 日，该地块取得新土地证。10 月 11 日，取得城镇低效能用地再开发项目建设工程规划许可证。12 月 14 日，取得项目建设工程施工许可证。

【南京·鼓楼 VS 深圳文创招商活动】 5 月 11 日，区委宣传部主要领导带队，区文创办、区商务局、区旅游局等部门有关负责人及南京艺术学院文化创意产业园、石榴财智文化产业基地、老学堂创意园等园区负责人赴深圳参加中国(深圳)国际文化产业博览交易会，邀请深圳报业集团等 17 家文创企业在深圳文博会上开展“携手发展 创赢未来”南京·鼓楼 VS 深圳文创招商资源对接活动。

【市“文交会”鼓楼区展位】 9 月 22～24 日，区环南艺文化创意产业功能区、江苏鼎艺国际文化创意产业有限公司、江苏金鼎文化传播有限公司、江苏福佑艺术设计有限公司、南京珠山艺术品有限公司、南京柏艺拓想文化传媒有限公司6 家单位参加第九届中国南京文化创意产业交易会(简称“文交会”)并设置展位。展会期间，接待观众近万人次，现场销售 15 万多元，意向订单达百万元。省委宣传部副部长徐宁、市长缪瑞林、区长刘军等领导先后到鼓楼区展位参观，现场与文创企业家、非遗手工艺人交流，了解企业发展及产品情况，肯定区文化创意产业发展。鼓楼区获市“文交会”最佳组织奖。

（陈奕奕）

·城市旅游·

【概况】 2017年,鼓楼区将文化创意旅游产业确定为重点产业,推动文化创意旅游产业互融互促和旅游产业转型升级。按照全域旅游功能要求,推进全区旅游资源整合、管理体制改革、大旅游产业发展环境培育,定位“旅业资源集聚区、产业融合创新区、文明旅游示范区和开放式城市景区”鼓楼特色全域旅游目标。精细旅游产业管理,拓展旅游宣传促销,培育旅游消费热点,推进星级酒店、旅行社、景区质量建设。规范旅游市场秩序,推进“旅游+”业态融合和旅游项目进展。全年旅游业收入200多亿元,同比增长超15%。为8家企业成功申请省市旅游发展专项资金319万元、阅江楼景区旅游发展基金1800万元。实现企业营业执照与旅行社业务经营许可“一窗受理、集成服务”。南京旅科文化发展有限公司、南京秋实艺术设计有限公司等新兴旅游企业落户鼓楼。推动“个十百千万”(一名著名人士、十名企业家、百名创客、千名大学生、万名市民)旅游惠民行动覆盖与延展。举办驻区高校“最美鼓楼”大型旅游文化探寻系列活动,组织“见证发展成就,感知幸福鼓楼”为主题公众开放日活动。“畅游鼓楼”微信账号及“鼓楼旅游”微博账号推送新闻、资讯类信息1000条,完成《旅行社质监工作实用指南》编撰工作。南京米兰假日酒店、金盾饭店、国瑞大酒店通过市旅游饭店星级评定委员会三星级饭店复核。金陵饭店、索菲特银河大酒店、瑞迪大酒店、凤西宾馆4家星级饭店通过安全标准化三级评定。组织区旅游企业负责人和旅行社质监人员参加安全、反恐防暴培训及星级饭店消防与反恐防暴演练。开展“品质旅游社区行、文明旅游大家乐”大型广场系列宣传、鼓楼“乐宝”旅游讲堂进社区等活动。开展“春季行动”“暑期整顿”和“秋冬会战”旅游市场专项整治行动。全年处理投诉276起,帮助游客挽回经济损失31.5万元。区旅游局行业管理科科长孙丽获“江苏省旅游纠纷调解能手”和“南京市旅游纠纷调解能手”称号。

【“全域旅游”目标定位】 2017年,鼓楼区以“四个区”(旅业资源集聚区、产业融合创新区、文明旅游示范区和开放式城市景区)为特色全域旅游目标定位,建设“旅业资源集聚区”,巩固区宾馆、旅行社集聚优势,推动景区资源整合,统筹“一轴、五集聚区”(“一轴”:中山北路。“五集聚区”:颐和路民国、滨江、秦淮河—明城墙、湖南路、五台山健康)特色资源,打造核心旅游吸引载体,形成区域品牌影响。建设“产业融合创新区”,发挥旅游业对全区商务、文创、科技、健康等产业的拉动力,整合全区诸多资源和要素,提升发展水平和经济价值。建设“文明旅游示范区”,实施文明旅游普及、示范、提升、净化、智慧、标准化六项工程,促进行业整体素质提升,营造优良旅游风尚。建设“开放式城市景区”,提升旅游基础设施,优化旅游公共服务,完善旅游发展服务配套体系,挖掘彰显鼓楼区旅游资源要素。 (冯裕华)

【天妃宫新年撞钟祈福法会】 1月1日、27日夜,阅江楼管委会分别在南京天妃宫举办辞旧迎新撞钟祈福活动。驻宁闽商会代表及来自五湖四海游客3000余人参加。活动由观音寺住持和众僧人为信众、嘉宾“祈福诵经”，市民燃灯敬香、祈福纳吉。

【南京妈祖文化旅游节启幕】 4月19日，第12届南京妈祖庙会暨妈祖诞辰1057周年春祭大典系列活动开幕式在阅江楼风景区静海寺广场启幕，台湾新北市板桥区东明无极宫大陆参访团、在宁部分台湾人士(信众)、福建商会代表、旅行社代表和街道社区代表参加妈祖祭拜仪式。原南京市政协主席、南京公共外交协会会长缪合林及市旅委、市台办、市文广新局、区四套班子领导出席开幕式。活动由第12届南京妈祖庙会开幕式、妈祖诞辰1057周年春祭大典及妈祖巡游、鼓楼区招商推介会、“倡导妈祖文化　弘扬妈祖精神”交流会4个部分组成。

【“品茗端午　诵读书香”——端午茶诗朗诵会】 5月28日，阅江楼管委会与省朗诵协会、省诗词协会春华诗社、省茶文化学会、市楹联家协会共同举办“品茗端午　诵读书香”——端午茶诗朗诵会。活动分“端午抒怀”“阅江问茶”“阅江放歌”3个篇章，众多名嘴主持和朗诵协会会员参加。

【静海寺纪念馆获赠《南京条约》原件影印件】 6月9日，庆祝香港回归20周年——香港大学生“寻根追梦·同心同行”内地探访交流活动在静海寺纪念馆举行。活动由中央政府驻港联络办牵头，中华出入口商会主办。香港方面赠送《南京条约》原件影印件(《南京条约》原件现存“台北故宫博物院”)，为纪念馆增加具有历史研究价值馆藏资料。中央政府驻港联络办处长陈恒、中华出入口商会秘书长陈劲、阅江楼管委会、南京静海寺纪念馆相关领导等参加活动。 (杨　雪)

【旅游集聚区建设】 2017年，鼓楼区加强A级景区管理水平和服务质量，为旅游景区企业申报省市旅游发展专项资金，完成辖区内28家企业13个项目1480万元专项资金申报工作。申报旅游厕所10座(拟计划投资510万元)、第三卫生间6座(拟计划投资210万元)建设计划。完成A级旅游景区安全整治专项行动，制定鼓楼区《鼓楼区景区（点）防汛应急抢险预案》《2017年度鼓楼区“平安景区”创建工作实施计划》并组织实施。设计“鼓楼区民国旅游一日游”等线路，启动旅游特色课堂暨鼓楼“乐宝”旅游讲堂进社区活动，颐和路

5月28日，阅江楼管委会举办“品茗端午 诵读书香”端午茶诗朗诵会

历史文化展馆纳入入境游旅游线路。

旅游产业管理 鼓楼区推进长江游轮、中冶文商旅、丰盛健康城等旅游重大项目,巩固存量税源。南京旅科文化发展有限公司、南京秋实艺术设计有限公司等新兴旅游组织或企业落户鼓楼。按照省市旅游局(委)加强产业数字统计工作、立足行业相关统计信息系统、增强对产业发展趋势研判要求,收集驻区景区、宾馆饭店和旅行社月、季、节假日、黄金周等时段旅游统计数据报表,跟踪企业发展动态。

产业发展政策出台 年内,区委区政府印发《关于加快文化创意旅游产业发展的实施意见》(鼓委发〔2017〕135 号),从指导思想、发展目标、工作原则、主要任务、保障措施等方面,明确实施"文旅鼓楼"战略,创新体制机制、政策方法,聚焦重点项目、重点园区、重点企业,有效整合资源,加快产业互融,发展全域旅游,打造全国文旅产业融合创新示范区,从高位层面规划部署"新鼓楼区"旅游行业。区旅游局制定《鼓楼区关于促进文化创意旅游产业创新发展的专项政策(试行)》及《实施细则》。

品质旅游进社区活动 鼓楼区在"3·15"国际消费者权益日、"5·19"国家旅游日、"12·4" 法制宣传日期间,组织 3 场"品质旅游社区行、文明旅游大家乐"大型广场宣传系列活动,开展宣读倡议书、决心书、承诺书,展出"游法要说"宣传板、发放资料、现场问答、文艺演出等活动,社区居民近 2000 人参加。

获批省市旅游发展专项资金 2348 万元 全年,鼓楼区协助企业申报省市旅游发展专项资金 319 万元,其中第二批公共服务类专项资金 90 万元(清凉山公园 40 万元、石头城遗址公园 20 万元、国防园 30 万元),省级旅游业发展专项资金 100 万元(宁颐公司 50 万元、鼎艺公司 30 万元、瀚港公司 20 万元),第四批市旅游发展专项资金 19 万元(石头城遗址公园 10 万元,滨江管委会 9 万元),第五批市级旅游发展资金 110 万元(南中医丰盛健康城 15 万元、鼎艺公司 20 万元、瀚港 25 万元,重点项目建设清凉山公园 50 万元)。阅江楼景区申报旅游发展基金 1800 万元。

【旅游产业开发】 2017 年,鼓楼区推出明清精品文化游、历史商埠街区游、名山古寺游、航海文化主题游 4 条研学旅游线路,举办驻区高校"最美鼓楼"大型旅游文化探寻系列活动,分探索鼓楼、唱响鼓楼、情系鼓楼 3 个阶段。阅江楼景区实施以国学礼仪为主题研学旅游项目,国防园景区国防教育主题实践活动形成国防旅游知名度,参与活动学生 5 万多人次。

旅游信息宣传 区旅游局编印《航海逐梦游鼓楼》《民国风情游鼓楼》特色线路宣传折页、"畅游鼓楼"微信公众账号文章精选集等公共旅游服务资料 3000 余册,投放各旅游景区和咨询中心。加强旅游营销新媒体应用,全年"畅游鼓楼"微信账号及"鼓楼旅游"微博账号推送各类新闻、资讯类信息 1000 条。

首届"水韵江苏"旅游产品交易博览会参展 12 月 1～4 日,首届"水韵江苏"旅游产品博览会在南京新庄国际会展中心举办。区旅游局组织南京宝船厂遗址文化管理有限公司、南京阅江楼风景区管理委员会、金陵饭店、南京香格里拉大酒店、南京旅科文化发展有限公司、南京喵吾生活文化创意有限公司、南京艺术学院艺辙空间7家单位参加会展。会展期间，参展单位发放宣传资料，接待市民参观、咨询1万多人次。

【行业管理】 2017年，鼓楼区加强文明旅游示范区创建，组织街道社区开展“争当文明旅游宣传大使，争创文明旅游示范社区”活动，11个社区评为“区文明旅游示范社区”。健全区文明旅游志愿者队伍，注册志愿者300多人。做好文明城市创建测评工作，制作30块星级饭店服务规范及社会主义核心价值观宣传水牌，印制宣传资料1万多份，发至区内各星级饭店、旅行社及分社、网点和景区。

星级饭店安全标准化创建与评审 区旅游局开展星级饭店安全标准化创建工作，召开安全标准化创建工作推进会7次，组织培训4场，60位星级酒店安全负责人获安全培训合格证书。首批5家星级饭店申报安全标准化三级酒店，金陵饭店、索菲特银河大酒店、瑞迪大酒店、凤西宾馆4家星级饭店通过安全标准化三级评定。

9月22日，南京市星级饭店消防与反恐防暴培训演练活动在鼓楼区瑞迪大酒店举行

旅游市场专项整治 区旅游局配合国家和省市旅游部门，开展“春季行动”“暑期整顿”和“秋冬会战”专项整治行动，重点整治“不合理低价游”“一日游”市场秩序，组成4个暗访组，暗访经营“一日游”旅行社4家，发现合同不规范、车辆接送不准时、安排景点过多等问题，要求旅行社立即整改，规范旅游市场秩序。

星级饭店消防与反恐防暴培训演练 9月22日，区旅游局、区安监局、区反恐大队、区消防大队联合在瑞迪大酒店承办市星级饭店消防与反恐防暴培训及演练活动。市旅游委综合法规处、市反恐办及各区旅游局领导和全市90余家星级饭店安全负责人参加培训与演练。瑞迪大酒店员工现场进行反恐防暴和消防演习，消防官兵开展高层消防灭火和救援演练，参会人员与酒店员工现场灭火演练与实时监控同步演播。

三星级旅游饭店年度复核 9～10月，区旅游局配合市旅游饭店星级评定委员会评定复核辖区内部分三星级饭店，南京米兰假日酒店、金盾饭店、国瑞大酒店通过复核。区旅游饭店星级评定委员会对9家二星级、三星级饭店进行年度性复核，6家二星级、三星级饭店通过复核，2家三星级和1家二星级饭店因产业转型和改制原因取销星级评定。

旅行社证照联办试点 10月1日，鼓楼、玄武、秦淮3个区旅游局作为市旅行社证照联办改革试点单位，实行企业营业执照与旅行社业务经营许可证“一窗受理、集成服务”同步办理。区旅行社通过全国旅游监管服务平台在线提交材料，申请成立分社和服务网点，实现不见面审批，优化解决办证难问题。

星级旅行社年度评定 10月，区旅游局配合省市星级旅行社评定委员会，评定辖区7家申报星级旅行社。江苏新好游国际旅行社有限公司、南京哪玩国际旅行社有限公司和江苏飞鹰国际旅行社有限责任公司通过四星级评定，南京海悦国际旅行社通过三星级评定，南京紫微星国际旅行社有限责任公司通过二星级评定。

鼓楼旅游咨询服务中心 全年，配合区旅游局、宁海路街道、中国国旅三方共同打造旅游特色课堂暨鼓楼“乐宝”旅游讲堂进社区活动，在宁海路街道仙霞路社区小广场举行揭牌启动仪式，增强旅游咨询中心服务功能。开展“游鼓楼、知鼓楼”“文明旅游示范区创建”“旅游进社区”等主题活动和旅游宣传促销活动，举办“民国特色旅游”“导游培训”等各种沙龙和培训活动，设计“鼓楼区民国旅游一日游”等线路，将颐和路历史文化展馆纳入入境游旅游线路，全年接待到访参观9906人次。

2017年鼓楼区旅游星级饭店一览表

表16

序号	饭店名称	星级	地　址
1	南京金陵饭店	五星	汉中路2号
2	南京中心大酒店	五星	中山路75号
3	南京绿地洲际酒店	五星	中山北路1号
4	城市名人酒店	五星	中山北路30号
5	南京玄武饭店	五星	中央路193号
6	南京威斯汀大酒店	五星	中央路201号
7	南京香格里拉大酒店	五星	中央路331号
8	索菲特银河大酒店	五星	山西北路1号
9	古南都饭店	五星	广州路208号
10	苏宁环球套房饭店	五星	广州路188号
11	南京丁山花园大酒店	五星	察哈尔路90号
12	南京新纪元大酒店	四星	中山路251-1号
13	锦江南京饭店	四星	中山北路259号
14	江苏凤凰台饭店	四星	湖南路47号
15	华东饭店	四星	北京西路67号
16	金陵晶元大酒店	四星	江东北路386号
17	南京虹桥饭店	三星	中山北路202号
18	华江饭店	三星	中山北路178号

续表 16

序号	饭店名称	星级	地　址
19	江苏国瑞大酒店	三星	中山北路 55 号
20	湍迪大酒店	三星	广州路 223 号
21	凤西宾馆	三星	汉中门大街 118 号
22	南京米兰假日大酒店	三星	建宁路 7 号
23	学士园大酒店	三星	草场门大街 91 号
24	金盾饭店	三星	虎踞关 8 号

说明：全市 81 家，挂牌星级 24 家，其中五星 11 家、四星 5 家、三星 8 家。

2017 年鼓楼区星级旅行社一览表

表 17

序号	名　称	星级	地　址
1	* 中国国旅(江苏)国际旅行社有限公司	五星	中山北路 202-1 号
2	* 江苏省中旅旅行社有限公司	五星	河西联创大厦 B 座 5 楼
3	* 江苏万达原野国际旅行社有限公司	五星	三牌楼大街 238 号 5 楼
4	* 南京德高国际旅游有限公司	五星	石头城 6 号石榴才智中心 15 栋
5	* 中国康辉南京国际旅行社有限责任公司	四星	建宁路 57 号
6	* 南京海外旅游有限公司	四星	三牌楼大街 238 号钟阜大厦 506 室
7	* 江苏金桥国际旅行社有限公司	四星	中山北路 219 号宏图大厦 9 楼
8	* 江苏缤纷假期国际旅行社有限责任公司	四星	广州路 5 号君临国际 B 栋 2203 室
9	* 江苏金陵商务国际旅行社有限责任公司	四星	广州路 5 号君临国际 B 栋 5F
10	* 江苏太平洋旅行社	四星	红山路 88 号常发广场 4 栋 208 室
11	* 江苏飞鹰国际旅行社有限责任公司	四星	汉中门大街 1 号汉中新城 12 楼 E 座
12	* 中旅总社(江苏)国际旅行社有限公司	四星待评	中山北路 285 号江虞宾馆 3 楼
13	* 江苏省中国旅行社	四星待评	中山北路 313 号
14	* 江苏新好游国际旅行社有限公司	四星	广州路 5 号君临国际 2 幢 2001 室
15	南京哪玩国际旅行社有限公司	四星	新晨大厦 26 层
16	* 江苏省金阳光旅行社	三星	中环国际 15 楼
17	南京上铁国际旅游有限公司	三星	中山北路 509 号
18	南京台旅观光旅游有限责任公司	三星	中央路 417 号城市先锋广场 1613 室
19	南京华江商务国际旅行社有限公司	三星	中山北路 281 号 821A 室
20	南京华之旅航空旅游有限公司	三星	汉中门大街 56 号建威大厦 B 座 717-718 室

续表 17

序号	名　　称	星级	地　　址
21	江苏省民族国际旅行社有限公司	三星	马台街 139 号 6 楼
22	南京金航假期旅行社有限公司	三星	建宁路 16 号综合楼 3 楼西厅
23	* 江苏友谊国际旅行社	三星待评	云南路 31-1 号苏建大厦 23 层
24	* 江苏金色华夏航空旅行社有限公司	三星待评	中央路 73-1 号
25	* 江苏职工国际旅行社	三星	中山北路 202 号
26	南京华夏国际旅行社有限公司	三星	汉中路 108 号金轮大厦 10 楼 10A
27	南京全美国际旅行社有限公司	三星	中山北路 281 号虹桥中心 B 座 616
28	南京大洋国际旅行社有限公司	三星	红山路 88 号常发广场 4 栋 208
29	南京海悦国际旅行社有限公司	三星	定淮门大街 11 号商会大厦 A 座 1201 室
30	* 南京圣和国际旅行社有限责任公司	二星	中山路 81 号华夏大厦 901 室
31	江苏省天马旅行社	二星	湖北路 85 号 6 楼
32	南京城市先锋国际旅行社有限公司	二星	中山北路 204 号
33	南京芳草园国际旅行社	二星	中山北路 281 号虹桥新城市广场区 02 栋 1220B
34	江苏老年旅游总社	二星	广州路 140 号随园大厦 24 楼 E 座
35	南京天外天国际旅行社有限公司	二星	中山北路 281 号 1326A 室
36	南京梧桐旅行社有限责任公司	二星	华侨路 37 号春风大厦 20 楼 F 座 2006 室
37	南京七彩凤凰国际旅行社有限公司	二星	山西路 67 号世贸中心大厦 A1 座 12 楼
38	南京汇东国际旅行社	二星	集庆门大街 155 号 1 幢 1 单元 701 室
39	江苏教育国际旅行社	二星	北京西路 15 号江苏教育大厦 23 楼
40	南京永乐假期旅行社有限责任公司	二星	上海路 40-1 号五台商务大楼 508 室
41	南京亮点旅行社有限公司	二星	广州路 140 号随园大厦 25 楼 G 座
42	南京天府国际旅行社有限公司	二星	中山北路 281 号虹桥中心 1 幢 1606
43	南京大宇旅行社	二星	察哈尔路 102 号
44	南京五台旅游有限公司	二星	中央路 323 号利奥大厦 2006 室
45	江苏观光假日旅游有限公司	二星	山西路 68 号颐和商厦 13 层 E 座
46	南京师豪高校旅行社有限公司	二星	宁海路 122 号
47	南京洋洋国际旅行社有限公司	二星	中央路 417 号 1239 室
48	南京长三角旅行社有限公司	二星	中央门外安怀村 460 号 59 幢 504 室
49	南京中侨旅行社有限公司	二星	虎踞北路 100 号 4 号楼 2 楼
50	南京维景国际旅行社有限公司	二星	先锋广场 9 楼 922 室

续表 17

序号	名　　称	星级	地　　址
51	江苏凤凰台旅行社有限公司	二星	湖南路 47 号
52	南京可可国际旅行社有限公司	二星	中央路417号先锋广场1613室
53	南京俏东方国际旅行社有限公司	二星	湖北路 3 号开元大厦 407 室
54	南京美好国际旅游有限公司	二星	五台山 1 号丰汇大厦 1003 室
55	南京美华商务国际旅游有限公司	二星	中央路 417 号先锋广场 1035 室
56	南京威廉姆国际旅行社有限公司	二星	中山北路 45 号怡华酒店 30 楼
57	南京紫徽星国际旅行社有限责任公司	二星	广州路 188 号苏宁环球 2 楼
58	南京地球行动旅行社有限公司	一星	云南北路 49 号天星翠琅大厦 11 楼 B 座

说明：前面加★为出境旅行社，共有 19 家。

（冯裕华）

奏响春天——古林公园

科学技术

KE XUE JI SHU

综　　述

【概况】 2017年,鼓楼区出台《鼓楼区知识产权强区建设实施方案》,发布《2016年鼓楼区知识产权发展与保护状况》白皮书。安排众创空间区级培育发展专项资金700万元,新增众创载体8个、新建众创空间14家。引进科技型企业445家,新培育创新型企业家4人;新认定科技创业企业85家,获科技银行信贷支持4.7亿元;新增国家高新技术企业18家,新认定省民营科技企业40家,新认定省高新技术产品54个;新增市级以上工程技术研究中心6家,新增南京际华三五〇三服装有限公司为省级企业技术中心和南京华讯方舟通信设备有限公司为市级企业技术中心。4家单位获市科技成果转化项目立项,85项成果获市级以上科学技术奖励。全年专利申请6635件,其中发明专利申请3403件,完成率100%;专利授权3242件,其中发明专利授权1305件,完成率100%。美国湾区(南京)创新中心在南京财经大学科技园成立;区"两落地、一融合"(科技成果项目落地、新型研发机构落地,校地融合发展)推进办公室成立,办公地点设在区科技局。至年末,全区有经区级以上备案众创空间29家,市级以上企业技术中心30家,其中省级17家、市级13家。是年,鼓楼区被国家知识产权局确定为国家知识产权强县工程示范区,区知识产权局被江苏省知识产权局评为2016年度省专利行政执法工作先进单位、省知识产权政务信息工作先进单位;4人入选南京市创新型企业家,1人入选南京市科技顶尖专家培育计划,1人入选南京市科技之星。

【被确定为国家知识产权强县工程示范区】 12月28日,国家知识产权局发布《关于确定新一批国家知识产权强县工程、传统知识产权保护示范、试点县(区)的通知》(国知发管函字〔2017〕294号),鼓楼区被国家知识产权局确定为国家知识产权强县工程示范区。创建期间,全区深入实施知识产权战略,先后出台《区政府关于成立鼓楼区知识产权工作联席会议的通知》《南京市鼓楼区知识产权服务业集聚发展试验区资金扶持办法》《鼓楼区知识产权战略专项资金管理办法》《鼓楼区知识产权强区建设实施方案》等文件;区委区政府按照示范区建设要求,建立知识产权专项资金,出台知识产权强区建设方案,加强知识产权管理,提升企业自主创新能力。全区发明专利拥有量和有效商标注册量均位居全市前列;知识产权创造、运用、保护、管理和服务亮点突出,紧抓企业主体,推进知识产权质押贷款工作,加大专利行政执法力度,注重知识产权人才培养;强化知识产权宣传培训,发布区级知识产权发展与保护状况白皮书,举办知识产权沙龙、紫金峰会专场活动、全国中小学知识产权教育试点学校授牌仪式等特色活动,南京(鼓楼)知识产权服务业集聚发展试验区初见成效。

【"两落地、一融合"推进办公室成立】 10月25日,鼓楼区"两落地、一融合"推进办公室在科技局挂牌成立,同时启用"南京市鼓楼区'两落地、一融合'推进办公室"

公章，冯泉、许小卫、滕献忠任主任。该办公室为“两落地、一融合”工程区级推进工作日常办事机构，主要负责研究制定全区性“两落地、一融合”实施计划和推进方案，加强校地对接工作指导，推动成果和新型研发机构落地，实现校地融合发展。同步设立街道科技专员，在全区层面构建“大科技”工作网络。各科技专员在“两落地、一融合”工作领导小组办公室指导下，开展科技创新管理与服务工作。

【科技金融服务】 2017年，鼓楼区继续做好南京外滩明珠创业投资管理公司投资项目管理，参加百赛生物和奥派信息年度股东会议，了解运作及财务信息。结合众创空间建设，举行科技创业项目路演；打造科技创业项目投融资平台，加入南京鼓楼区天使投资金陵商会，支持企业与商会、紫金科创等创投机构建立项目跟踪机制。持续做好科技贷款服务，发放科技金融政策宣传册，借助各类载体、窗口加强宣传，扩大科技型中小企业对科技银行、科技保险、互助基金等融资政策认知度和影响力。探索科技金融服务新模式，在鼓楼科创空间挂牌省天使投资联盟活动中心，开设天使有“曰”投资沙龙活动；辖区南京外滩明珠创业投资有限公司和南京工业大学劝业公社众创空间牵头，联合南京紫金创业投资公司等13家天使投资机构，成立金陵天使会。主办2017年智慧产业(南京)发展大会暨金陵天使会投资年会，推进创业投资机构结盟，发挥促进产业健康发展和创新创业资本融通作用，打通优质项目与金融机构之间对接通道。全年，该区科技创业投资8.2亿元，比2016年增长15%。 (王　颖)

科技创新创业

【概况】 2018年，鼓楼区南京德宏数码科技有限公司等18家科技企业被认定为国家高新技术企业；江苏省捷达科技发展有限公司等40家科技企业被省科技厅认定为省民营科技企业；南京全信传输科技股份有限公司“舰船用乙丙橡胶绝缘交联聚烯烃护套低烟无卤阻燃直流中压电缆”等54个产品，被认定为江苏省高新技术产品。是年，南京云问网络技术有限公司王清琛等4人入选南京市创新型企业家；南京巨鲨显示科技有限公司董事长王卫入选南京市科技顶尖专家培育计划，南京鼎尔特科技有限公司科技创业家童国道入选2017年度南京市科技之星。至年末，全区经区以上备案众创空间29家，引进科技型企业445家，其中注册资金千万元以上科技企业58家；新增孵化器在孵企业95家，毕业企业16家。

【创新型企业家培育】 2017年，鼓楼区摸底调查、汇总列入考核13家人才企业指标和绩效情况(高新技术产品、专利、销售收入、税收等)，兑现2016年度科技创业家政策130万元。组织17家科技型企业总经理或董事长申报南京市创新型企业家，17人通过资格审查，5人通过综合评审。南京云问网络技术有限公司王清琛、江苏赫奕科技有限公司韩飞、诚诚签网络科技南京有限公司程旗、南京宁润新农农业科技有限公司李颖豪4人入选。

2017年鼓楼区新认定国家高新技术企业一览表

表18

序号	企业名称	申报批次（批）	序号	企业名称	申报批次（批）
1	南京德宏数码技术有限公司	第一	10	河海大学设计研究院有限公司	第三
2	江苏能瑞环保节能科技有限公司	第二	11	中铁大桥局集团第二工程有限公司	第三
3	南京瑞迪建设科技有限公司	第二	12	南京电力金具设计研究院有限公司	第三
4	江苏绿色都建建筑设计研究院有限公司	第二	13	南京典格通信科技有限公司	第三
5	南京睿恒智晟软件科技有限公司	第二	14	南京简智仪器设备有限公司	第三
6	南京紫米网络科技有限公司	第三	15	南京德益康信息科技有限公司	第三
7	南京禹步信息科技有限公司	第三	16	南京锐驰鼎欣科技股份有限公司	第三
8	江苏龙腾空间信息技术有限公司	第三	17	江苏省捷达科技发展有限公司	第三
9	江苏丰远德节能科技有限公司	第三	18	南京国电南自新能源工程技术有限公司	第三

2017年鼓楼区新认定江苏省民营科技企业一览表

表19

序号	企业名称	序号	企业名称
1	江苏省捷达科技发展有限公司	21	南京卓康医药科技有限公司
2	南京拓步智能科技有限公司	22	南京御达电信息技术有限公司
3	南京汉威体育工程实业有限公司	23	诚诚签网络科技南京有限公司
4	南京云问网络技术有限公司	24	江苏省紫光智能系统有限公司
5	南京苏博工业设计有限公司	25	江苏乐曼医疗科技有限公司
6	江苏九澍机电科技有限公司	26	南京东来物业服务有限公司
7	南京苏夏工程设计有限公司	27	南京华芝力环境科技有限公司
8	南京讯优智超软件科技有限公司	28	南京乐蝠智能系统集成有限公司
9	南京云白信息科技有限公司	29	南京正驰科技发展有限公司
10	江苏建科节能技术有限公司	30	南京安运机电有限公司
11	南京鸿舟科技有限公司	31	南京新奕天科技有限公司
12	南京康尼电子科技有限公司	32	江苏省水产实业有限公司
13	南京禹步信息科技有限公司	33	南京博威环保科技有限责任公司
14	南京君子游信息技术有限公司	34	南京简智仪器设备有限公司
15	南京无上信息科技有限公司	35	南京医科大学友谊整形外科医院有限责任公司
16	南京品德科技有限责任公司	36	南京词酷网络信息技术有限公司

续表 19

序号	企业名称	序号	企业名称
17	江苏省捷达软件工程有限公司	37	南京运享通信息科技有限公司
18	南京华讯方舟通信设备有限公司	38	江苏绿博低碳科技股份有限公司
19	江苏信惠通信息科技有限公司	39	江苏乾安环境科技有限公司
20	南京智风多媒体有限公司	40	南京源泉环保科技股份有限公司

2017年鼓楼区新认定江苏省高新技术产品一览表

表 20

序号	产品名称	所属企业
1	舰船用乙丙橡胶绝缘交联聚烯烃护套低烟无卤阻燃直流中压电缆	南京全信传输科技股份有限公司
2	J599A8系列高密度圆形光连接器	南京全信传输科技股份有限公司
3	PLCC光模块	南京全信传输科技股份有限公司
4	航空用耐高温多模特种光缆	南京全信传输科技股份有限公司
5	LVDS传输电缆	南京全信传输科技股份有限公司
6	C55系列宇航用薄壁绝缘电线电缆	南京全信传输科技股份有限公司
7	QLA12系列高性能传输线	南京全信传输科技股份有限公司
8	宇航用1553B总线线缆	南京全信传输科技股份有限公司
9	吊顶式四面出风自循环空气净化机	江苏万全科技有限公司
10	全热交换净化一体机	江苏万全科技有限公司
11	风管式电子除尘净化杀菌器	江苏万全科技有限公司
12	巨鲨高性能医用专业显示器	南京巨鲨显示科技有限公司
13	巨鲨医用录播一体机	南京巨鲨显示科技有限公司
14	高性能医用专业显示器JUSHA-E260A	南京巨鲨显示科技有限公司
15	巨鲨视频融合DSA手术专用显示器	南京巨鲨显示科技有限公司
16	巨鲨一体化手术室设备控制系统软件V1.0	南京巨鲨显示科技有限公司
17	压力蒸汽灭菌包内化学指示卡	南京巨鲨显示科技有限公司
18	泳池用空气源热泵除湿机	江苏高科应用科学研究所有限公司
19	双冷源全新风热泵除湿机组	江苏高科应用科学研究所有限公司
20	模拟训练系统	南京国睿安泰信科技股份有限公司
21	自动测试系统GA49815X1	南京国睿安泰信科技股份有限公司
22	49500DWT散货船	中国长江航运集团南京金陵船厂
23	3800车汽车滚装船	中国长江航运集团南京金陵船厂

续表 20

序号	产品名称	所属企业
24	安元物联网管控一体化平台软件 V3.0	南京安元科技有限公司
26	安元企业安全生产公共服务云平台软件 V3.0	南京安元科技有限公司
27	安全评价与风险分析系统软件 V2.0	南京安元科技有限公司
28	楔形接口剖分式油封	艾志(南京)环保管接技术股份有限公司
29	集装式泵用机械密封	艾志(南京)环保管接技术股份有限公司
30	盘根密封装置	艾志(南京)环保管接技术股份有限公司
31	群顶分布式存储软件 V1.0	南京群顶科技有限公司
32	智能自组网通信系统	南京华讯方舟通信设备有限公司
33	多级喷雾反应法气体净化装置	江苏揽山环境科技股份有限公司
34	JD801 医学影像工作站系统软件	江苏省捷达科技发展有限公司
35	NA400 可编程控制器	南大傲拓科技江苏股份有限公司
36	NA-RTU 远程测控终端	南大傲拓科技江苏股份有限公司
37	广安企业多项目协同管理软件 V4.0	南京远光广安信息科技有限公司
38	蓄电池预警仪	南京鼎尔特科技有限公司
39	闸机智能化扇门模块	南京康尼电子科技有限公司
40	高速铁路车辆门电控系统	南京康尼电子科技有限公司
41	基于 MVB+CAN 总线技术的门控系统	南京康尼电子科技有限公司
42	高性能螺钉拧紧机	南京英达迪赛工业设计有限公司
43	PEMS2000 动力环境监控系统	南京音视软件有限公司
44	BMS3000 蓄电池在线监测及维护系统	南京音视软件有限公司
45	天客议购 C2B 电子商务交易平台及系统软件	南京百鸟朝凤网络信息技术有限公司
46	低慢小目标检测系统	南京御达电信息技术有限公司
47	多业务数字光纤分布系统	南京典格通信科技有限公司
48	摩尔高速公路沿线广告设施管理系统	江苏摩尔信息技术有限公司
49	水面溢油高倍捕集凝胶材料	江苏瑞丰科技实业有限公司
50	WX-98 微机准同期装置	南京国瑞自动化工程有限公司
51	壬苯醇醚膜	中国药科大学制药有限公司
52	壬苯醇醚凝胶	中国药科大学制药有限公司
53	英语写作智能批改系统	南京词酷网络信息技术有限公司
54	直埋预制保温管成套设备	南京苏夏工程设计有限公司

【科技贷款4.7亿元】 2017年，鼓楼区129家科技企业申请银行科技贷款，85家科技企业获科技银行4.7亿元信贷支持，申请企业、获批企业、获批贷款支持分别比2016年增长26.47%、6.25%、34.28%。

（王　颖）

【科技创新项目和专项资金申报】 2017年，鼓楼区组织36家企业申报市新兴产业引导专项资金、15家企业申报省级工业和信息产业专项升级资金。组织12家企业申报省科技型中小型企业称号、3家企业申报市中小企业服务平台项目、2家企业申报市重大装备及关键部位首台套认定、万谷·京东云智慧产业园申报市小企业创业基地。组织东方世纪有限公司、四新科技有限公司、鹏力科技有限公司等4家企业申报省级企业技术中心。至年末，全区56个申报项目获市专项资金202万元；96个项目列入南京市技术创新项目，8个项目列入省技术创新导向计划。

（孟　晖）

【美南中国专家协会联合会创新之旅活动】 5月22日，美南中国专家协会联合会创新之旅活动在江东软件城举办，活动主题“创聚鼓楼·创享未来”，诚邀列席专家通过平台寻求合作、扎根鼓楼、实现互利互赢。区委区政府相关部门领导、美南中国专家协会联合会海外嘉宾，驻区创投机构、人才企业及有关部门负责人出席。区委常委、组织部部长贾慧致辞，区委常委、区政府党组成员许扬汶介绍鼓楼区创新创业环境及人才政策，与会20家投资公司和人才代表与海外专家洽谈合作事宜，来自美、加、日、瑞典、澳大利亚等国19名海外华人专家带来19个高科技项目。其中，爱尔兰微软公司苏靖雯打造的“时记AR时空影像分享平台”项目正式与鼓楼科技园区签约入驻。至年末，全区集聚“诺贝尔奖”获得者1人、国家“千人计划”专家26人，自主培养国家“千人计划”专家3人、省“双创计划”人才20人、市“领军型科技创业人才”364人、市“科技创业家”26人、创业南京高层次创业人才39人。

【美国湾区（南京）创新中心成立】 9月12日，美国旧金山湾区委员会与市科委、市商务局、鼓楼区共同启动成立美国湾区（南京）创新中心，美国旧金山湾区委员会经济研究院主席麦卡·温伯格与区政府有关领导代表双方分别在合作协议上签字。该中心办公地点位于南京财经大学科技园，将立足旧金山湾区尤其是硅谷优质软件与互联网科创资源，重点就软件科技、医药健康领域“牵线搭桥”，引进并培育一批高质量企业。

【（洛杉矶）孵化器战略合作项目签约】 10月24日，由鼓楼区推荐“四方共建海外（洛杉矶）孵化器战略合作项目”在第六届全球（南京）研发峰会上签约，该项目是全市集中签约12项重点国际科技合作项目中首批首个重点签约项目。驻区企业南京考斯林投资咨询有限公司与美国南加州生物医药协会、南加州大学AMI研究院及江苏省产业技术研究院四方共同签订协议(长期),拟在美国洛杉矶共建医疗健康产业孵化器,一期基金1000万美元。

【企业国际创新网络发展论坛】 10月25日,企业国际创新网络发展论坛在南京财经大学科技楼报告厅举办。该论坛为第六届全球(南京)研发峰会鼓楼专场活动,区政府有关部门领导,境外及驻区高校、科研院所、企业、联盟、科技园区、众创空间代表约120人参加。会上,境外嘉宾介绍海外发展资源及合作需求,企业代表围绕"企业国际创新网络建设"主题,结合各自产业发展、国际化需求、国际技术转移平台搭建等进行主旨发言。

(王　颖)

·众创空间·

【经区以上备案众创空间29家】 2017年,鼓楼区新增众创载体8个,建成市级以上众创空间14家,其中国家级众创空间备案5家、省级备案2家、市级备案7家。至年末,全区有区级以上备案众创空间29家。其中,国家级7家、省级7家、市级11家、区级4家。

2017年鼓楼区众创空间名录一览表

表21

序号	众创空间名称	发起和运营单位	等级	性质	备注
1	U+众创空间	南京快拼信息科技有限公司	国家	民营	
2	南邮E联J盟网创客驿站	南京邮电大学物联网国家大学科技园	国家	高校	
3	华讯方舟军民融合创客中心	南京华讯方舟通信设备有限公司	国家	民营	新增
4	Youth Space青创空间	江苏青创空间企业管理有限公司	国家	民营	新增
5	南工劝业公社	南京工业大学	国家	高校	新增
6	K-space(南京大学)创客学堂	南京双创企业孵化器有限公司	国家	高校	新增
7	科盟众创空间(鼓楼人才苗圃)	南京科盟众筹投资管理股份有限公司	国家	民营	新增
8	Amaker创客服务平台	南京特斯拉智能科技有限公司	省	民营	
9	蓝岛创客空间	南京机电职业技术学院	省	高校	
10	南艺e-FabLab创客空间	南京艺术学院	省	高校	
11	THE BOX创业咖啡众创空间	南京托斯卡纳众创空间有限公司	省	民营	
12	星火众创工厂	南京紫米网络科技有限公司	省	民营	
13	财智128众创空间	南京财经大学科技园有限公司	省	高校	新增
14	Makerbator孵化器	南京创宁科技服务有限公司	省	民营	新增
15	众创空间	南京侠客行网络科技有限公司	市	民营	

续表 21

序号	众创空间名称	发起和运营单位	等级	性质	备注
16	南工劝业公社易创空间	南京工业大学劝业公社易创企业管理有限公司	市	国有	
17	瀚霖院咖啡	南京君荣易信息技术有限公司	市	民营	
18	杏林众创空间	南京中医药大学科技园	市	高校	
19	8h+众创村	江苏万谷信息科技有限公司	市	民营	新增
20	顺为众创空间	江苏众悦商业管理有限公司	市	民营	新增
21	梦想云创空间	南京海创自媒孵化器管理有限公司	市	民营	新增
22	数创空间	南京中诚签信息科技有限公司	市	民营	新增
23	英斯特易创空间	南京英斯特文化产业投资有限公司	市	民营	新增
24	青客众创空间	江苏省高校招生就业指导服务中心	市	国有	新增
25	百工造物众创空间	江苏福佑艺术设计有限公司	市	民营	新增
26	城苑创客工坊	江苏鼎元城市地产运营管理有限公司	区	民营	
27	智客空间	南京利邦投资管理有限公司	区	民营	
28	小鱼儿网众创空间	南京创客汇网络信息技术有限公司	区	民营	
29	南京科技广场创客空间	南京市鼓楼区科技创业服务中心	区	国有	

【众创空间扶持政策兑现】 2017年，鼓楼区安排区众创空间培育发展专项资金700万元，奖励辖区内国家、省、市、区级众创空间，分别给予运营主体200万元、50万元、30万元、20万元奖励。全年，区众创空间孵化项目、企业1500家左右，新增项目、企业近400个，众创空间投资基金近3亿元，开展各种活动700余场。（王　颖）

【3家众创空间获苏南国家自主创新示范区优秀众创空间称号】 11月14日，街区Youth space青创空间、南京邮电大学E联U盟创客驿站、南工劝业公社3家众创空间获苏南国家自主创新示范区优秀众创空间称号。苏南自创区是国内首个以城市群为基本单元建设的国家自主创新示范区，2014年10月启动建设。2017年6月，创新载体评估启动，综合科技园区、众创空间和企业，围绕创新载体建设创新绩效和关键要素等方面，经地方推荐和综合评估等环节，遴选出283家优秀创新载体。其中优秀科技园区50家、优秀众创空间50家、瞪羚（银行对成长性好、具有跳跃式发展态势的高新技术企业的一种通称）企业183家。

【新增国家级众创空间3家】 12月8日，科学技术部火炬高科技产业开发中心2017年国家级众创空间名单公布，模范路科技创新街区内华讯方舟军民融合创客中心、Youth space青创空间、南工劝业公社3家获批国家级众创空间。至年末，街区汇聚众创空间13家，其中国家级众创空间5家。国家级众创空间认定是为推动众创空间健康发展，营造有利于大众创业、万众创新良好环境。科技部在各地方科技管理部门推荐基础上，审核备案发展方向明确、模式清晰、具备可持续发展能力众创空间，获通过备案众创空间纳入国家级科技企业孵化器管理服务体系。

【南京 YOUTH SPACE 青创空间】 南京 Young space 青创空间位于南邮大厦 1～2 层，面积 2051.08 平方米，是集投资者、政府、企业家和高校资源共同创建的加速成长型众创孵化平台。由南京市民营青年企业家联合会会员、企业家众筹成立众创空间运营公司，提供创业指导、项目孵化、实战培训、天使投资、导师帮扶等全案创业服务，主要为 TMT 行业〔电信、媒体 / 科技（互联网）、信息技术〕提供全方位孵化服务。作为加速型创业平台，Youth space 青创空间打造优质协作式联合办公空间，整合提供针对创业团队不同时期所需要商业、技术、产品、市场、人力、法务、财务、投融资等服务资源，以及一对一专业导师帮扶。2017 年，青创空间建成3 家配套基金管理公司以及 1 支合作专注于智能制造与消费升级、规模数亿元可可青创投资基金。

【南工劝业公社】 南工劝业公社位于南京工业大学大学生创业示范园内，由江苏创客公司“8 天在线”为主投资和运营，依托高校优势，加强与学校产学研互动，整合完善“创业苗圃—孵化器—加速器”孵化链条。公社专注于互联网、智能设备、新材料、节能环保等领域创新企业孵化与服务，构建以“政府引导、市场主导，企业为主体、高校为内核” 众创空间建设和运营机制及模式。2015 年末，获批江苏省众创空间；2017 年 12 月，获批国家级众创空间。

【南邮 E 联 U 盟创客驿站】 南邮 E 联 U 盟创客驿站位于南京邮电大学三牌楼校区，是物联网国家大学科技园重要组成部分，依托和利用南邮物联网领域学科特色和科技资源，形成互联网、物联网产业发展需求，具有行业特色的“倒三角模式”创新创业引导机制，以“四步育苗法”（引苗、育苗、选苗、壮苗）创业孵化服务模式为核心，构建创业辅导、公司注册、财务代理及政策帮扶等全方位服务模式，打造物联网、互联网 + 领域公益性、专业性、科研性、示范性的新型创新创业孵化服务平台。2015 年 7 月，获批江苏省互联网众创园。2016 年 9 月，获批国家级众创空间。

【U+众创空间】 U+ 众创空间位于古平岗 4 号智梦园 C 座二层，由南京模范路科技创新园区与南京快拼信息科技有限公司共建，以“020 创业孵化 + 创业投资 + 创业教育”创业孵化融合发展新模式，打造“产业聚焦 + 资源协同 + 股权众筹”“互联网 +”众创空间。2015 年 12 月，获批江苏省众创空间认定以及奖励。2016 年 9 月，获批国家级众创空间。至 2017 年年末，引进海内外创业孵化项目 46 个，组建以中国旅美科协专家、“国家千人”计划、江苏省双创人才、互联网行业高管领衔的南京创客空间合伙人“私董会”，为创业团队提供专业产业链服务，促进创业者能力成长和业务发展。

【南京创客孵化中心】 南京创客孵化中心位于南邮大厦 4 层，面积 1000 平方米，引入北京创客空间运营。北京创客空间成立于2011年，拥有智能医疗、智能家电、人工智能、智能车载、体育运动、工业4.0、健身美妆等项目资源，北京、天津、青岛、上海、深圳、贵阳、香港都有其合作孵化空间。该中心致力于通过深度孵化和全方位产业结合模式帮助创客、智能硬件创业项目发展，更新硬件创业迭代逻辑，融合上下游产业背景资源，让创客、智能硬件创业公司获充分指导、渠道、销售、产业资源。导入孵化项目创业培训、产业对接、基金支持、市场拓展、生产供应链、众筹推广等丰富资源，聚焦智能硬件项目。

【财智128众创空间】 财智128众创空间位于南京财经大学铁路北街128号教A楼四楼整层及科技楼南北两栋楼部分楼层，总面积8000余平方米，成立于2015年12月，同时成立500万元创业种子基金。该众创空间依托南京财经大学财经、管理、社科类人才资源和学科优势，致力于电子商务、文化创意等领域创业服务，为各类创业团队、天使投资、创业服务机构打造创新创业线上线下社区；引导一批具有投资能力与丰富市场经验企业家、高级职业经理人，利用自身社会影响力与人脉资源，指导与跟进创业团队，实行滚动发展，为入园项目提供苗圃、孵化、加速、毕业等服务。2017年，成为首批备案省级众创空间。　（徐春芳）

产学研合作

【概况】 2017年，鼓楼区有区级以上研发机构15家，落地产学研项目53个，85项科研成果获市级以上科技奖，其中国家级12项、省级49项、市级24项。年内，建立创新网络推动科技成果项目落地，共建校地科技成果转化网络。依托驻区52个国家重点学科、36个重点实验室等知识创新主体，实施“重点实验室+”战略，形成围绕大学核心实验室产业链群聚，落地一批新注册项目和科技成果应用示范项目。深化校地科技创新合作，成立区“两落地、一融合”推进办公室，推动江东软件城、幕府创新小镇、模范路科技创新街区和五台山生物医疗孵化园四大平台与高校深度合作，定期开展科技成果展览发布、交易洽谈等活动，实施一批产学研合作与科技成果转化项目。推动企业科技成果转化，扶持高校科研人员带项目成果到区办企业，承接高校人才和成果“双转移”，支持区内龙头企业建立产业生态链，在电力能源、软件与信息服务、互联网+等重点技术创新领域形成产业集群；建设区域技术交易市场，与中国技术交易所合作设立区域交易机构，建设具有科技成果展示、发布、洽谈等专业化功能区域性科技成果转移转化综合服务平台，为高校科技成果资源与企业创新需求线上线下对接搭建桥梁。是年，亚信科技（南京）有限公司承担的用户在线行为感知与分析等3个项目，被市科委评审推荐为申报省成果转化项目；亚信科技（南京）有限公司等4家单位申报的项目获市级立项，共获400万元项目经费支持。南京华讯方舟通信设备有限公司等3家单位被确定为2018年度市级成果转化项目考察对象。国网江苏省电力公司参评的“面向复杂环境大电流测量新装备研制与应用”通过层层筛选，进入答辩环节。

组织江苏省重点企业研发机构与省企业类工程中心绩效考评，南京全信传输科技股份有限公司、南京汽轮电机(集团)有限责任公司获绩效奖励。指导省重大新型研发机构建设及奖励项目申报工作，江苏南中医健康产业研究院、南京物联网应用研究院技术创新平台列入省统范畴。推进苏宁云商集团股份有限公司在美国设立全资子公司，并在硅谷设立研发中心——苏宁云商美国硅谷研究院（Suning Commerce USA Inc.)。指导推荐苏宁云商股份有限公司"苏宁美国硅谷互联网、云计算、大数据研发中心建设"申报市级2017年度南京企业在海外设立研发机构项目。（王　颖）

【驻区高校项目对接会】　10月12日，鼓楼区召开驻区高校"两落地、一融合"项目对接会，市人大常委会副主任、区委书记张一新，市发改委、经信委、科委及区有关领导，驻区高校、部分科创企业负责人，及相关部门、各街道主要负责人参加。会上，区分管领导介绍鼓楼区科技创新发展情况；驻区高校和科创企业代表分别围绕科研项目、研发机构落地情况及成果转化和企业发展需求等作汇报，市主管部门领导指导有关工作。张一新代表区委区政府感谢驻区高校对鼓楼区发展的支持，并表示鼓楼区将结合高校、企业科研成果和意见建议，完善科学组织管理体系，推动"两落地、一融合"在鼓楼区创新发展，并对该区推进"两落地、一融合"工作提出4点要求。（陈　森）

【4个项目获市科技成果转化项目立项】
2017年，鼓楼区经过预申报、筛选、推荐、现场考察与综合评审等环节，亚信科技(南京)有限公司、南京康尼电子科技有限公司、南京海纳医药科技股份有限公司、中国船舶重工集团南京鹏力科技集团有限公司4家单位获市科技成果转化项目立项，并获400万元项目经费支持。

【6家企业工程技术研究中心获省市立项】
2017年，鼓楼区组织推荐南京巨鲨显示科技有限公司承担的江苏省医学影像精准显示工程技术研究中心等2家单位，申报省级工程技术研究中心并被立项，获补助资金60万元。组织推荐南京华讯方舟通

2017年鼓楼区新增市级以上工程技术研究中心一览表

表22

序号	项　目　名　称	承　担　单　位	级别
1	江苏省医学影像精准显示工程技术研究中心	南京巨鲨显示科技有限公司	省级
2	江苏省(海纳)化学合成药物工程技术研究中心	南京海纳医药科技股份有限公司	省级
3	南京市微波与通信工程技术研究中心	南京华讯方舟通信设备有限公司	市级
4	南京市新一代高性能天线工程技术研究中心	江苏省东方世纪网络信息有限公司	市级
5	南京市能源高效利用与洁净排放工程技术研究中心	江苏釜鼎能源科技有限公司	市级
6	南京市安全生产大数据工程技术研究中心	南京安元科技有限公司	市级

信设备有限公司承担的南京市微波与通信工程技术研究中心等4家单位，申报市工程技术研究中心并获认定，其中3家企业获评优奖励资金55万元。

【85项科研成果获市级以上科学技术奖励】 2017年，鼓楼区85项科研成果获市级以上科技奖，其中国家级12项、省级49项、市级24项。主持和参与的国家科学技术奖中，获国家自然科学奖二等奖3项、国家技术发明奖通用项目二等奖1项、国家科学技术进步奖通用项目二等奖8项。自主推荐面向复杂环境的大电流测量新装置研制与应用、基于振动声学的电力变压器状态诊断技术及系统应用分别获省科学技术二等奖、三等奖；多场景微电网优化控制与系统集成研发及应用项目、6700车汽车滚装船研发与产业化项目、巨鲨医学彩色灰阶自适应影像显示系统研发及产业化项目分别获南京市科学技术一等奖、二等奖、三等奖。

【2017人工智能产学研交流会】 4月25日，创聚鼓楼　创享未来——2017人工智能产学研交流会在南京国际博览中心召开，驻区高校及行业协会代表、企业代表、创业人才代表参加对接交流。东南大学计算机科学与工程学院副院长耿新、南京大学计算机科学与技术系教授王崇骏，南京邮电大学计算机学院、软件学院及大数据研究院院长李涛重点推介高校人工智能成果；诚诚签网络科技南京有限公司“数据智能”、北京恒麟信息科技有限公司“数据融合与商业应用”、南京迅之蜂智能科技有限公司“Volta智能电助力自行车”、南京万里眼网络科技有限公司“社区智慧门禁系统”、南京词酷网络信息技术有限公司“基于大数据和AI技术—英语作文智能批改网”等11个创新创业项目现场路演，展示人工智能在大数据、商业、教育、医疗、网购、视频安保、互联网广告等各领域应用。会议期间，发放《人工智能成果汇编》材料，内含驻区高校、企业人工智能科技成果近200项。

4月25日，鼓楼区举办“创聚鼓楼·创享未来–2017人工智能创业论坛”专场活动

【大院大所推介活动】 5月10～11日，鼓楼区组队赴北京开展大院大所推介活动，分别走访中国电力科学研究院（简称电科院）国网计量中心，了解中国水利电科学研究院（简称水科院）发展简史，召开两场座谈会。其间，区科技局局长向卫重点介绍鼓楼区区情、空间布局、载体建设、重点产业发展方向、科技创新概况及发展愿景，电科院领导及专家表示将进一步加强联络、深化合作，提升在宁科研引领及服务社会成效，实现双

赢;水科院及其下属单位领导表示,将强化防洪减灾、农田水利、水生态环境保护等重点领域互动合作。

【南京审计大学科技园共建协议签署】 7月5日，在南京市重点产学研合作项目签约仪式上，鼓楼区政府与南京审计大学签约共建南京审计大学科技园,区政府、南京审计大学相关领导分别代表双方在协议上签字。协议提出“加强校府、院地合作”宗旨，鼓楼区和南京审计大学联合成立科技园建设发展领导小组，沟通园区规划、建设、环境等方面事宜,对接政策、人才、载体、平台、项目等,协调合作发展重大事项。科技园位于莫愁湖畔,占地6.8公顷,拟改建和新建面积12万平方米,总投资约4亿元。根据区产业发展规划,结合南京审计大学优势,科技园将重点发展现代金融、新经济和智力服务等现代产业体系，参与地方重点科技攻关项目;区政府在税收、资金、科技计划立项等方面给予优先支持。协议明确:双方在公共平台、科技资源等方面共享信息和资源，利用南京审计大学学科及研发资源、创新平台载体优势和鼓楼区服务资源优势,开展技术研发和应用转化。南京审计大学优先支持区人才引育、科技成果转化、专利申请、科技园区载体等战略建设,优先与鼓楼区共建产业技术研究院、战略性新兴产业创新联盟等科研或服务平台;鼓楼区则在项目孵化、创业辅导、人才引进、风险投资、政策服务等方面予以优先支持。

(王　颖)

【毕马威科技研发及共享服务中心落户】 9月,南京金秋经贸洽谈会上,全球四大会计师事务所之一的毕马威会计师事务所签约落户鼓楼高新技术开发区,在南京设立毕马威科技研发及共享服务中心。该中心是毕马威在中国第一个科技研发中心和第二个服务内包、外包及运营服务中心。项目计划投资约700万美元,3年内建成超过300人的科技研发团队,并打造成为亚太区科技研发中心，为澳大利亚、韩国、日本及其他亚太区毕马威成员所提供软件研发和大数据处理服务。

(陈　欣)

【大院大所鼓楼行专场交流会】 7月5日，鼓楼区以中国江苏·大院大所合作对接会暨第六届产学研合作成果展示洽谈会召开为契机，结合区产业发展实际,以“绿色低碳、共享经济——新能源发展”为主题,在南京财经大学科技楼举行大院大所鼓楼行专场交流会,市节能环保产业协会、市科技成果转化中心、市科委、区政府相关部门领导出席。会议邀请电科院、水科院专家及河海大学等高校、科研院所专家代表与企业代表对接交流,收集企业需求并发布,征集大院大所及企业建言。会上,区政府有关领导介绍鼓楼区各项资源优势;水科院总工高占义等介绍研究院科研概况,并展示各自领域重点项目,表达在区寻求合作、指导企业发展、帮助城市建设意愿;中国科学院院士、磁学与磁性材料学家、南京大学物理系教授、博士生导师都有为发表有关江苏创新发展环境评价及建议;驻区中能建江苏能源科技有限公司、南京易司拓电力科技股份有限公司等企业代表分别展示推介企业近期研发计划和具体研发项目。42家企业报名参加对接大会,14家企业现场发布16项需求，征集大院大所领导、专家建言 32 份，征集企业建言 17 份。

【第三届 3S 杯全国大学生物联网技术与应用决赛】 11 月 17～19 日，互联网 + 众创论坛暨第三届 3S 杯全国大学生物联网技术与应用“三创”大赛决赛在南京邮电大学三牌楼校区举行，决赛由鼓楼区政府、南京邮电大学联合承办。“三创”（创意设计、创新技术、创业方案）大赛面向全国在读全日制研究生和大学生，4 月启动。其间，举办 2017 年物联网协同创新成果发布与技术转移对接会、大学生物联网技术与应用创新创业分享路演活动等，收到参赛申请 615 项，覆盖南京邮电大学、北京邮电大学、重庆邮电大学、西安邮电大学、东南大学、西安电子科技大学、电子科技大学、哈尔滨工业大学、东北大学等全国 97 所高校，参赛学生 2500 余人，经过审核确认立项 463 项，经过半年培育立项资助 330 项。参赛项目分创意设计、创新技术、创业方案三种类型，涉及智慧医疗、智慧健康、智慧环保、智慧交通等多个物联网技术应用领域。中国通信学会、江苏省物联网技术与应用协同创新中心及物联网产学研领域近 200 位专家学者参加项目各阶段评审工作。经过立项评审、初赛评审等环节，评选出三等奖项目 88 项，进入现场决赛项目 79 项。（王　颖）

知识产权

【概况】 2017 年，鼓楼区出台《鼓楼区知识产权强区建设实施方案》《鼓楼区知识产权战略专项资金管理办法》，发布《2016 年鼓楼区知识产权发展与保护状况》白皮书。全区专利申请总量 6635 件，同比增长 12.31%；其中发明专利申请量3403 件，同比增长 10.38%；专利授权总量 3242 件，同比增长 3.55%；其中发明专利授权量 1305 件，同比增长 3.9%。全区有效发明专利 7107 件，同比增长 8.67%，位居全市第三；每万人有效发明专利拥有量60.83 件；PCT（专利合作条约）专利申请量 82 件，同比增长 64%，位居全市第三。12 件专利产品获国家、省市优秀专利奖，12 家企业和单位被评为国家、省市知识产权示范企业。3 家企业通过市自主知识产权开发计划项目评审，分别获 20 万元资金支持。全年，区科技部门上报知识产权相关信息 17 篇，其中被国家知识产权局网站录用 1 篇，省局网站录用 7 篇，市科委网站录用 17 篇；被《南京日报》采用 2 篇、《南京晨报》采用 1 篇、《扬子晚报》采用 1 篇。组织培训 8 场次 570 余人次，发放宣传材料 400 份 / 册；组织参加省市培训 14 场次 158 人次，培养专利信息分析利用人才 6 人、专利挖掘与布局人才 4 人。至年末，全区拥有中国驰名商标 10 件、江苏省著名商标 54 件、南京市著名商标 82 件。是年，鼓楼区被国家知识产权局确定为国家知识产权强县工程示范区，通过省知识产权战略示范区考核验收。南京市力学小学被国家知识产权局、教育部确定为全国中小学知识产权教育试点学校。

【《2016 年鼓楼区知识产权发展与保护状况》发布】 4 月 25 日，《2016 年鼓楼区知识产权发展与保护状况》发布。该书从通过国家知识产权强区工程试点工作考核验收、知识产权创造、知识产权运用、知识产权保护、企业知识产权工作、知识产权宣传培训和人才培养与知识产权服务业集聚区建设7个方面介绍2016年鼓楼区知识产权工作。

【《鼓楼区知识产权战略专项资金管理办法》出台】 6月1日,《鼓楼区知识产权战略专项资金管理办法》(简称《办法》)出台。新《办法》较之3年前推出的试行方案增加和体现4个特点:扩大专利资助对象范围,增加各级人才计划入选者所创办驻区企业、个人资助;专利资助从重数量转变为量质并重,给予授权发明专利、国(境)外专利和获区级以上专利奖资助;引导企业强化知识产权战略实施,设立区级高价值专利培育计划项目和各类知识产权专项项目;重视中小学知识产权教育,中小学知识产权教育试点、示范学校和中小学生申请专利给予经费支持。

【《鼓楼区知识产权强区建设实施方案》出台】 11月8日,《鼓楼区知识产权强区建设实施方案》(简称《方案》)出台。《方案》明确知识产权强区建设到2020年主要目标、重点任务和保障措施,通过实施知识产权密集型产业培育工程、知识产权强企工程、高价值知识产权培育工程、"互联网+知识产权"工程、知识产权强化工程五大工程,促使全区知识产权发展水平和综合实力再上新台阶,为区域经济转型升级提供支撑。

【南京(鼓楼)知识产权服务业集聚发展试验区建设】 2017年,鼓楼区出台《知识产权服务业集聚发展试验区资金扶持办法》,入驻企业享受办公用房租金第一年补贴50%、第二年补贴30%、第三年补贴20%优惠,园区内设有政府服务"一站式"工作点,助企业快速便捷办理知识产权相关事务。年内,南京源古知识产权代理事务所、南京福瑞泽知识产权代理有限公司在试验区挂牌成立,江苏省专利信息服务中心、江苏省知识产权维权援助中心在集聚区挂牌成立工作站。南京知识律师事务所入驻集聚区,全年补贴南京知识律师事务所等6家服务机构办公用房租金41.35万元。年内在集聚区开办宣传培训会5场,举行"4·26"知识产权宣传周主场活动、紫金知识产权国际峰会鼓楼分会场活动。至年末,集聚区入驻服务类企业50余家,其中知识产权服务业企业15家、专利服务类企业9家。

链接:知识产权服务业园区

2016年4月,南京(鼓楼)知识产权服务业集聚发展试验区在南京财经大学科技园(南京财经大学福建路校区)正式授牌,由区政府与南京财经大学联合打造,是全市唯一知识产权服务业园区。园区主导金融服务、知识产权服务、创新创业人才培育三大产业,其中知识产权服务业为主攻方向,拥有专利代理服务,包括专利分析、版权注册、商标注册、域名注册、软件著作权代理、企业命名及字号申请、原产地证明、植物新品种命名等十多类知识产权"大领域"服务品种。

【专利获奖】 2017年,驻区南京康尼机电股份有限公司、南京工业大学、河海大学3家单位和南京水利科学研究院材料结构所所长胡少伟个人共 4 件专利获第 19 届中国专利优秀奖；南京工业大学、南京南瑞集团 2 家单位 3 件发明专利获第十届江苏省专利项目优秀奖；南京全信传输科技股份有限公司、南京康尼电子科技有限公司、南京巨鲨显示科技有限公司、中国科学院紫金山天文台 4 家企业 5 件专利获南京优秀专利奖。

【企业知识产权管理标准化创建】 2017 年，驻区江苏道科环境科技有限公司被评为江苏省企业知识产权管理贯标优秀企业，获奖励 20 万元。南京中凯光电科技股份有限公司等 7 家企业贯标备案。南京华讯方舟通信设备有限公司、中国药科大学制药有限公司、江苏南大苏富特科技股份有限公司 3 家企业通过企业知识产权管理标准化绩效评价。南京华讯方舟通信设备有限公司、江苏南大苏富特科技股份有限公司、南京康尼电子科技有限公司3 家企业通过知识产权管理体系认证。

（王 颖）

【企业知识产权运用讲座】 7 月 28 日，江东软件城管理办公室、知识产权服务站、南京科学技术协会共同在南京服务外包大厦举行“企业知识产权运用”主题讲座，园区 30 多家重点税源企业参加。区知识产权局工作人员向企业代表介绍省市区最新知识产权政策及导向，南京知识产权律师事务所专业人士围绕中小企业专利申请作演讲。与会人员通过沟通交流，了解知识产权重要性，充实保护企业自身利益等常识。

（徐惠子）

【知识产权示范企业】 2017 年，驻区江苏四新科技应用研究所股份有限公司被国家知识产权局确定为国家知识产权示范企业，南京巨鲨显示科技有限公司被国家知识产权局确定为国家知识产权示范（优势）企业。南京紫米网络科技有限公司、江苏道科环境科技有限公司、南京国电南自轨道交通工程有限公司、江苏万全科技有限公司、南京源泉环保科技股份有限公司 5 家企业被南京市知识产权局确定为市知识产权示范企业。江苏南大苏富特科技股份有限公司、南京华讯方舟通信设备有限公司、江苏万全科技有限公司、南京源泉环保科技股份有限公司 4 家企业被南京市知识产权局确定为鼓楼区知识产权示范培育企业。是年，南京市力学小学被国家知识产权局、教育部确定为（全市首家）全国中小学知识产权教育试点学校，南京市拉萨路小学分校宝船小学获首批江苏省中小学知识产权教育试点学校。

【知识产权项目申报】 2017 年，驻区南京巨鲨显示科技有限公司、南京全信传输科技股份有限公司、南京华讯方舟通信设备有限公司 3 家企业通过市自主知识产权开发计划项目评审，各家企业获 20 万元资金扶持。

【专利行政执法检查】 2017 年，鼓楼区独立开展专利行政执法检查工作 2 次，专利行政执法检查华润苏果清凉门店和11 家屈臣氏门店，抽查文具、玩具、洗化用品、生活日用品等类别商品 100 余件，检查出专利商品 20 余件，立案 66 件，结案66 件。

【“企业创新活动知识产权风险案例”沙龙】 4 月 18 日，区知识产权局联合省知识产权发展与保护研究院等单位，在南京师范大学随园校区举办“企业创新活动知识产权风险案例”沙龙，省、市、区知识产权局及三级人民法院、人民检察院，驻区高校、企业和服务机构相关负责人近100人参加。沙龙采取议题讲解、现场提问、专家讲评形式，从企业视角讲解自身发展过程中遇到的知识产权问题，从专业服务机构视角归纳总结代理过程中企业常见知识产权问题，从司法视角讲解企业如何防范知识产权风险。

【第二届紫金知识产权国际峰会鼓楼专利产业化分会场活动】 11月10日，第二届紫金知识产权国际峰会鼓楼专利产业化分会场活动，在南京（鼓楼）知识产权服务业集聚发展试验区举行。活动主题为“专利产业化的路径、方法和专业服务”，由区政府、市科委（知识产权局）主办，区科技局（知识产权局）、国家专利技术（南京）展示交易分中心、南京财大科技园有限公司、南京科技广场专利发展有限公司承办，市科委、鼓楼区等相关负责人，南京财经大学科技园有限公司董事长王平，驻区高校、科研院所、企业、服务机构和区有关部门代表220余人出席。南京财经大学科技园有限公司总经理卜金涛介绍南京（鼓楼）知识产权服务业集聚发展试验区知识产权集聚和运营模式；中国发明协会发明创业促进中心主任王景东、清华大学成果与知识产权办公室副主任张友生、联诚国际专利商标联合事务所经理张耀辉、派富专利技术投资运营有限公司董事长严圣4位专家，分别就实现专利成果转化和产业化、清华大学专利产业化模式、专利产业化发展路径、专利布局、研发外协及专利运营等作专题发言。同期启动首届“阅江杯”大学生优秀专利创业成果大赛，表彰2016年鼓楼区知识产权工作20家单位和54名先进个人。

【“正版正货”示范街区建设】 11月29日，鼓楼区在中海环宇城举行市“正版正货”示范街区创建启动仪式。创建活动主题“深入贯彻落实十九大精神，强化知识产权创造、保护、运用”，市知识产权局、区科技局、金茂汇负责人及大观天地MALL“正版正货”示范街区联盟商户代表等50余人参加启动仪式。金茂汇“正版正货”联盟商户代表带领全体“正版正货”联盟商户集体宣誓。仪式结束后，市区知识产权局现场指导金茂汇创建工作。年内，街区南京唛吉娱乐有限公司、鼓楼区迎靓化妆品店等5家企业被确定为省“正版正货”承诺企业，金茂汇被确定为市“正版正货”承诺创建街区。

【省知识产权战略示范区考核验收通过】 11月30日，鼓楼区通过江苏省知识产权战略示范区考核验收。省市知识产权局验收专家组按创建实施要求考核验收，区政府、区科技局相关领导，区知识产权联席会议成员单位、区企业代表出席验收评审会。验收专家组听取鼓楼区实施知识产权战略示范区建设汇报，对照示范区目标任务审阅相关材料，经过听取汇报、查阅台账、质询、评审讨论等环节，认为该区完成示范区建设工作任务，一致同意通过验收。 （王　颖）

鼓楼年鉴 2018

都市建设

DU SHI JIAN SHE

土地管理

【概况】 2017 年，鼓楼区办理建设项目用地预审 24 宗，办理改变原出让条件补办出让手续 24 件、供后监管及动态巡查经营性建设用地 65 宗、地块交地 35 宗、城镇低效用地再开发地块 6 宗，处置闲置地块 8 宗。梳理推进 2014 年第七批次城镇建设用地工作，幕府绿色小镇科研用地进行招拍挂，做好幕府东路 199 号项目农转用报批工作。经专家核查，确定地质灾害点 36 个，联合承办地震暨地质灾害应急演练，组织“4·22”世界地球日、“6·25”全国土地日主题宣传活动。是年，鼓楼区国土资源分局地质灾害防范治理“党员示范岗”入围 2017 年南京市社会建设创新案例评比；撰写的《北京西路 72 号低效用地再开发案例》，经省国土资源厅推荐至国土资源部作为典型案例推广。

【土地规划管理】 2017 年，鼓楼区配合市国土资源局做好土地规划管理，梳理中能建南京能源科技产业园、金盛集团科研总部基地等经济社会发展重大项目 21 个，为文景花园三期和金达花园二期保障性安居工程项目、红山南路西延、北祥路一期等 14 个城市道路及环境整治项目，提供定人、限时办结“一站式”服务，开通便利、快捷业务办理通道，明确专人负责，对接辖区相关部门，掌握上报项目推进情况，量身制定保障措施。

【土地利用管理】 2017 年，鼓楼区办理建设项目用地预审 24 宗，其中省级预审 2 宗，涉及土地面积 81.7 公顷。办理改变原出让条件补办出让手续 24 件，办结19 件，补交出让金 11.5 亿元。办理供后监管及动态巡查经营性建设用地 65 宗、地块交地 35 宗，涉地面积 58.8 公顷。城镇低效用地再开发地块 6 宗，其中完成地块供地 2 宗，地块申请规划条件 2 宗，涉及旧城改造，进入征收扫尾阶段 2 宗。处置闲置地块 8 宗，其中完成 5 宗，完善手续 2 宗，涉及司法查封 1 宗。梳理推进2014 年第七批次城镇建设用地 19.8 公顷，完成供地 11.5 公顷。做好幕府绿色小镇科研用地招拍挂工作，01-11 地块完成挂牌交地工作，02-06 地块进入土地评估阶段。

（陈　燕）

【征收管理】 2017 年，鼓楼区组织实施房屋征收项目 13 个，涉及危旧房改造、市政道路建设、道路绿化、地铁建设、教育设施建设等工程。涉及被征收居民 523 户、工企单位 46 家，被征收用地面积 18.35 万平方米，被征收房屋面积 8.12 万平方米，其中完成征收项目 12 个。完成历史遗留征收扫尾项目 8 个，分别是：红山南路西延项目、起重机械厂地块危旧房改造项目、二仙沟河道综合整治工程项目、金宁三环地块危旧房改造项目、中央北路（和燕路—燕江路段）道路整治工程项目、中央北路 95 号危旧房改造项目、二毛南路道路建设工程项目、鼓楼区第二实验小学改扩建项目，涉及被征收居民 151 户、工企单位 6 家。全年安置金达花园、白云雅居、桥景苑、五塘和园、文景花园、金帆北苑、云谷山庄、丁家庄、珍珠雅苑、盛和家园、泰康苑、紫金墨香苑等小区保障房源 750 套。

2017 年鼓楼区征收项目一览表

表 23

项目名称	征收文号	征收范围	占地面积(万平方米)	房屋建筑面积(万平方米)	被征收单位		序时进度
					居民(户)	工企单位(家)	
老虎山东侧地块危旧房改造	《宁鼓府征字〔2017〕第 1 号》	东起中央北路,南至上元里小区,西起老虎山,北至六层居民楼	2.14	1.13	32	2	完成
老庙地块危旧房改造	《宁鼓府征字〔2017〕第 2 号》	东起南京中医药大学职工楼小区,南至长龙公寓,西起乌龙潭公园,北至翔龙公寓	0.10	0.09	13		完成
地铁 5 号线盐仓桥站建设用地	《宁鼓府征字〔2017〕第 3 号》	A1 地块:东起中央北路,南至南京市汽车运输总公司等,西起挹江门派出所,北至中国石化集团资产经营管理有限公司。A2 地块:东起虎踞北路,南至空地,西起南祖师庵、北至中山北路	0.25	0.39	60	2	完成
地铁 5 号线五台山站建设用地	《宁鼓府征字〔2017〕第 5 号》	A1 地块:东、南至新长铁路有限责任公司,西起江苏省海宁置业有限公司, 北至广州路。A2 地块:东起随园 9 号住宅小区,南至广州路, 西起随园大厦, 北至随园 12 号住宅小区。A3 地块:东起上海路,南、西、北至五台花园小区	0.17	0.16		6	完成
老虎山北侧地块危旧房改造	《宁鼓府征字〔2017〕第 4 号》	东起中央北路,南至老虎山,西起居民小区,北至燕江路	1.06	0.46	39	5	完成
中央北路 331 号地块危旧房改造	《宁鼓府征字〔2017〕第 6 号》	东起中央路,南至香格里拉酒店,西起金茂大街,北至南昌路	7.07	0.60	81	6	完成
北祥路一期建设工程	《宁鼓府征字〔2017〕第 7 号》	东至中储生资市场,接现状河路道,西至幕府南路	3.06	0.96	60	2	完成

续表 23

项目名称	征收文号	征收范围	占地面积（万平方米）	房屋建筑面积（万平方米）	被征收单位		序时进度
					居民（户）	工企单位（家）	
北祥路绿地建设工程	《宁鼓府征字〔2017〕第8号》		0.17	0.04	4	–	完成
华纺路建设工程	《宁鼓府征字〔2017〕第9号》	东起中央北路，西至和园路	0.35	0.34	78	3	完成
地铁5号线虹桥站建设	《宁鼓府征字〔2017〕第10号》	A1地块：东起中山北路，南、西至江苏南京饭店，北至华侨大酒店。A2地块：东起（南、北至）江苏省省总工会，西至中山北路。A3地块：东起中山北路，西（南、北）至江苏省旅游局。A4地块：东和北起虹桥饭店，南至新模范马路，西至中山北路	0.23	0.18	–	4	完成
张蔡路东侧地块危旧房改造	《宁鼓府征字〔2017〕第11号》	东起张王庙小区，南至郭家山路，西起幕府南路，北至孙家洼路	2.62	1.44	33	6	完成
金陵村72号地块危旧房改造	宁鼓府征字〔2017〕第12号	东起金陵船厂宿舍，南至山水雅苑小区，西起金燕路、北至金陵船厂宿舍	1.07	0.53	23	2	完成
地铁5号线下关站建设	宁鼓府征字〔2017〕第13号	东、北至下关区房产经营公司等用地，南至中山北路，西至热河路	0.06	1.80	100	8	完成43%

（王繁均）

【4 幅地块挂牌出让】 2017 年，鼓楼区挂牌出让小粉桥等 4 幅地块，成交金额 76.85 亿元。其中，小粉桥地块东起中山路，南起龙世中心大楼，西至小粉桥，北至小粉桥二十八巷。出让面积 5775 平方米，规划用地性质为商办混合用地，综合容积率 5.0。1 月，金轮国际创新有限公司摘牌，成交价 6.05 亿元。南京国际服务外包产业园 A6、A7 地块东起燕山路，南起水西门大街，西至清江路，北至科技一路，出让面积 4.28 万平方米，规划用地性质为商住混合用地，综合容积率 3.95。7 月，中国葛洲坝集团房地产开发有限公司、五矿建设（湖南）嘉和日盛房地产开发有限公司摘牌，成交价 65 亿元。地铁 3 号线小市站（原和燕路站）物业地块东起东门街，南起东门前街，西至中央北路，北至和燕路，出让面积 1.2 万平方米，规划用地性质为商办混合用地，综合容积率 3.3。10 月，南京地铁资源开发有限责任公司摘牌，成交价 1.6 亿元。宁海路地块东起华新巷 21 号（省法院宿舍）住宅小区、南阴阳营 34 号住宅小区、汉口西路 32 号住宅小区，南起汉口西路，西至宁海路，北至新澳（南京）实业有限公司。出让面积 6698 平方米，规划用地性质为商办混合用地，综合容积率 2.8。12 月，南京银城房产产开发有限公司摘牌，成交价 4.2 亿元。

【低效用地再开发】 2017 年，鼓楼区计划城镇低效用地再开发地块 6 个。至年末，北京西路 72 号地块、安怀村 101 号地块完成出让，安怀村汽轮电机厂周边地块完成征收，草场门大街 111 号地块申请规划设计要点，起重机械厂地块进入征收扫尾阶段并完成挂牌出让前期手续，阳光广场 8 号地块实施方案获市政府批复同意。

（李嘉睿）

【地质灾害处置】 2017 年，鼓楼区开展地质灾害防范工作，发放“两卡”（地质灾害防灾工作明白卡、地质灾害防灾避险明白卡）135 份，组织地质灾害巡查 165 次，发挥群测群防、地灾微信工作群、地质灾害监测预警设备作用，做好汛期和非汛期地质灾害点排查、巡查、核查、值班等工作。经专家核查，核销地质灾害点 9 个，新增地质灾害点 3 个，确定地质灾害点 36 个。做好南京明城墙小桃园南侧局部坍塌段、武警南京市支队一大队营区、幕府山风景区西首滑坡应急调查；深化治理老虎山 7 号点应急消险、华侨路街道虎踞路 86 号 5 幢 3 单元旁山体边坡滑坡险情，防治解放军某部老虎山训练场西北侧边坡地质灾害，应急处置幕府山街道某部训练场西北角滑坡，核查并指导应急处置阅江楼风景区游客中心西侧山体小面积滑塌险情，指导处理南京市第二十九中学校区疑似地质灾害险情。实施旅游学校西侧等 6 个地质灾害点治理项目，其中竣工验收 2 个（另 4 个点因文物保护等原因，待治理）。治理老虎山地质灾害点 8 个。至年末，竣工验收 4 个，仍在施工 4个。

【地震暨地质灾害应急演练】 5 月 11 日，区政府、市政府应急办、市国土资源局、市地震局联合主办，区国土局联合区科技局等部门在国防园承办地震暨地质灾害应急演练，增强群众地质灾害防范意识，提高防灾减灾意识和自救互救能力。国防园主任秦小斌担任现场指挥长。应急演练包括应急救援、应急避难场所疏散及安置、地质灾害救援、应急帐篷搭建教学、应急救护知识讲解及示范、防震减灾科普宣传等,采用适时通联、现场演示、现场演练与指挥部互联互通方式,公园电子彩屏预录画面与现场演练画面有序切换,保证演练效果。市地震局、市国土资源局等单位领导及群众120余人参与。

【国土执法监察】 2017年,鼓楼区开展国土日常执法巡查、土地变更调查、卫片(利用卫星遥感监测等技术手段制作的叠加监测信息及有关要素后形成的专题影像图片)执法检查、全天候遥感监测等工作,严防违规违法用地等问题发生。全年执法巡查239次,合法性审查25件,全部合法。办理涉土接待咨询32件,处理"12345"工单20件,办结率100%。

(陈　燕)

基础设施

【概况】 2017年,鼓楼区启动《区发展规划大纲》编制工作。至年末,完成前期各单位、街道平台调研和初稿。继续推进老城、铁北中央门、滨江、河西四大片区控制性详细规划修编工作,《南京老城片区控制性详细规划修编(鼓楼片区)》获市政府批复。全年投资约15亿元,新建道路1500余米,路面出新2800米,建成绿地5万余平方米,综合整治道路3.8万平方米,铺设街巷及到户雨污水支管5.1万米,河道清淤6000立方米,完成282个小区排水达标创建、中央北路干道整治(年度目标完成)、红山南路西延(完工90%)、安怀东路(年度目标完成)、新兴路西延一期(年度目标完成)工程建设等。完成道路新建、干道整治、游园绿地、环境综合整治等七大类26项工程建设。完成广州路沿线、原下关区第一至第六批片区、河西第四批片区雨污分流工程。完成71个小区居民住宅二次供水设施改造任务。处置热河南路广场东南角、乐业村华阳、云南路29号3幅闲置地块,完成小粉桥、南京国际服务外包产业园A6A7、地铁3号线小市站(原和燕路站)物业、宁海路4幅地块挂牌出让。牵头完成行政诉讼和行政复议应诉和答复6件,协助开展房产中介机构非法集资专项排查101家,完成行政执法文书审核21件。全年规划审批案件23件,建筑面积2036.2平方米,初审电梯增设95件。

10月11日,区建设局组织公众开放日活动

完成区城管局确认违建商请函 488 份。邀请社会各界代表 30 余人参加“见证发展成就，感知幸福鼓楼”主题公众开放日活动。通过“中国南京”网站政府信息公开平台，发布信息 187 条，其中“11·7 燃气安全宣传周”活动被南京电视台综合新闻频道报道。

5 月 1 日，小桃园西岸游园工程建设完成

【小桃园西岸游园工程】 2 月 24 日，小桃园西岸游园二期工程开工。该项目位于护城河小桃园西岸，东起护城河，南起姜家圩路，西至锋尚国际公寓小区，北至察哈尔路，总长 460 米，用地面积 2.36 万平方米，建设投资 1199 万元。工程包括：园路、给排水、绿化景观、照明及相关配套用房和设施建设，5 月 1 日建成并对外开放。三期项目位于西北护城河西岸，南起察哈尔路，北至南医大二附院扩建工地，南北向长约 550 米，面积 1.56 万平方米，工程投资约 1030 万元。工程包括：地形整理、河道岸线整理、广场及园路铺装、绿化景观、排水、照明及配套设施建设等。5 月底开工，10 月项目建成，周边地区生态环境得到提升。

【鼓楼修缮及环境整治工程】 3 月 20 日，鼓楼修缮及周边环境整治工程获市发改委项目核准批复，工程总投资 3542.75 万元。5 月 26 日，项目设计方案获省市文物局批复，6 月 1 日进场施工，工期10 个月。工程包括：拆除旧物、地基加固、碑楼修复、城台保护、梯亭翻修、大树修剪、附属设施改造、环境整治等方面。至年底，工程完成 95%。

2017 年鼓楼区道路建设及整治情况表

表 24

项目名称	投资总额（万元）	序时进度	承建单位
北祥路一期工程	28000	3 月，完成前期手续报批并进场施工。至年末，完成箱涵 60 米、挡墙 70 米，工程建设投资 500 万元	南京新厦市政建设项目管理有限公司
红山南路西延工程	23800	10 月，红山南路西延工程西段道路进场施工。至年末，完成建设并开放交通，工程投资 4600 万元	南京新厦市政建设项目管理有限公司

续表 24

项目名称	投资总额（万元）	序时进度	承建单位
安怀东路工程	3800	9 月，西段（约 520 米）进场施工。至年末，道路主体建成并开放交通，工程投资约 3000 万元	南京新厦市政建设项目管理有限公司
云深路工程	3230	11 月，西段道路进场复工。至年末，项目竣工，工程投资 580 万元	南京新厦市政建设项目管理有限公司
广州路东段干道整治	3000	11 月，项目进场施工。至年末，完成干道整治 95%	南京新厦市政建设项目管理有限公司
中央北路（和燕路—燕江路段）南段干道整治	27900	至年末，南段主体工程（和燕路—五塘广场）长约 1800 米完工，全年投资约 9500 万元	南京新厦市政建设项目管理有限公司

【华侨路和管家桥环境综合整治】 华侨路环境综合整治工程东起中山路，西至上海路，全长约 650 米。管家桥环境综合整治工程南至汉中路，北起华侨路，全长约 480 米。工程立项投资合计约 4300 万元。工程包括：完善道路雨污水系统，更新自来水管道，架空杆管线下地，提升完善交通、照明、监控设施，市政道路设施出新提档等。3 月 2 日，管家桥环境综合整治工程开工，8 月底完成；4 月下旬，华侨路环境综合整治工程开工，7 月底，道路全线车行道完成。承建单位：南京新厦市政建设项目管理有限公司。

管家桥沿街居民楼立面改造前

管家桥沿街居民楼改造后

【张王庙沟河道整治】 张王庙沟位于城北地区，南起城北护城河，北至南京中储股份生资市场，全长约 1100 米，汇水区域面积 196 万平方米。整治包括：河道清淤、护底，污水系统贯通、排口整治、片区创建排水达标区，引流补水等。工程造价约 1360 万元。4 月开工，完成清淤约6000 立方米，挡墙勾缝修复 85 平方米，河道抛石护底 776 立方米，新建污水管道980 米、截流井 14 座，沿南京燃气轮机研究所内部道路—翠庭路二期东侧敷设489米引水管至张王庙沟。10月,张王庙沟河道整治完工。

【雨污分流工程】 2017年,鼓楼区实施广州路沿线、原下关区第一至第六批片区、河西第四批片区雨污分流工程。2月,广州路沿线雨污分流工程立项,总投资约5000万元,项目东起上海路,西至虎踞路,全长约1800米,涉及24家排水单位排水达标建设(公园2个、居民小区7个、机关事业单位15家)。至年末,投资300万元,完成招标清单等相关手续,并实施管道清疏及探坑开挖等工程。原下关区第一批片区包括金川花苑、明城华贵园、卢龙山庄及四平苑小区,铺设管道3600米;第二批片区包括下关医院、万厚医院、二板桥派出所,铺设管道600米;第三批片区包括长征医院、建宁路干休所,铺设管道400米;第四批片区包括武警教导支队、图库防化大队,铺设管道3600米;第五批片区包括金福润男工公寓、石城花园、格林小区、伍佰村小区、幕府二村、小市中心小学,铺设管道2600米;第六批片区包括工农新村、安乐村、安乐村铁路小区,铺设管道1.7万米。工程投资约5000万元。河西第四批片区雨污分流实施范围为定淮门大街、扬子江大道、闽江路、江东路围合区域,包括中保河、中保北河,面积190万平方米,涉及老旧小区及代建事业单位40家。全年铺设雨污水管道2.3万米,同步完成路面修复和绿化恢复等建设,所建小区均完成系统达标和实体验收,工程投资约4000万元。

【275个标段招投标】 2017年,鼓楼区监管项目工程招投标275个标段,其中公开招标施工标段85个,监理标段72个,勘察标段15个,设计标段16个,邀请招标2个(白云亭文化艺术中心二期工程建设项目施工总承包标段、热河南路NO.2015G34地块项目变配电工程设计标段),直接发包标段43个(其中非国资直接发包33个、两次流标转直接发包10个),明标明投标段42个,投资总额73.38亿元。

【招投标专项整治】 2017年,鼓楼区根据《全市进一步深化政府投资房屋建筑和市政工程项目招投标专项整治工作方案》通知(宁建招字〔2017〕169号)要求,对全区2015年以来招标的政府投资房屋建筑工程和市政基础设施工程项目实施招投标集中专项整治,检查103个项目、198个标段,其中公开招标标段158个、两次流标转直接发包标段2个、明标明投标段38个,发现30个项目存在问题44个。10月底,完成整改。

【项目施工许可办理】 2017年,鼓楼区发放施工许可证37张,其中建筑工程施工许可证房建类项目31张、市政工程类项目6张。接待业务咨询900余人次,接收并审核申请资料860份;接待初步设计业务咨询100人次,召开评审会21次,其中二次供水设施改造项目组织评审会8次。完成初步设计批复27件,完成概算审核批复17项,其中二次供水设施改造工程15项,涉及13个街道74个小区。开展工程建设领域专项整治,涉及44家建设单

位283个立项(含调整)项目。完成既有电梯增设批复57件。(李嘉睿)

房产管理

【房屋租赁管理】 2017年，鼓楼区签订《南京市出租户综合管理责任书》并录入南京市房屋租赁管理系统5000余件，流动人口房屋租赁登记备案率92%。完成个人不动产房屋租赁代征税收5882万元，同比增长62.99%；新增房屋租赁登记备案2898家，同比增长368.93%；新增房地产经纪机构备案46家，同比增长77.78%。

【老旧小区整治】 2017年，鼓楼区完成老旧小区整治105个，整治房屋672幢，建筑面积近170万平方米，涉及老旧小区居民2.56万户，投资4亿余元。整治包括：拆除违章建筑，整治房屋外立面及渗漏屋面，内楼道出新，小区内线路序化，有条件的小区实行杆线下地；整修道路，设置机动车位，围墙、小区大门及车棚整修，具备条件小区增设充电式车棚；整修花坛，补植绿化，具备条件小区增设路灯、监控、大门门禁系统等。是年，均超额完成市下达99个老旧小区整治任务。

【既有住宅增设电梯】 2017年，鼓楼区既有住宅增设电梯项目申报规划手续95台，领取规划许可证75台(其中办理施工许可证16台，施工47台，完工12台)，超额完成市政府下达70台目标任务。

【住房保障工作】 2017年，鼓楼区受理、审核、录入被征收家庭申购经济适用房309件、中低价商品房27件、产权调换房674件、共有产权房80件、征收安置房900件。组织被征收家庭选房232套，其中经适房35套、中低价商品房41套、产权调换房156套。

【保障性用房建设】 金达花园保障性用房建设项目位于鼓楼区宝塔桥街道，东起京沪铁路，西至中浩森林海湾小区东，南起郭家山货场，北至幕府西路，项目占地面积9.16万平方米，其中建设用地面积8.72万平方米，总建筑面积34.6万平方米，分两期建设。一期9幢楼24万平方米，2339套，2015年交付。二期7幢楼10.6万平方米，可供房源1281套。至2017年年末，完成主体工程建设。

【宝善C项目被征收户选房】 4月7日，鼓楼区住房制度改革办公室(简称区房改办)在伍佰村63-1号(伍佰村征收项目指挥部)组织文景花园北片中低价商品房选房。选房对象为宝善C项目41户补征收家庭。房屋面积有70、80、90平方米3种，备选房源48套，最终选出40套，1户因个人原因未参选。

【公共租赁住房选房】 10月14日、21日，区房改办在云南路24号服务大厅组织公共租赁住房选房，选房对象为三季度公示的233户公共租赁住房保障家庭。市房改办分配鼓楼区房源233套，位于丁家庄住房保障小区内。实际选出房源232套，1户书面放弃，房子由市房改办收回，在全市范围内统一调配使用。

2017年鼓楼区增设电梯项目规划建设一览表

表25

序号	街道	项目地址	建设单位	规划许可证号	建设施工许可证号	备注
1	中央门	马家街40号小区5幢5单元	南京天道机电有限公司	建字第320106201716007号	201707030006	完工
2		马家街40号小区5幢4单元	南京天道机电有限公司	建字第320106201716009号	201707030005	完工
3		马家街40号小区5幢3单元	南京天道机电有限公司	建字第320106201716008号	201707030004	完工
4		马家街40号小区5幢2单元	南京天道机电有限公司	建字第320106201716006号	201707030003	完工
5		新金贸花园3幢2单	奥玛斯电梯(苏州)有限公司	建字第320106201716101号	201708030011	施工
6		新金贸花园2幢3单元	奥玛斯电梯(苏州)有限公司	建字第320106201716104号	201708030009	施工
7		新金贸花园2幢4单元	南京东奥电梯有限公司	建字第320106201716578号	201712180045	施工
8		新金贸花园2幢1单元	奥玛斯电梯(苏州)有限公司	建字第320106201716102号	201708030008	施工
9		新金贸花园2幢5单元	奥玛斯电梯(苏州)有限公司	建字第320106201716103号	201708030010	施工
10		金贸花园4幢4单元	杭州西子电梯科技有限公司	建字第320106201716299号	201709060020	施工
11		金贸花园8幢2单元	杭州西子电梯科技有限公司	建字第320106201716300号	201709060021	施工
12		金贸花园2幢6单元	杭州西子电梯科技有限公司	建字第320106201716301号	201709060019	施工
13		金贸花园2幢2单元	奥玛斯电梯(苏州)有限公司	建字第320106201716746号		
14		马家街40号小区5幢1单元	南京天道机电有限公司	建字第320106201716308号	201708210016	完工
15		马家街52号小区1幢1单元	南京天道机电有限公司	建字第320106201716309号	201708210014	完工
16		马家街52号小区1幢2单元	南京天道机电有限公司	建字第320106201716318号	201708210015	完工
17		丁家桥26号2幢2单元	通力电梯有限公司	建字第320106201716307号	201710300034	施工
18		丁家桥26号3幢2单元	莱茵帝得电梯有限公司	建字第320106201716574号		
19		宁和新寓小区5幢3单元	上海三菱电梯有限公司	建字第320106201716331号	201708280017	完工
20		宁和新寓小区1幢4单元	上海三菱电梯有限公司	建字第320106201716763号		
21		宁和新寓小区1幢5单元	上海三菱电梯有限公司	建字第320106201716762号		

续表 25

序号	街道	项目地址	建设单位	规划许可证号	建设施工许可证号	备注
22	凤凰	凤凰西街 186 号 2 幢 1 单元	南京东奥电梯有限公司	建字第 320106201716360 号	201709070022	施工
23		凤凰西街 186 号 2 幢 2 单元	南京东奥电梯有限公司	建字第 320106201716362 号	201709070023	施工
24		凤凰西街 186 号 2 幢 3 单元	南京东奥电梯有限公司	建字第 320106201716363 号	201709070024	施工
25		凤凰西街 186 号 2 幢 4 单元	南京东奥电梯有限公司	建字第 320106201716364 号	201709070025	施工
26		凤凰西街 277 号 1 单元	南京天道机电有限公司	建字第 320106201716527 号	201710300032	施工
27		白云园 126 号	南京赛德机电工程有限公司	建字第 320106201716358 号	201709050018	施工
28		湛江路金海园 3 幢 1 单元	南京宏和机电设备有限公司	建字第 320106201716106 号	201707130007	完工
29		碧树园 56 号	弘和电梯有限公司	建字第 320106201716517 号	201712200046	施工
30		白云园 127 号	南京赛德机电工程有限公司	建字第 320106201716561 号	201711150039	施工
31		金信花园 19 幢 50 号	莱茵帝得电梯有限公司	建字第 320106201716631 号		
32	江东	宝地园 4 幢 3 单元	苏州富士制御电梯有限公司	建字第 320106201716361 号	201709290026	施工
33		宝地园 15 幢 1 单元	苏州富士制御电梯有限公司	建字第 320106201716391 号	201711100038	施工
34		中青园 4 号	苏州富士制御电梯有限公司	建字第 320106201716390 号	201709290028	施工
35		中青园 9 号	苏州富士制御电梯有限公司	建字第 320106201716389 号	201709290027	施工
36		漓江路 48 号中保绿苑 B3 幢(号)2 单元	南京赛德机电工程有限公司	建字第 320106201716465 号	201711100036	施工
37		宝地园 2 栋 3 单元	苏州富士制御电梯有限公司	建字第 320106201716513 号		
38	湖南路	马台街 58 号 1 幢 1 单元	南京东奥电梯有限公司	建字第 320106201716286 号		
39		狮子桥路 32 号金狮公寓 3 单元	广州诺登电梯服务有限公司	建字第 320106201716287 号	201711020035	施工
40		狮子桥路 32 号金狮公寓 2 单元	广州诺登电梯服务有限公司	建字第 320106201716649 号		
41		狮子桥路 32 号金狮公寓 1 单元	广州诺登电梯服务有限公司	建字第 320106201716651 号		
42		二号新村 5 幢 2 单元	苏州富士制御电梯有限公司	建字第 320106201716474 号	201710200030	施工
43		二号新村 10 幢 2 单元	苏州富士制御电梯有限公司	建字第 320106201716473 号	201710200031	施工
44		青云巷 29 号 1 单元	南京天道机电有限公司	建字第 320106201716583 号	201712060042	施工
45		陶谷新村 21 号	苏州富士制御电梯有限公司	建字第 320106201716695 号		

续表 25

序号	街道	项目地址	建设单位	规划许可证号	建设施工许可证号	备注
46	华侨路	五台花园 4 幢 3 单元	南京东奥电梯有限公司	建字第 320106201716005 号	201706190001	完工
47		干河沿前街 90 号 2 幢 1 单元	南京赛德机电工程有限公司	建字第 320106201716501 号	201711100037	施工
48		干河沿前街 90 号 2 幢 2 单元	南京赛德机电工程有限公司	建字第 320106201716500 号		
49		大铜银巷 11 号 2 栋 1 单元	南京帕波机电有限公司	建字第 320106201716650 号		
50	热河南路	姜家园 62 号	南京东奥电梯有限公司	建字第 320106201716056 号	201706190001	施工
51		逸沁园定淮门大街 6 号 3 幢 1 单元	杭州西奥电梯有限公司	建字第 320106201716586 号	201712280053	施工
52		逸沁园定淮门大街 6 号 3 幢 3 单元	杭州西奥电梯有限公司	建字第 320106201716588 号	201712280056	施工
53		逸沁园定淮门大街 6 号 7 幢	杭州西奥电梯有限公司	建字第 320106201716584 号	201712280051	施工
54		逸沁园定淮门大街 6 号 5 幢	杭州西奥电梯有限公司	建字第 320106201716587 号	201712280052	施工
55		逸沁园定淮门大街 6 号 1 幢 2 单元	杭州西奥电梯有限公司	建字第 320106201716585 号	201712280054	施工
56		逸沁园定淮门大街 6 号 2 幢 4 单元	杭州西奥电梯有限公司	建字第 320106201716589 号	201712280055	施工
57		逸沁园定淮门大街 6 号 1 幢 1 单元	杭州西奥电梯有限公司	建字第 320106201716592 号	201712280049	施工
58		逸沁园定淮门大街 6 号 1 幢 3 单元	杭州西奥电梯有限公司	建字第 320106201716591 号	201712280050	施工
59		逸沁园定淮门大街 6 号 2 幢 3 单元	杭州西奥电梯有限公司	建字第 320106201716590 号	201712280057	施工
60	宝塔桥	幕府西路依山郡 4 幢 1 单元	迅达（中国）电梯有限公司	建字第 320106201716210 号	201708080012	施工
61	挹江门	察哈尔路 16 号核工桂花园 1 幢 1 单元	南京堃捷电梯工程有限公司	建字第 320106201716105 号	201708080013	施工
62		古平岗 22 号 7 幢	南京赛德机电工程有限公司	建字第 320106201716582 号	201711150040	施工
63		红庙巷 14 号 7 幢 1 单元	苏州富士制御电梯有限公司	建字第 320106201716612 号		
64		定淮门 27 号 1 单元	苏州富士制御电梯有限公司	建字第 320106201716738 号		
65		定淮门 27 号 2 单元	苏州富士制御电梯有限公司	建字第 320106201716739 号		

续表 25

序号	街道	项目地址	建设单位	规划许可证号	建设施工许可证号	备注
66	宁海路	天津新村 5 幢 2 单元	莱茵帝得电梯有限公司	建字第 320106201716413 号	201709290026	施工
67	宁海路	虎距北路 15 号 7 幢 2 单元	上海三菱电梯有限公司	建字第 320106201716512 号	201712200047	施工
68	宁海路	仙霞路 9 号	莱茵帝得电梯有限公司	建字第 320106201716562 号	201712060044	施工
69	宁海路	北阴阳营 8 号 10 栋 3 单元	莱茵帝得电梯有限公司	建字第 320106201716648 号	201712260048	施工
70	建宁路	康居新寓四平二路 2 号 1 单元	江苏富继电梯工程有限公司	建字第 320106201716452 号	201710300041	施工
71	建宁路	头所村 40 号	南京天道机电(电梯)有限公司	建字第 320106201716518 号	201710300033	施工
72	建宁路	义民路义民新村 96 号 3 幢 2 单元	南京天道机电(电梯)有限公司	建字第 320106201716641 号	201712060043	施工
73	建宁路	五所村 300 号	江苏省方正电梯有限公司	建字第 320106201716652 号		
74	江东	草场门大街 96 号中青园 3 幢 14 单元	南京堃捷电梯工程有限公司	备案制		完工投入使用
75	建宁路	家乐福新寓 2 幢 4 单元	瑞典 Cibes(西柏思)电梯	备案制		完工投入使用
合计	阅江楼、小市、幕府山 3 个街道 暂无			规划许可 75 台	施工许可 59 台	施工 47 台，完工 12 台

【金城花园抢险工程】 金城花园位于丁山宾馆与小桃园明城墙之间，始建于90年代，为多层建筑，紧邻明城墙3号、4号楼之间。7月，区建设局发现小区地面塌陷日趋严重，形成长23米、宽5米、深8米险情，影响居民生活安全。该局组织专家拟定抢险方案，采用钢板桩支护实施地下管网修复（明城砖结构）、巩固城墙相邻基础、加固3号、4号楼基础以及面层恢复等工程。9月20日，完成金城花园地面塌陷抢险工程。工程造价144万元。

【豆菜桥34号危房加固】 豆菜桥34号房屋为三层砌体结构，建于1993年，建筑面积约250平方米。2015年鉴定为C级险房，部分承重结构承载力不能满足正常使用要求，局部出现险情，构成局部危房。区建设局多次督促产权人进行维护。2016年10月，产权人按照江苏省建工设计研究院有限公司出具的加固设计方案进行修缮。2017年3月，危房得到全面消险加固。

【棚户区改造】 2017年，鼓楼区实施东井二村地块、老庙地块、幕府南路北侧地块、老虎山北侧地块、张蔡路东侧地块、金陵村72号地块6个棚户区改造，项目面积6.52万平方米，涉及房屋建筑面积4.8万平方米，居民420户，工企单位15家。至年末，老庙地块、幕府南路北侧地块完成征收，其余4个项目进入征收扫尾。

【房改工作】 2017年，鼓楼区审批直管公房出售393套，面积2.05万平方米，售房款981.29万元。初审29名职工购房补贴申请，补贴面积998.61平方米，补贴金额79.66万元。

【人才安居补贴发放】 2017年，鼓楼区根据《南京市人才安居办法（试行）》（宁政发〔2017〕99号）的通知，办理符合人才申领租赁补贴条件9户，发放租赁补贴3.18万元，区财政承担区人才租赁补贴1.59万元。 （李嘉睿）

城市管理

【概况】 2017年，鼓楼区编制《鼓楼区背街小巷整治标准》《鼓楼区背街小巷精细化整治提升文件汇编》，完成《鼓楼区店招标牌设置总体规划》编制。开展城市治理标准化工作，48个公共空间通过南京市城市治理委员会办公室（简称市城治办）标准化验收，完成其他类管理单元97个。完成华岩岗、马台街、阳光广场等110座公厕改造工程，完成33个垃圾分类示范小区创建任务，中山北路等29条道路实施环卫精细化试点。全年办理城市管理行政违法案件1.42万件，拆除违法建筑4870处，施划非机动车规范停放泊位10.25万平方米。建立交管、城管共管以及街道属地化管理模式，全区违停贴单16.02万张，清拖车辆628台次。推进户外广告市场化运作，拆除违规广告牌151处3696平方米，户外广告设施拍卖196块。106条街巷和部分院落清扫保洁实施市场化运作。完善并落实14小时（7:00～21:00）执法巡查长效化管理机制，督察占道经营、倚门出摊等市考核失分点，长效治理工作考核列市城区组第二名。

【城市治理标准化验收】 2017年，鼓楼区建立市政设施、公园绿化、环卫保洁、执法保障、河道整治和综合督查6个专项工作组，实施城市治理标准化工作。全年145个单元通过市城治办标准化达标验收，其中公共空间类48个，完成率137%；其他单元类97个，完成率138%。在6月20日、9月28日、10月17日、12月25日4批次20个示范单元和2个示范片区（颐和路片区、小桃园片区）通过市评审组验收，完成市年度目标任务。

【区首家生态停车场建成】 6月，石头城生态停车场建成并对外开放。停车场位于石头城68号南侧，占地面积约7500平方米，周边区域有老旧小区7个、各类大小商户90余家，大多建于20世纪90年代，没有规划机动车停车泊位，造成该片区停车矛盾尤为突出。生态停车场采用草坪砖铺设，每3个车位和车位连接处，种植乔木和灌木，在不破坏、减少原有绿化和植被基础上增加香樟300棵，增加停车泊位286个，配套绿化、土建、铺装、照明、监控、停车系统等，做到树下停车，车下有草，达到停车与生态景观融合谐调。

【市容执法】 2017年，鼓楼区办理城管行政违法案件1.42万件，其中简易程序案件1.16万件、一般程序案件2569件。拆除各类违法建筑4870处14.25万平方米、各类违法设置户外广告151处3696平方米，整治店招标牌、镂空字2483处。结合黑臭河道整治和两侧拆违拆迁，实施沿河环境综合整治，内金川河东支西侧岸线贯通。实施占道经营专项整治1756次，取缔违章中午排档521处、夜市排档872处，规范倚门出摊经营3.45万起。查处机动车占道经营376起，教育劝离各类占道违法行为3.13万起。停车秩序集中整治82次，贴单16.02万张，安装停车自助缴费机50台，施划非机动车泊位10.25万平方米，可容纳10万辆非机动车。设置13个“易自助”洗车点，整治占用道路及公共场地非法洗车点（含夜间非法洗车点）116处（次），暂扣水枪等作业工具23台，行政处罚违规店家32家，罚款1.6万元。

【背街小巷环境整治】 2017年，鼓楼区完成区域内管理重点道路等72条街巷和颐和路、傅厚岗、新街口三大片区道路整治，涉及违章建筑、违规广告店招、围墙立面、停车秩序、路面维修等13个方面，其中区环境综合整治指挥部牵头实施重点打造的街巷道路5条，各街道整治街巷道路67条。

【共享单车管理】 2017年，鼓楼区在全市率先提出并划定北京西路片区、颐和路片区和金陵饭店周边3处共享单车禁停区域，明确单车公司职责，对地铁出入口等重点区域实施同管共治。单车公司负责整理早7:00至晚9:00责任区域所有非机动车；区停车中心每日与街道停车管理站实施30分钟响应机制，巡查街面秩序，发现乱停乱放共享单车，相应单车公司30分钟内未及时整改的，执法队员现场拍照取证后清拖，并留存清拖跟车单告知。全年整理、清拖共享单车5.1万辆。经过整治，区域共享单车公司由年初10家减至3家，分别为摩拜(mobike)、小黄车(ofo)和哈罗(hellobike)公司，投放单车8万辆。

【市政设施维护】 2017年，鼓楼区修复虎踞路、北京西路、幕府西路等车行道7.1万平方米、人行道3.5万平方米、路牙1.2万米、路沿1.3万米、桥梁27座，共绞拉干管420.01公里，疏通支管152.37公里，清查窨井8万座次，清雨水井10万座次，清理出水口584座，清运淤泥1.2万立方米。清捞河道垃圾1002万平方米，清扫岸坡608万平方米，巡查河道1236万米，外运垃圾4.5万立方米。泵站开机1.32万小时，排水量1896万立方米。

【绿化场所改造】 2017年，鼓楼区改造提升中央路、中山路、大桥南路、幕府南路等21处场所花境，采用苗木品种、苗木样式、苗木配置加景石、小品等点缀，达到四季景观各异、色彩艳丽缤纷道路节点景观。整治提升胜利广场、鼓楼医院北广场、汉中门北广场、绣球公园等5个改造项目。自筹资金1000余万元，提档升级北京西路、颐和路片区等27个重点路段和3个重点片区整体景观效果，新增仪凤广场、阳光广场、小桃园等4个广场花境，增设北京西路、虎踞路、汉中门广场等8处护栏，改造出新凤凰水岸广场、池塘小游园环境，加装绣球公园北门电动门及花箱，覆盖改造鼓楼街、中山北路、郑和北路等66条道路行道树树池，解决树下黄土裸露问题。

【绿化维护管养】 2017年，鼓楼区补植乔木681株(含行道树)、花灌木35.3万株、草坪地被5.2万平方米，行道树整形修剪14.63万株，去除钉挂物、枯枝、下垂枝6.9万处，病虫害防治喷洒药水6.17万公斤，摆放草花约110万盆。处理绿化类案件及上级部门交办案件893件，其中不在职能范围案件231件，办结662件，办结率100%，满意率96.37%。

【防汛常态管理】 2017年，鼓楼区完善全区防汛预案，贮备防汛物资，投资300多万元，改造校门口、哈尔滨路、复地新都3处积淹水点。开展汛前检查，汛期24小时值班，定人、定点、定时、定装备，专人不间断巡查堤防，应急突击人员随时待命。采取暴雨时人工助排、泵机强排等措施，处理金陵小区、北圩路、沅江路、闽江路、唐山路、广州路、许府巷和龙园中路等34处积淹水险情，投入抢险人员3500余人次、机械320台班，处理险树32株。应急处置虎踞路86号和市旅游学校山体滑坡险情。

【违规小广告治理】 2017年，鼓楼区投入200万元，首次对区域内主次干道、主要街巷公共外立面“乱写、乱画、乱张贴”清理工作采取市场化服务外包方式运作。牵头组织街道开展除“癣”达标小区创建，13个街道243个小区通过市城管局验收。创建模范中路(主干道)、沈举人巷、傅厚岗、多伦路(街巷)4条科技除“癣”示范路。清理道路、街巷、小区院落小广告21.1万个，上报市行政执法总队商停违规小广告发布者手机103部，经整改复机38部。

【垃圾分类】 2017年，鼓楼区制定《2017年度鼓楼区垃圾分类工作实施意见》《鼓楼区垃圾分类工作考核暂行办法》。至年末,全区有垃圾分类示范小区89个(2017年新增33个)。区城管局、区人力资源和社会保障中心、金陵汇文学校和金陵中学创建为市垃圾分类示范单位,江苏路、华侨路、广州路和草场门大街创建为市垃圾分类示范路。

【110座公厕达标改造】 2017年,鼓楼区投入4600万元(其中市财政拨付80%,区财政拨付20%),完成华岩岗、马台街、阳光广场等地段110座公厕达标改造任务。改造包括规范厕所尺寸,设置独立式便器,完善无障碍设施,改善通风、采光、除臭条件;选用自动感应冲水装置,采用节水、节能新技术和新材料;设置保洁员管理间、工具间;完善公厕导向指示牌等翻改建,全部出新达到二类以上公厕标准。

【道路街巷环卫保洁分级分类管理】 2017年,鼓楼区落实《关于环卫保洁实施分级分类管理的通知》规定及要求,调整环卫养护定额标准:一级道路每平方米21.59元,二级道路每平方米19.19元,三级道路每平方米12.81元,四级道路每平方米10.38元,普通街巷每平方米10.24元,繁华街巷每平方米21.3元。按照一级道路清扫每人4200平方米、二级道路清扫每人5000平方米、三级道路清扫每人6000平方米、四级道路清扫每人7000平方米、繁华街巷清扫每人4000平方米、普通街巷清扫每人6000平方米、商业圈清扫每人3000平方米标准,配备环卫保洁人员,并细化专业分工,明确工作量,实现清扫保洁与垃圾收集作业分级分类管理。在中山北路、中央路、建宁路等27条一级和二级干道开展环卫精细化试点工作,组成清扫员、保洁员、水洗员、收集员专业岗位,配备清洁人员386人(其中清扫员140人、保洁员129人、水洗员64人、收集员53人)。 (李元枚)

环境整治

【概况】 2017年,鼓楼区落实环境保护生态红线制度,编制外秦淮河三汊河入江断面、金川河宝塔桥入江断面和红山南路桥断面等水质达标方案。开展水源地保护、扬尘污染管控、餐饮油烟污染整治、挥发性有机物治理等专项行动,集中整治105家企业餐饮油烟污染,查处各类环境违法案件184件,受理各类环境污染举报投诉9569件,其中处理施工噪音信访投诉5059件,办结、回复率均100%,"12345"工单处理综合满意率86.82%。审批建设项目55个,环保"三同时"执行合格率100%。完成中央、省环保督察任务,开展环境安全隐患排查、重点企业限产停产等联防工作,组织重点企业开展环境应急演练,落实重污染天气应急防控措施,确保江苏发展大会、侵华日军南京大屠杀死难者国家公祭日、南京国际马拉松赛事等重大活动期间区域环境质量优良。全年区域PM2.5年均浓度40.4微克每立方米,较2016年下降17.2%;降尘均值3.83吨/月·平方公里,优于市考核指标;区域环境噪声53.9分贝,达到市考核要求。

【环保督察】 9月,《鼓楼区迎接江苏省环保督察工作方案》出台。区政府成立省环保督察工作协调领导小组和协调联络组,明确总协调人和联络人,建立迎查机构,落实办公场所,设置工作平台,迎接省环境保护组督察区环境保护工作。区环保局与相关职能部门协同配合，及时查办投诉工单,每晚安排3组值班人员,分别由1名局领导带队，实行首接负责制,全程参与信访工单处理。区委书记、区长每天听取全区环境整改情况汇报。督察期间，全区收到交办工单29批181件(含协办2件),涉及信访投诉企业270多家,工单全部按时办结公示,并落实办理后监督管理。

【环境保护宣传】 2017年，鼓楼区设计印制环保宣传册、海报3700份和环保宣教用品4600份,发放至13个街道120个社区。制作"生态文明系列讲话""童爱地球"等主题环境宣教展板15块,及"人与自然相联相生"公共自行车站电子宣传栏11块。在北京西路、江东北路(鼓楼段)道路两侧悬挂路灯杆挂旗、公共自行车站点环保宣传海报；在北京西路街区举办生态文明板报展，利用沿街商业店铺电子显示屏滚动播放环保动画视频等方式,开展"生态文明建设宣传街区"创建活动。组织"全速推进'263'行动·同心共建美丽鼓楼"六·五主题活动,向31名"环保小卫士"和"环保达人"颁发志愿证书,赠予环保志愿绿马甲，百人签名倡环保；向企业代表发送环保法律法规60余册,10余名环保小卫士参与现场水质检测、环保志愿者绿色出行活动，呼吁公众践行绿色生活。

链接:"263"行动

2是指"两减":减少能耗、减少落后产能;6是指"六治":治理长江流域水环境、治理挥发性有机物污染、治理扬尘污染、治理环境隐患、治理生活垃圾、治理黑臭水体;3是指"三提升":提升生态保护水平,提升环境经济政策调控水平,提升环境执法监管水平。

【环保教育进校园】 2017年,鼓楼区开展"环保课进校园"系列专场活动,联手南京生态文明宣教馆，将"手拉手共享蓝天""生物去哪儿了"等生态科普课送进芳草园小学、汉口路小学、莫愁新寓小学。开展多类型环保教育活动,为学生搭建参与环保宣传的实践平台：向多伦路幼儿园、砺志实验小学、金陵汇文小学等8所学校3000余名学生发放"童爱地球"环保文化艺术节门票,由学生带动家庭,家庭影响社会,

6月5日,鼓楼区举办"同心共建美丽鼓楼"大型环保公益活动

形成家家户户讲环保氛围;组织莫愁新寓小学、方兴小学等10所绿色学校五年级学生开展“青少年环境知识科普课堂——生命之水”活动,接受环保科普教育;在三牌楼小学、方兴小学、莫愁新寓等6所小学开展生态名片进校园巡展。组织小学版环境教育校本教材现状及需求调研,将凤凰花园城小学《绿色视野》、汉江路小学《水文化小学生读本》、旭日景城小学《我爱幕府山》校本课程教材作为区优秀环境教育校本教材向省环保宣教中心推荐。是年,芳草园小学承办环境保护部宣传教育中心“2016~2017垃圾减量项目总结交流会暨环境小记者项目作品大赛颁奖活动”,芳草园小学作品《垃圾减量人人有责》《你会扔垃圾吗》分别获环境小记者国际大赛文章类二等奖、视频类一等奖;汉口路小学作品《荷·歇》获环境小记者国内大赛照片类最高奖;凤凰花园城小学作品《外公的“百宝箱”》获文章类二等奖、《对抗生素说“不”》获照片类三等奖、《如何做好垃圾分类》获视频类作品三等奖,获奖频次在全省名列前茅。

【环境违法行为查处】 2017年,鼓楼区出动环保执法人员5480人次,检查企事业单位1520家次,查处各类环境违法案件184件,处罚金329.28万元。落实污染物总量控制与削减任务,完成依法行政和环境执法责任制目标任务。 (李 婷)

·环境监测·

【概况】 2017年,鼓楼区环保监测站现场监督监测辖区重点污染企业110余家次,信访监测22家次。省环保督查期间,出动160余人次,出具监测报告32份。全年形成各类监测报告173份,其中噪声94份、油烟5份、水质58份、国控源16份,上报各类监测数据1.81万个。

【空气环境质量】 2017年,鼓楼区空气环境质量优良率64%,优良天数233天,与2016年空气质量相比略有提升,污染指数达二级标准(良好),PM2.5和PM10主要污染物浓度较2016年有所下降,其中PM2.5下降17.2%。全区7个降尘点,降尘月均值3.83吨/月·平方公里,优于全市降尘控制目标(5.0吨/月·平方公里),较2016年下降11%。酸雨频率为2%,较2016年有所下降。

2017年鼓楼区空气质量综合统计表(国控点)

表26　　单位:毫米/升

监测点位(综合)	污染物浓度及空气质量分指数(IAQI)						AQI
	二氧化硫	二氧化氮	PM10	一氧化碳	臭氧/8小时	PM2.5	
平均值	0.017	0.047	0.079	0.960	0.116	0.040	65
标准限值	0.060	0.040	0.070	4.000	0.160	0.035	
评 价	达标	超标	超标	达标	达标	超标	二级

【水环境质量】 2017年,鼓楼区水质有较大改善,仍存在轻度黑臭评价。地表水例行监测断面2个,地表水环境质量相对平稳,但达标率仍处于较低水平,主要超标项目为氨氮和总磷。

【声环境质量】 2017年,鼓楼区功能区噪声设定裴西村7号(2类)、西康路33号(1类)、姜家园22号(2类)、建宁路52号(4a类)4个点位,每季度监测一次。年度达标率84%,较2016年有所上升,未达考核目标。区域环境噪声按市中心站相关规定进行网格布点,全区有23个噪声监测点位,5月进行监测。是年,区域环境噪声均值53.9分贝,交通噪声均值68.5分贝,达到市考核目标。

2017年鼓楼区功能区噪声监测情况表

表27

监测时间	达标率(%)	超标点位
一季度	100	
二季度	75	姜家园、建宁路
三季度	75	建宁路、姜家园
四季度	88	姜家园
全年平均值	84	

备注:1.功能区噪声每季度监测一次。

2.达标率统计以LD(白天)和LN(夜间)为准。

(王　博)

·污染减排·

【排污单位监管】 2017年,鼓楼区监管工业企业、城北污水处理厂及二级以上医院重点排污单位,开展环境保护核查,安装金陵船厂废气以及中大医院等7家三甲医院废水在线监控装置,并与市环境监察总队联网。全年监管包装印刷企业挥发性有机物(VOCs)9家、危险废物和固体废物工业企业3家、各类科研院所20余家、医疗机构200余家、汽修行业186家。完成南京汽轮电机(集团)有限责任公司等3家工业企业、南京大学等4家核技术使用单位参保环境保护责任险工作。开展2016年度环保信用企业评选工作,自评申报95家,初评绿色企业5家、蓝色企业90家。

【扬尘污染防控】 2017年,区政府制定《鼓楼区扬尘污染治理工作实施方案》,建立24小时值班巡查制度。区环保局牵头区城管局、区住建局联合执法,与各街道开展建筑工地扬尘污染专项检查。至年末,检查工地932家次,责令现场整改90家次,下达限期整改通知书80份,下发督查通报120份,查处扬尘污染案件76件,处罚金119.4万元。全年,区域PM2.5年均浓度40.4微克每立方米，较2016年下降17.2%；月降尘均值每平方公里3.83吨，优于市考核指标；空气质量优良率64.4%,较2016年上升0.7%。完成全市“智慧工地”试点推广任务,鼓楼创新广场等5家单位获全市扬尘防控智慧工地创建达标单位。是年,鼓楼区扬尘管理目标考核获评全市扬尘管控先进单位称号。

【土壤和感光材料污染防治】 2017年,鼓楼区完成《鼓楼区土壤污染防治工作规划》《鼓楼区土壤污染防治行动计划》《鼓楼区土壤污染防治行动计划2017年度实施方案》编制。完成49家单位土壤污染重点行业及企业空间位置遥感核实和再核实、20家工业退役场地调查识别、4家重点行业企业场地土壤污染源遥感核实定位工作。初步筛查1842家企事业单位和190余家医疗单位感光材料，发放感光材料废物环境管理告知书300余份,筛查出会产生感光材料废物单位15家，并给予指导监管，感光材料废物无害化处置100%。

【危险废物和放射源管理】 2017年,鼓楼区环保部门组织全区200余家医疗废物产生单位，进行废弃物收集处理业务培训，对辖区90余家危险废物产生单位开展网上申报管理工作，对南京大学等28家产生实验室废物单位实施规范化管理。开展危险化学品专项整治，检查企业15家,排查出一般生产安全隐患2起,整改2起,整改率100%。完成与市环境监察总队联网，全程监管全区3家工业企业、20余家各类科研院所、200余家医疗机构、186家汽修行业危险废物和固体废物排放情况。同时,加大放射源使用单位监管,完成辖区27家单位辐射许可申请预审批,检查辐射应用单位70余家（其中涉放射源单位10家），检查率100%，年度评估率100%。是年,鼓楼区通过市固体废物处置管理规范化检查,名列全市第三。

【水源地环境保护】 2017年,鼓楼区落实中央环保督察重点问题整改意见,按期拆除南京钧龙宝船置业有限公司长江夹江饮用水源一级保护区内厂房,清除全部材料杂物,恢复绿被植物,消除环境隐患。落实北河口水源保护区每日一巡、每周一报制度，增设1600米一级保护区岸边隔离防护网,确保供水安全。全年,北河口水厂水源保护区水质达标率100%。

【餐饮污染整治】 2017年,鼓楼区完成凤凰西街、嫩江路、和会街等餐饮集中片区105家企业餐饮油烟、污水等污染治理,查处违法建设和不符合环保污染防治要求小餐饮单位23家。运用油烟在线监控平台,实时监控大型餐饮油烟净化设施运行状况,查处南京瑞迪大酒店、江苏海底捞餐饮管理有限责任公司等未正常使用环保设施违法行为,提高餐饮企业污染防治设施运行效率。 （李　婷）

【黑臭河道整治】 2017年,鼓楼区牵头推进区黑臭河道整治，委托南京鼓楼房产经营有限公司、南京新厦市政建设项目管理有限公司、南京下关城市建设开发(集团)有限公司、南京科建房地产开发有限公司4家代建公司，综合环境整治内金川河东、中、西支、老主流，西北、城北护城河，南十里长沟主流、一支流，张王庙沟、惠民河、外金川河、下圩河12条黑臭河道。全年河道整治投资2.14亿元，清淤38.05万立方米，拆除违建100处3873.22平方米，办理排水许可96件；整治排口384个，截流改造方家营、水关桥等30个重点排口，按照住建部排口整治导则要求，加设防倒灌装置。铺设张王庙沟、内金川河西支流、下圩河3条河道引水管道1770米，修复西北护城河、惠民河、下圩河等7条河道生态1.1万平方米，新建栏杆、观景平台等休闲设施，提档升级西北护城河、内金川河西支流、惠民河等7条河道岸线景观3.12万平方米。 （潘至行）

【能耗在线监测】 2017年，鼓楼区建立能耗在线监测云平台（是南京市第二家政府部门建立的服务平台），完善服务功能，及时掌握重点用能单位能耗动态情况。全年在线监测企业30家，万元工业增加值能耗为0.027吨标煤，同比下降1.3%，完成市下达目标任务。 （孟 晖）

·水务治理·

【概况】 2017年，鼓楼区出台《鼓楼区全面推行“河长制”的实施意见》。制定《2017年鼓楼区黑臭河道整治工作实施方案》，围绕“拆、截、清、修、引、测、管、景”8个整治环节，综合治理内金川老主流、惠民河、外金川河、南十里长沟主流及一支流、张王庙沟等12条黑臭河道，同步配合开展290个增量片区排水达标区创建，440个存量片区整改，移交管养，改善区域水环境。实施河道景观提升，完成绿化建设3万余平方米，新建河道栏杆2436米、观景休闲平台3处。年内，每条河各进行4次居民满意度测评，发放调查表7400份，平均满意度95%以上。建立区水质监测体系，设置81个监控断面，每月开展4次常态水质监测，形成121次水质监测报告。成立水务执法中队，开展水务专项执法120余次，处罚金170余万元。是年，该区4条国考河道通过市初见成效考核验收，外金川河通过省级考核验收。

【区水务局独立行使行政职能】 3月，鼓楼区水务局独立行使行政职能。根据《中共南京市鼓楼区委、区人民政府〈关于南京市鼓楼区人民政府职能转变和机构改革的实施意见〉》（鼓委发〔2016〕29号），区水务局从区城管局剥离，由区政府领导，业务归属市水务局指导。内设水务办公室、水务建设科、水务管理科、执法监察科、河长制工作办公室5个科室。主要职责为贯彻执行国家和省市有关水行政法律、法规和方针政策，实行依法治水、依法管水，负责编制区水务发展战略、中长期发展规划和年度计划，负责编制管理维护经费、涉水工程建设资金的中长期计划和年度计划，统筹协调全区水务设施建设，负责全区“河长制”责任管理计划安排、检查考评等工作。

【河长制】 2017年，鼓楼区出台《鼓楼区全面推行“河长制”的实施意见》《鼓楼区河长制工作验收办法（试行）》《鼓楼区河长制工作督查制度》等规章制度，确定区、街道、社区三级河长名单及河长联络表，在各河道树立“河长制”公示牌，并在《南京日报》予以公示。全区设区级河长18人、街道级河长13人、社区级河长70人，聘请志愿者河长57人、社会监督员84人，全程参与责任河道管理和养护监管。是年，召开区总河长、区级河长河道整治和专项管理会议80次，河道整治现场巡视督查127次。召开街道级河长专题会议463次，巡河检查934次。召开社区级河长会议1061次，河长巡河3182次。收集区“河长制”工作信息25期，编发区级河长信息110篇、街道级河长信息500篇、社区级河长信息982篇。区“河长制”工作体系通过省市“河长制”工作验收。（潘至行）

【排水达标区建设】 2017年，鼓楼区按照“区域覆盖、体系完整、功能完备、排放有序”建设目标，实行“1+7”组织体制，推进区域内新建排水达标片区290个981.7万平方米，验收“回头看”片区整改440个1233.1万平方米，其中纳入市区城建投资排水达标片区工程131个，建成雨污水管网91.68公里，规范区域排水排污行为，纠正城市雨污水错接、乱排现象。全年，由区建设局承担的排水达标任务完成新建51个、整改231个，其中72个取得实体考核意见，工程投资4200万元。

链接：排水达标区“1+7”组织体制

即由黑臭河道指挥部统筹创建工作，组织相关部门与人员梳理和整合排水达标区建设与河道整治项目清单，建设、城管、环保、财政、审计、街道、项目公司7个专业组按各自职责把关。排水达标建设采用“部门+街道+项目公司”运作模式，涉及到工程建设及方案制定，委托项目公司作为主体，负责工程管理、项目推进、建设程序办理、竣工备案等事宜；涉及到部队机关学校等公益性事业单位，由属地街道落实其自筹资金，统一由代建公司建设；涉及到经营性事业单位和企业，由属地街道负责推进，企业单位自建或由其出资请代建公司建设。（潘至行　李嘉睿）

【水务执法】 2017年，鼓楼区成立水务执法中队，强化涉水执法保障。对西北护城河、惠民河、内金川河东支、下圩河等河道，开展涉水执法行动，拆除12条整治河道涉及蓝线范围违建100处3873.22平方米。联合城管、环保、食药监局、督查办、街道等部门单位，对沿河餐饮店、洗车店、建设工地等实施常态执法管理，查处重大违规行为企业18家。逐户排查三牌楼、凤凰西街、清江路等餐饮聚集区域，整顿“七点畔”等20余家排污不合格企业商户。全年开展水务专项执法120余次，查处违法排污45起，整治“五小”（小餐饮、小洗车点、小浴室、小理发店、小旅店）行业368处，处罚金170万元。

【河道景观提升】 2017年，鼓楼区聘请环保专家和专业公司，设置西北护城河、惠民河、下圩河等7条河道生态浮床，栽种适水植物，增设曝气装置等，实施生态修复1.1万平方米，增设曝气装置17台，新建生态拦污网1套。围绕滨水空间建设，打通金川河东支流、惠民河、西北护城河、下圩河4条河道步道岸线1656米。围绕“岸绿、景美”目标，提升改造西北护城河、内金川河东支、西支、中支流，惠民河、内金川河老主流、外金川河、下圩河8条河道岸线绿地、生态廊道、陈旧护栏、休闲平台等，完成绿化建设3.3万平方米，新建河道栏杆2436米、观景休闲平台3处。（潘至行）

鼓楼年鉴 2018

经济管理

JING JI GUAN LI

发展综合管理

【概况】 2017年,鼓楼区应对产业结构转型升级攻关期,以全面深化供给侧结构性改革为主线,把握稳中求进工作基调,自觉践行新发展理念,着力发展经济,壮大主导产业,提升科技创新能力。全年实现地区生产总值1279.54亿元,同比增长9.2%;一般公共预算收入完成101.91亿元,直比增长8.3%;全社会固定资产投资266.28亿元,增长7.9%;社会消费品零售总额完成973.32亿元,增长10%。21家规模以上工业企业完成工业产值118.43亿元,同比增长3.1%;主营收入137.32亿元,同比增长3.4%;利润总额6.67亿元,同比增长3.2%。产业优化升级,科技创新企业不断发展。突出规划引领,强化载体带动,落实工业布局调整计划,继续推进金陵船厂等工业企业搬迁,增加三产比重,促进商务商贸、软件互联网、文创旅游三大产业发展。坚持创新驱动战略,引进科技型企业400家,新增产学研项目53个。落实富民增收政策,经济发展带动民生改善,居民人均可支配收入5.96万元,增长8.8%,社会保障、科教文卫、社区服务、平安法治等社会事业保持协调发展。

【国民经济和社会发展特点】 鼓楼区域经济社会发展呈现四方面特点:综合实力持续增强,主要经济指标平稳增长;载体支撑显著提升,主导产业不断发展壮大,科技创新能力全面增强;城市功能品质持续提升,道路建设、危旧房改造力度加大,生态环境进一步改善;民生事业保持协调发展,富民政策全面落实,社会保障、科教文卫、社区服务、平安法治等项工作全方位发展。

【国民经济和社会发展目标分解落实】 2017年,鼓楼区二届人大一次会议审议通过的经济和社会发展目标103项,包括主要指标16项,重点任务87项。人大代表投票选出为民办实事重点项目10项。按照职能划分,将103项经济和社会发展目标拆分为118个子项,分解落实到45个部门、板块、国企和7个街道;将10项为民办实事重点项目拆分为16个子项,分解落实到15个责任单位分别推进。全年,区委区政府以目标管理系统为载体,强化过程检测,规定责任单位按月定期在线填报目标进度,实现目标动态跟踪,及时发现问题并预警。至年末,103项经济社会发展目标基本完成,计划执行情况总体良好。10项为民办实事重点项目全部完成。

【经济和社会发展工作任务书制定】 2017年,鼓楼区将市对区综合考核目标、区经济和社会发展目标、为民办实事重点项目、市下达各条口目标、各单位职能任务,以及《鼓楼区2017年综合目标考核办法》中提出的考核重点,结合部门、街道、产业功能板块实际情况,形成55个部门、13个街道、5个功能板块的工作任务书,明确职责,便于考核监督,实现全区重点工作全覆盖。

【投资审批流程简化】 2017年,鼓楼区依据《江苏省企业投资项目核准和备案管理办法》《江苏省政府核准的投资项目目录（2017 年本）》，全面推进固定资产投资项目网上备案。固定资产投资项目行政审批事项，凭项目代码受理，备案事项全部实现不见面办理，简化审批程序。年综合能源消费不满 1000 吨标准煤、电力消费不满 500 万千瓦时的固定资产投资项目，以及用能工艺简单、节能潜力小的投资项目，实行节能承诺制，项目单位只需在开工建设前提交节能承诺表，无需再进行节能审查，进一步简化项目节能报建手续。

【重大项目实施】 2017 年，鼓楼区安排区级重大项目 150 个，其中在建项目 50 个、计划新开工项目 40 个、储备项目 60 个，总占地面积 704 万平方米，总建筑面积 1662 万平方米，总投资 2058 亿元，年度计划投资 171.1 亿元。市级重大项目 9 个（包含 38 个子项目），总占地面积约 334 万平方米，年度计划投资 98.1 亿元。该区着力完善重大项目区领导挂钩联系、过程管理控制、考核督查督办等机制，定期组织召开推进会，强化问题导向、加大协调力度，确保重大项目建设实施。中储电子商务区、中能建南京能源科技产业园等载体有序推进；湖南路现代服务业总部城、华能南京滨江总部基地等项目稳步实施；恒大滨江商业综合体、深业滨江总部基地、龙湖长江广场、中冶滨江等项目加快建设；南京新城吾悦广场、绿地缤纷广场、莱蒙都会等项目竣工交付；小粉桥地块、地铁 3 号线小市站地块、南京国际外包产业园（A06、A07 地块）、三汊河新河村地块实现挂牌出让。至年末，90 个区级在建和新开工项目中有 78 个达到或超过序时进度，完成投资 204.5 亿元，达年度计划的 119.5%；市级重大项目完成投资 130.5 亿元，达年度计划的 133%。（孟　晖）

2017 年鼓楼区重大项目进展情况一览表

表 28

序号	项目名称	年度目标	完成进度	责任单位
一、产业类 41 项（在建 31 个，新开工 10 个）				
1	世茂滨江（二期）	11 号楼水电安装及外立面施工；10 号楼主体施工；9 号楼推进拆迁	8、11、12、15 号楼封顶，10 号楼到 26 号楼暂停施工，9 号楼交付	阅江楼街道
2	中冶滨江项目	滨江项目、方家营项目室外景观完成；二期 05-05/06 地块、03-05/22/23 地块开工建设	滨江片区锦绣华府北苑竣工验收并交付；方家营片区完成验收；03-22 地块：7 号楼主体结构封顶；8 号楼六层结构施工完成；10 号楼五层结构施工完成；9 号楼地下室结构施工完成。03-05 地块：1 号楼七层结构施工完成，2 号楼三层结构施工完成，5 号楼二层结构施工完成，6 号楼垫层施工完成。列入全年任务的其他地块均开工	下关滨江商务区管委会

续表 28

序号	项目名称	年度目标	完成进度	责任单位
3	证大大拇指广场★◆	09-07/09/04/05 地块继续推进主体施工;07-09地块基础施工;09-10/11地块基础施工	各地块均达到年度工程施工进度	下关滨江商务区管委会
4	深业滨江总部基地★◆	05-01 地块继续推进主体施工，部分具备验收条件;05-10 地块写字楼开工建设,进行地下室工程施工	05-01 地块:1、2、3 号楼主体施工完成，进入装饰施工、部分具备验收条件。05-10 地块:一期已完成交付;三期支护桩完成 65%	下关滨江商务区管委会
5	恒大滨江商业综合体★◆	16 号地块主体封顶,17 号地块主体施工,23 号地块开工建设	08-16 地块 18、19 号楼精装修完成 55%,08-17 地块 13、14 号楼外精装修 75%,08-23 地块 1 号楼封顶、2 号楼主体地上建成 24 层	下关滨江商务区管委会
6	龙湖长江广场★◆	二期 3 幢酒店式公寓主体施工	二期 2 幢酒店式公寓主体施工完成，塔吊及人货梯拆除;公寓精装完成 30%	下关滨江商务区管委会
7	南京下关长江国际航运物流服务集聚区(一期)★◆	永宁街地块：完成建设,商埠街地块:地下室施工	永宁街:全面收尾,组织初步验收 商埠街:永久桩完成 80%	下关滨江商务区管委会
8	中海桃园里	主体施工	公寓楼进行内外装饰,所有住宅楼栋全部封顶,售楼处开放展示,具备销售条件	热河南路街道
9	江苏省国际人才公寓(复兴大厦)	A 地块主体施工阶段,B 区完成主体建设	A 地块主体施工阶段,B 区完成主体建设	热河南路街道
10	南京港集团总部大楼★	主体施工	完成裙楼二层结构混凝土浇筑,开始三层结构施工	下关滨江商务区管委会
11	南京当代万国府	1-3 号楼主体施工	1、2、3 号住宅楼主体施工,售楼处对外展示	热河南路街道
12	长江峰景	主体封顶,内外装修	4 栋可销售住宅楼宇封顶,小区配套施工	阅江楼街道
13	客车厂地块	C、D 地块完成桩基施工	C、D 地块住宅楼主体施工,售楼处进行内外装饰	热河南路街道
14	中海滨江★	开工建设	B 地块基础工程施工,A 地块支护土方开工	热河南路街道
15	中冶和记洋行★■	桩基施工	01-07、08 地块基坑支护地下连续墙完成 80%;01-08 地块工程桩完成 85%	下关滨江商务区管委会

续表 28

序号	项目名称	年度目标	完成进度	责任单位
16	滨江风光带旅游配套	开工	按市规划局意见,此项目暂停实施(为保证沉淀池选址和规模确定后能尽快启动该项目,将设计方案同步向水利和环保部门征求意见。11月22日,鼓楼区环保局牵头召开该项目环评意见咨询会)	下关滨江商务区管委会
17	(鼓楼)科技创业特别社区★◆	4栋商办楼宇主体施工	鼓楼创新广场:A1栋施工至主体第8层;A2/A3栋施工至主体第7层;A4栋施工至主体第5层;H1/H2栋施工至主体第7层	(鼓楼)科创特区管理办公室
18	金盛集团总部基地★◆■	土方挖运与支撑施工;地下室负4层结构施工	地下结构施工	(鼓楼)科创特区管理办公室
19	江苏绿建大厦	完成室外景观施工	项目竣工	(鼓楼)科创特区管理办公室
20	金浦集团总部基地★◆	实施桩基工程施工	推进桩基工程施工	(鼓楼)科创特区管理办公室
21	湖南路地下商业街★◆	实施主体施工	A区广场地下二层主体结构完成,隔墙没做,地下三层没做好,改造各个广场,对外销售和招租	湖南路管委会 湖南路街道
22	南京新城吾悦广场◆	完成内装施工	项目竣工,12月15日开业	湖南路管委会 湖南路街道
23	湖南路现代服务业总部城★◆■	C地块实施土方开挖,A、B、E、F地块进行支护及桩基施工	A、C地块桩基施工,土方外运,部分楼栋主体施工。前期桩基阶段,工程全面展开,地面基础开始建设	湖南路管委会 湖南路街道
24	金茂广场(二期)★◆	完成地下3层结构施工,地上塔楼完成5层	试桩结束,招标等开工前的各项准备工作就绪,人员、设备等全部进场,正式开工	中央门街道
25	南京新城市虹桥中心(二期)★◆	B2地块01-06栋住宅、社区服务中心竣工,B1地块土方开挖,地下室结构施工	B1地块首道支撑梁施工;B2地块竣工备案完成,景观工程施工,西侧道路出新;社区中心验收	挹江门街道
26	南京科技广场(二期)◆	D楼封顶	D楼封顶,进行内墙粉刷	(模范路)科创特区管理办公室 中央门街道
27	南邮科创中心◆	完成桩基施工	进行桩基施工	(模范路)科创特区管理办公室 建发公司

续表 28

序号	项目名称	年度目标	完成进度	责任单位
28	中储电子商务区(二期)—智慧物流集聚区★◆	D2 和 4 号楼封顶,3 号楼 22 层结构施工,5 号楼 10 层结构施工	G4 栋主体封顶，进行内墙粉刷;G3 栋主体施工至 18 层;G5 栋施工到主体 3 层、D2 栋完成基础施工,施工到正负零	小市街道
29	中储电子商务区(一期)—喜年中心★◆	B3—B6 幢外立面装饰完成;A1、A2 幢主体结构封顶	A1、A2 栋和 B3、B4、B5、B6 栋主体、外立面、墙体保温完成,进行安装和消防施工	小市街道
30	中央门商业综合体★（建宁路 8 号地块）	地下室施工	桩基、支护工程完成;土方开挖完成 40%;1 号楼地下车库完成 80%	中央门管委会 建宁路街道
31	华能滨江总部基地★◆	一期 3 号楼主体施工,二期 C 地块主体结构施工至 15 层,E 地块桩基施工	3 号楼完成地面三层建造;C 地块开盘销售,C 地块主体封顶;其他地块办理前期规划手续	宝塔桥街道
32	(下关)科技创业特别社区★◆	紫博项目正式交付使用;完成 220 千伏高压杆线地下管廊施工;圣游路、云水路东延、丽地路完工,具备通车条件,完成一幅地块土地挂牌	紫博项目竣工。220 千伏高压杆线迁移项目完成电力隧道管廊结构施工;丽地路、圣游路和云水路东延竣工通车	(下关）科创特区管理办公室
33	南京华宏家纺科技创意产业园(二期)◆	二期主体施工	两栋楼中一栋(华电楼)施工至 6 层,另一栋底板做到负二层	幕府山街道
34	绿地缤纷广场(南京华宏 A 商业地块)◆	竣工	竣工	幕府山街道
35	南艺文化创意产业园◆	完成基础施工	前期手续办结;居民议事会召开,2 户历史遗留住户问题解决;深基坑支护桩及支撑梁施工;共开设 46 个工程桩孔	区文创办
36	南京白云亭文化艺术中心(二期)	完成地下工程	领取施工许可证,施工现场支撑梁施工	南京白云亭文化发展有限公司
37	中能建南京能源科技产业园★■	A 地块 1 号、2 号、3 号楼主体封顶	一期一开区 1、2、3 栋楼封顶;二开区 4、6、9、11 栋楼施工到 15 层；三开区;5、7、8、10 栋楼施工到 11 层	小市街道
38	金陵湾	二期 4、5 号楼竣工,9 号楼基本完成建设;三期 1、2、3 号楼主体封顶	二期 4、5 号楼竣工交付,9 号楼装饰施工；三期 1、2、3 号楼主体封顶	热河南路街道
39	弘辉龙江苜	主体封顶、安装工程、内外装饰、综合管网、室外工程、竣工验收等	北楼和南楼全部封顶,主体建设完成;代客户进行室内外精装修	江东街道

续表 28

序号	项目名称	年度目标	完成进度	责任单位
40	莱蒙都会	竣工	竣工	小市街道
41	龙江新城市广场(二期)◆	桩基施工	完成方案设计;通过交通影响分析专家评审会;委托编研中心进行日照分析计算	凤凰街道
二、城建类 29 项(在建 10 个,新开工 19 个)				
42	铁路西站迁建(尧化门货场建设)★	货场建设施工	货场完成观音村、尧化门站信号启用,完成消防资料收集及上报,组织移交事宜	下关滨江商务区管委会
43	上元门观江大平台	开工	优化方案,并上报市规划局	下关滨江商务区管委会
44	红山南路西延★◆	竣工	工程基本完成	区建设局 区征收办 新厦集团
45	中央北路(和燕路—燕江路段)道路整治★◆	竣工	工程基本完成	区建设局 区征收办 新厦集团
46	北祥路(一期)★◆	完成征收,开工建设	结合张王庙沟河道整治,箱涵部分进场,箱涵总长 60 米完成。同步跟进中储代征地块及张王庙沟小区拆迁	区建设局 区征收办 新厦集团
47	水西门大街西延	完成水西门大街跨下圩河箱涵施工	水西门大街西延(箱涵)桩基施工	(鼓楼)科创特区管理办公室
48	高家酒馆路	开工	规划局要求金陵中学书面同意退让道路路幅,方可核准规划方案,推进	区建设局 区征收办 新厦集团
49	安怀东路★	竣工	道路建设贯通	区建设局 区征收办 新厦集团
50	方家营南路(一期)★	竣工	清场扫尾,竣工	下关滨江商务区管委会
51	新兴路西延(一期)	竣工	滨江管委会负责拆迁,7 月完成拆迁	下关滨江商务区管委会、新厦集团
52	龙江桥路西段★	竣工	清场扫尾,竣工	下关滨江商务区管委会
53	哈尔滨路南段	施工	开工建设	下关滨江商务区管委会
54	公共路一期	开工	K0+600—K0+670 段路床开挖约 2000 立方米,路基回填约 2500 立方米	下关滨江商务区管委会

续表 28

序号	项目名称	年度目标	完成进度	责任单位
55	唐山路(二期)	开工	推进拆迁	下关滨江商务区管委会
56	湖南路现代服务业总部城(0405地块)配套道路	竣工	老城控详取得市政府批复,办理用地手续,深化初步设计	区建设局 区征收办 新厦集团
57	老虎山东侧绿地★◆	竣工	竣工	区建设局 区征收办
58	大庙沟绿地★◆	竣工	竣工	区城管局(水务局) 区征收办
59	老虎山北侧绿地★◆	竣工	竣工	区建设局 区征收办
60	二仙沟绿地★◆	竣工	竣工	区城管局(水务局) 区征收办
61	护城河西岸游园★◆	竣工	竣工	区建设局 新厦集团
62	小桃园游园(二期)★◆	竣工	竣工	区建设局 新厦集团
63	外金川河等12条河道整治◆	惠民河(龙江路转盘—惠民河泵站)段推进前期工作,其它竣工	完成年度目标	区城管局
64	凤凰新村2村、涌泉里等104个老旧小区出新◆	竣工	竣工	区建设局
65	宁海路—颐和路片区环境整治★◆	竣工	基本完成	宁海路街道
66	外金川河、张王庙等16个流域排水达标区创建◆	竣工	竣工	区建设局河道办 新厦集团
67	湖南路—傅厚岗片区环境整治★◆	竣工	基本完成	湖南路街道
68	71个小区二次供水改造◆	竣工	竣工	区建设局 区城管局
69	鼓楼区旅游学校西侧山体等6个地质灾害点整治工程◆	旅游学校西侧山体、象山北侧沿线金陵村140号边坡、宝燕南路江雁依山郡西侧山体东面边坡完成	旅游学校西侧山体等3个地质灾害治理点完工;其余3个点按照人大目标和城建计划,将在2018年实施	区建设局 新厦集团
70	老虎山地质灾害治理	竣工	三、四、五、六号点完工	区建设局 新厦集团
三、民生类20项(在建9个,新开工11个)				

续表 28

序号	项目名称	年度目标	完成进度	责任单位
71	金达花园(二期)★◆	10-16 号楼完成主体工程	10 号楼 19 层主体结构、屋面构架层浇筑完成;11 号楼 10 层主体结构浇筑完成;12 号楼 4 层主体结构浇筑完成;13 号楼 4 层主体结构浇筑完成;14 号楼主体结构完成至 26 层, 二次结构施工完成至 12 层;15 号楼主体结构完成至 2 层;16 号楼二次结构施工完成至 26 层	新厦集团
72	文景花园(三期)-7316 地块★◆	完成主体工程验收	一二单元封顶,三四单元到十层;五六单元到八层	新厦集团
73	河西公共服务中心	主体施工完成,1、2 号楼安装工程施工,3 号楼具备精装修进场	主体施工完成,安装工程施工	区国资经营公司
74	南医大二附院综合楼	主体施工	主体结构施工,地下工程施工完成,渗漏水部位加固	热河南路街道
75	江苏省妇幼卫生保健中心扩建	精装修施工、幕墙工程、消防、机电设备安装及智能化工程;大型医疗设备安装与调试;室外工程施工	设备安装与室内外装修装饰,并增加对综合楼附属设施改造项目	江东街道
76	南京医科大学附属口腔医院综合楼	外部幕墙完工, 内装进场。电梯、机械停车场,配电房等施工	外立面施工基本完毕,进行内部电梯及装修	华侨路街道
77	田家炳中学地下停车场	竣工	收尾,基本竣工	区人防办
78	天目大厦东侧地下停车库建设及民国建筑修缮	竣工	天目大厦东侧地下停车库建设主体框架基本竣工	宁海路街道
79	铁路北街公共停车场◆		该项目经与发改局考核科沟通,调整为建成证大大拇指广场停车场, 项目完工,409 个车位	区建设局 新厦集团
80	石头城路秦淮河边绿地停车场◆	竣工	竣工	区建设局
81	鼓楼公园修缮加固	完成文物初步加固修缮	碑楼木楼梯安装、西梯亭瓦屋面施工完成;拆除、清运部分临时设施;文物初步加固修缮基本完成	区建设局
82	二板桥派出所	地下室基础施工	施工许可证申请, 开工建设,地下室基础施工	公安鼓楼分局 热河南路街道

续表 28

序号	项目名称	年度目标	完成进度	责任单位
83	基督教小市教堂	开工建设	前期手续完成，场地清理完成，土方开挖完成	小市街道
84	三牌楼小学改扩建及抗震加固◆	完工	室内外装修全部完成，准备各项竣工验收	区教育局
85	世茂九年一贯制学校◆	基础施工	场地平整，中学部教学楼桩基开工。34户拆迁户未搬迁	区教育局 下关滨江商务区管委会
86	天妃宫小学易地建设◆	桩基施工	准备方案报送前工作：方案公示、征求人防、绿建、市教育局意见，做日照分析，准备地下文物勘探，文物部门专家论证会再次召开，试桩单位进场施工	区教育局 下关滨江商务区管委会
87	南京商业学校(三期)◆	桩基完工	电梯招标完成，支护完工，桩基施工完成95%	区教育局
88	方兴小学扩建◆	主体结构施工	A区一层顶板梁板钢筋绑扎，B区地下室结构施工，C区工程桩施工	区教育局
89	南京市实验幼儿园改扩建◆	主体结构施工	桩基施工全部完成，上部结构施工招标结束，确定施工单位，准备进场	区教育局
90	鼓楼区教师发展中心◆	主体结构完工	完成一至四层外墙和内墙砌筑，A区大小报告厅钢结构顶安装，D区主体结构封顶，C区新增加柱和楼梯浇筑、二层至四层墙体砌筑	区教育局

（庄永联）

国有资产管理

【概况】 2017年，鼓楼区以发展改革为动力，推进国有企业融合发展。10家国有企业列入全区经济社会发展目标考核，经济总收入3.75亿元，同比增加6342.17万元，增长20.37%。办公费用（剔除人力成本、财务费用、固定资产折旧）2092.48万元，同比降低308.85万元，降幅12.86%，净利润−3232.68万元，同比减少1398.84万元，降幅76.3%。完成区管国企负责人薪酬制度改革，按照《国有企业薪酬制度改革方案》重新修订《深化区管企业负责人薪酬制度改革实施意见》（送审稿），编制企业负责人绩效年薪调节系数表，获南京市深化国有企业负责人薪酬制度改革工作领导小组审核通过。出台《关于进一步加强区属国有企业财务支出管理的通知》，完成16家区属国有企业财会人员集中培训。强化企业财务监管，建立产权变动、对外投资及担保等重大事项报告制度，从源头堵塞管理漏洞，提高风险防范能力。加大国有资本经营收益征收力度，下达国有资本收益征缴通知书1份，收缴国有资本经营收益400万元。完成区委办公室、区市场监督管理局、区法院、区卫生局等11家单位资产处置工作，处置资产1151.76万元。

【行政事业单位公有房屋租赁管理】 2017年，鼓楼区落实政府经营和空置房产管理工作会议精神，专项清理全区行政事业单位公有房屋。6月，出台《〈鼓楼区公有房屋公开招租实施细则〉补充规定》，从建立领导负责制、建账立制、规范租金减免流程、统一制式合同文本、设立公房租赁举报信箱等方面规范租赁管理工作。5～11月，区国有资产监督管理办公室（简称区国资办）联合区财政局、区审计局、区物价局、区建设局、区政府办、区法制办，开展公有房屋租赁及备案情况检查，清查行政事业单位50家，收集信息2328条、房屋租赁协议553份，租金总额4514万元。全年开展4次公开竞价招租活动，竞价招租总额139万元，有效提高国有资产运营收益率。

【国有资产处置管理】 2017年，鼓楼区制定《鼓楼区行政事业单位资产处置管理办法》，首次采用先清单竞价、后中标公司上门回收的新模式，节约资产处置成本，提高处置效率。全年完成69家中小学资产处置、64家机关事业单位报废资产处置。教育系统资产公开竞价起拍金额总计为29.37万元，公开竞价后实现处置收入48.29万元，增长64.4%。

（陈　峰）

【行政事业单位资产管理职能移交】 2017年，鼓楼区有行政事业单位209家，至2016年底资产总计70.73亿元。其中，行政单位资产17.1亿元、事业单位资产53.63亿元。是年，根据《区政府办公室关于印发南京市鼓楼区人民政府国有资产监督管理办公室主要职责内设机构和人员编制规定的通知》（鼓政办〔2016〕55号）《区政府办公室关于印发南京市鼓楼区财政局主要职责内设机构和人员编制规定的通知》（鼓政办〔2016〕80号）等文件“关于区国资办和区财政局职能调整”的相关规定，区国资办将全区行政事业单位资产管理职能移交区财政局实施。

【驻区国企“三供一业”分离移交工作】 2017年，鼓楼区驻区中央和省市国有企业符合供水、供电、供气和物业管理（简称“三供一业”）分离条件的职工家属区有16家，分布13个街道，总户数2.5万户，房屋总建筑面积155.3万平方米。其中，70年代之前老旧房屋面积17.38万平方米3858户；历史原因手续不全房屋面积1.48万平方米355户；棚户区房屋面积2.49万平方米499户；危房面积4.4万平方米988户；未进行房改面积7.52万平方米2353户；违章建筑2.18万平方米726户。为“三供一业”分离移交工作有序开展，鼓楼区制定《驻区国有企业职工家属区“三供一业”分离移交工作实施方案》，成立专项工作领导小组，全区16个部门、13个街道建立主体责任，分工负责共同推进移交工作。至年末,区政府与南瑞集团公司、南京机电产业(集团)有限公司、南京航海航标装备总厂签订移交框架协议,涉及长江新村、司背后、新门口,虎踞北路120号、122号,双门楼19号、21号、23号家属区,总面积6.82万平方米968户。

(陈　颖)

财政管理

【概况】 2017年,鼓楼区围绕“提质增效”促进经济平稳运行,财政工作稳中求进总基调,深化公共预算改革,优化支出结构,严控一般性支出,确保民生保障政策全部落实,实现财政收支总体平衡。全年完成一般公共预算收入101.91亿元,直比增幅8.3%,同口径增幅11%。其中:税收形成收入93.51亿元,增长12.6%;非税形成收入8.4亿元,下降24.3%。政府性基金预算收入85.25亿元,其中:上级补助收入70.4亿元,债务还本收入(置换债券)6.46亿元,新增专项债券收入7亿元,2016年结转0.06亿元,财政专户调入1.33亿元,国有控股公司股利、股息收入等国有资本经营收入400万元。是年,全区一般公共预算支出完成82.83亿元,增长15.4%,实现收支平衡,略有结余。完成政府性基金预算支出84.56亿元,其中政府性基金支出78.1亿元,债务还本支出(置换债券)6.46亿元,年终结转0.69亿元,全年基金预算实现收支平衡。国有资本经营支出390万元,主要用于国有企业整合及处理历史遗留问题。另按照规定,10万元调入一般公共预算。是年,区财政局获市2016年度财政总决算先进单位、政府采购监督考核二等奖荣誉。

【预算管理改革】 2017年,鼓楼区建立全口径预算管理体系,政府收入和支出全部纳入预算管理。部门当年未分配使用的专项资金财政全额收回,补充预算调节基金。历年形成的结余、结转资金优先用于年度部门预算,全年累计安排往年结余资金3.32亿元。从严控制“三公”经费和会议、培训费等一般性支出预算规模,按照零增长原则编制“三公”经费。优化支出结构,重点支持科、教、文、卫等民生改善和城乡社区建设资金需求。

【政府性债务管理】 2017年,市政府批准鼓楼区地方政府债务限额为98.4亿元。至年末,全区地方政府债务余额为97.76亿元。当年转贷新增地方政府债券9.1亿元,置换债券10.01亿元。按照现行体制测算,鼓楼区地方政府债务规模与综合财力相匹配,在可控范围内。为提升债务风险防控能力,出台《鼓楼区政府性债务风险预警管理暂行办法》《鼓楼区政府性债务风险应急处置预案》,加强苗头性债务风险研判,采取清理银行放贷担保承诺函、开展担保承诺行为专项治理整顿、建立政府性债务管理领导小组加强监管等措施规避风险。

【支付管理】 2017年,鼓楼区加强财政专户清理整顿,除社保、非税以外的财政专户账套予以合并核算,全年清理财政银行账户25个,保留8个。加强现金报销管理、强化公务卡结算制度,全年新增公务卡622张。8月,召开全区推广公务卡结算制度会议，转发《省级预算单位公务卡强制结算目录》，提高在职人员办卡用卡结算率。

【会计管理】 2017年，鼓楼区整合各类会计服务项目，实行窗口一站式服务。组织区内代理记账公司参加市政府采购中心公开招标，3家代理记账公司中标，成为中小微企业代理记账机构。出资购买代理记账服务，为123家中小微企业免费提供代理记账服务，提高会计资信和中小微企业财务运作水平。全年完成辖区内会计人员继续教育833人次，办理各类会计事项6283件，组织1.1万人参加全国会计专业初、中级职称考试，974人申领证书。

【预决算公开】 2017年，鼓楼区在政府门户网站首页设立专栏，推进部门预决算信息公开，除涉密部门外，全区73家使用财政资金的部门，在预决算批复20个工作日内全部向社会公开，部门预算和2016年部门决算公开内容包括：部门概况、部门预决算表、部门预决算安排情况说明、名词解释四个方面。

【财政结算】 2017年，区财政结算中心在保证预算单位财权、事权、责任、利益不变的基础上，开展报账、审核凭证、直接支付、监督管理等“远程服务”，提高管理和服务效率。全年审核104个部门决算报告，编制记账凭证2850本。

【政府采购】 2017年，鼓楼区实际采购37451.33万元，节约资金4291.59万元，资金节约率10.28%，其中货物采购8382.75万元，节约资金1005.27万元，资金节约率10.71%；工程采购24788.25万元，节约资金2929.75万元，资金节约率10.57%；服务采购4280.32万元，节约资金356.58万元，资金节约率7.69%。

【投入产业发展资金3.62亿元】 2017年，鼓楼区拨付各类专项资金3.62亿元，促进商务商贸、软件互联网、文创旅游等重点产业发展和高端楼宇建设；推进“大众创业、万众创新”发展战略，落实各项扶持政策，拨付人才创业发展专项经费7999万元，支持领军型科技创业人才发展。

【民生投入66.7亿元】 2017年，鼓楼区加大重点民生项目建设，投入资金66.7亿元，占支出比重超过80%，比2016年增长15.5%。其中，教育投入22.8亿元，社会保障和就业投入16.9亿元，科学技术投入3.9亿元，文化体育与传媒投入2.6亿元，医疗卫生与计划生育投入4.69亿元，节能环保投入0.6亿元，社区事务投入15.13亿元。

（陈　峰）

国家税收

【概况】 2017年，鼓楼区组织税收177.56亿元，与2016年同期相比增收28.9亿元，增长19.44%；累计组织一般预算收入53.16亿元，与2016年同期相比增收11.99亿元，增长29.12%。落实中央结构性减税和各项税收优惠政策，为科技型等中小企业减免各项增值税33.5亿元，减免所得税19.7亿元。提高风险防范能力，开展风险应对171户次，应对成果入库1.88亿元。探索“线上线下”服务新举措，用“互联网+”“套餐式”业务办理模式为纳税人提供多元化服务。全年新办税务登记8640户，新办企业和个体经营户购买发票53.57万张。深化国地税合作机制，纳税服务实现“一窗受理、内部流转、统一出件”。是年，鼓楼区国税系统“营改增”试点和“金税三期”上线工作被省人社厅、省国税局联合授予集体三等功，纳税服务科获“五一”巾帼标兵示范岗。

【纳税管理与服务】 2017年，鼓楼区纳税人8.83万户，同比增长10.84%。其中，正常户6.67万户、非正常户1.33万户、临时税务登记8234户。鼓楼国税局利用江苏国税电子体验中心平台，推进“线上线下”服务新举措，开展业务“套餐式”办理和发票“O2O”服务，为纳税人提供多元化服务，全年纳税人通过自助办理发票代开、发票认证、发票领用业务达到70%以上。落实省政府“3550”工程，实现新办企业税收业务一窗式办结，半天内领到发票。深化国地税合作，受理涉税事项，采取“一窗受理、内部流转、统一出件”，提高办税效率，共征国地税1.95亿元。全年完成注销税务登记927户，纳税信用等级评定1.37万户，新办税务登记8640户。

链接：发票“O2O”服务

纳税人在网上申领发票，O2O发票配送中心受理审核后，通过邮政EMS速递将发票送到纳税人手中。“发票网上领、邮递免费送”的模式免去了纳税人往返奔波、排队等候之苦，也减轻办税服务厅的工作压力，让纳税人不跑“马路”走“网路”，足不出户就可以领用发票，真正实现“网上批、快递送、不见面”的“互联网+税务服务”新模式，实现税企共赢双减负，打通办税服务“最后一公里”。

【国税收入177.56亿元】 2017年，鼓楼国税部门关注企业税源发展状况，针对性地开展预测和专题分析，增强组织收入的预见性。至年末，累计组织税收177.56亿元，同比增长19.44%。其中：增值税收入84.9亿元，同比增长26.42%；企业所得税收入92.41亿元，同比增长13.54%；消费税0.16亿元，同比增长289.2%。累计组织一般预算收入53.16亿元，同比增长29.12%，完成年度收入目标任务。

【税收优惠政策落实】 2017年，鼓楼区按照中央结构性减税和税收优惠政策，做好调查分析，分类开展“营改增”辅导，使国务院六项减税政策和其他税收优惠政策落到实处，让企业“应享尽享”做到“全覆盖”，全区6329户次享受企业所得税优惠政策，累计减免所得税税额19.7亿元，35.7万户次享受增值税减免，累计减免增值税税额33.5亿元。

【风险应对成果2.82亿元】 2017年，鼓楼区国税部门以征管质量评价指标为抓手，规范调查分析、约谈、查账、集体审议等工作程序，全面提升风险应对管理水平。全年开展风险应对171户次，跟踪质疑10户次。应对成果2.82亿元，入库1.88亿元，其中增值税入库5963.14万元、企业所得税入库1.26亿元、滞纳金285.79万元、罚款 0.88 万元、调减留抵 401.78 万元、调减亏损 8965.11 万元。欠税追征成效、风险零成效面等征管质量监控评价指标均在全市位居前列。 （冯亚颖）

地方税收

【概况】 2017 年，鼓楼区地方税收入库 74.86 亿元，市区一般预算收入入库 44.26 亿元，社保费和基金综合征缴率 100.15%。推进“放管服”改革，取消纳税人申请事项 45 项。深化国地税合作机制，共建 4 个国地税联办窗口，在全市率先实行“一窗一人一机”联合办税服务。制定土地增值税管理办法，房地产、土地增值税入库 6.1 亿元，同比增长15.84%。落实税收优惠政策，为 562 户(人)次办理各类税收减免，减免税额 1.46 亿元。风险应对 1858 户次，应对税款及滞纳金入库 2.29 亿元。区地税分局深入社区和企业开展税源调查研究，全年累计走访企业 626 家、居民 254 户，收集意见建议 294 条，梳理归纳 184 条，其中涉及税收政策与服务 59 条、转交社区办理 121 条、呈报区政府 4 条。组织干部培训32 期，参训 170 人次，4 人获“优秀税收业务能手”称号，7 人晋升能级；鼓励干部参加社会考试，1 人取得税务师证书，1 人取得在职研究生学历学位证书。

【“放管服”改革】 2017 年，鼓楼区按省市推进“放管服”改革要求，成立“放管服”改革领导小组，精简事权，减轻纳税人负担。全年取消纳税人申请事项 45 项、报送资料事项 1107 项。结合“三证合一”“两证整合”、个体定额管理等事项，为纳税人提供服务 660 人次。

【地方税管理】 2017 年，鼓楼区制定土地增值税管理办法和清算指南，采取“专项运作 + 集体审议”模式，促进土地增值税清算工作。全年完成 5 个项目清算，清算金额 2960.77 万元。是年，区地税分局围绕“以地控税、以税节地”，加强房地产、土地增值税跨区税源登记、城镇土地使用税等级和税额调整等基础工作，全年房地产、土地两税入库收入 6.1 亿元、增长 15.84%。完成 31 家保险公司跨区税源登记、扣缴登记和税种鉴定以及全省车船税收入归集系统上线宣传培训和申报工作。

【“一人一窗一机”联合办税】 2017 年，鼓楼区整合国地税征收服务资源，在全市率先推出“一人一窗一机”联合办税服务，税务登记、纳税、税收优惠申报备案等业务一窗受理后，后台分别办理，结果统一出具，为纳税人办税提供便利。建成虹桥、姜家园税务共建大厅、区政务中心共同派驻厅，设置 9 个国地税联合服务窗口，优化税收营管环境。

【入库税收 74.86 亿元】 2017 年，鼓楼区加强国家级重点税源户信息采集、分析、预测和监控，提升组织税收入库能力，实现预测差错率控制在 5%以内目标。全年入库税收 74.86 亿元，同比增长 14.74%，市区一般预算收入入库 44.26 亿元、同比增长 11.64%。采取阻止欠税企业法人出境、单户约谈等措施，加强欠税清缴工作。

全区欠税变动率 −55%，清欠工作位居全市前列。

【社保费和基金入库 72.89 亿元】 2017 年，鼓楼区落实税、费同征同管措施，强化社保费、基金征收工作。全年征收入库社保费 72.25 亿元、基金 6360.6 万元，清欠社保费 1385.9 万元，综合征缴率 100.15%。

4 月 26 日，鼓楼区建立青年创业国地税联合服务站

【减免税款 1.46 亿元】 2017 年，鼓楼区落实改组改制企业、技术创新企业、小微企业、“双创企业”等税收优惠政策，通过专场培训、发放资料、短信提醒等方式将新政告知纳税人。全年有 562 家企业和个体经营户享受税收优惠政策，累计减免税款 1.46 亿元。

【“书香地税”建设】 2017 年，鼓楼区地税部门加强“书香地税”建设。从硬件、软件两方面对“同心书屋”进行现代化改造，新增各类纸质图书 4000 多册、电子读物 1 万多册；开发电子借阅系统，实行信息化管理，营造优良阅读环境。是年，鼓楼地税局职工书屋获 “全国工会职工书屋示范点”称号。

5 月 21 日，鼓楼区承办 2017 年在宁高校大学生税收辩论赛决赛

【青年创业国地税联合服务站建立】 4 月 26 日，鼓楼区在南京邮电大学“青创空间”成立青年创业国地税联合服务站。该站建立完善三项机制：定期走访机制，主动收集创业青年经营和发展需求；快速响应机制，为青创空间配置税务顾问，提供政策释疑解惑、辅导服务；便捷办税机制，开辟青创企业税收优惠“绿色通道”，在“青创空间”摆放办税指南、税收优惠二维码等资料，为企业提供便捷服务，助力青年实现创业梦想。

【大学生税收辩论赛决赛】 4 月 15 日～5 月 20 日，鼓楼地税局承办南京市“2017 年在宁高校大学生税收辩论赛”半决赛和决赛活动。其间，南京财经大学代表正方，南京艺术学院代表反方，双方就"办税实名制是否能有效解决逃避纳税义务、冒领发票等辩题展开辩论。南京财经大学代表队获冠军，1 人获最佳辩手奖，南京艺术学院代表队获亚军，1 人获最具风度奖。（冯广友）

市场监督管理

【概况】 2017 年，鼓楼区新发展企业 9568 家，其中在区注册登记企业 5400 家，比 2016 年同期减少 2%；新增注册资本 654.5 亿元，比 2016 年同期 421.2 亿元增长 55%。新发展外资企业 70 家，发放电子营业执照 5033 份；特种设备开工及登记 604 家，登记设备 2371 台。办理食品经营许可业务 3881 户次、药品零售许可证业务 185 户次，GSP 认证 13 户。建立食品安全示范街，在全国首创"食无忧"食品安全责任保险。食品抽样检查 1784 批次，上报药品不良反应监测报告 2040 例。查处各类案件 171 件，罚没款入库 569 万元。办结消费者各类投诉、举报 2.6 万件。申报省名牌产品企业 5 家、市名牌产品企业 6 家。申报南京标准化项目奖 3 家，培育放心消费诚信单位 55 家。是年，鼓楼区市场监督管理局（简称区市场监管局）获 2016～2017 年度全国消协组织先进集体、全省商事制度改革工作集体三等功、2017 年度消费维权新闻宣传县市级优秀单位、南京市"百日执法竞赛"优胜单位等称号。

【行政审批服务】 2017 年，鼓楼区启动全程电子化登记工作。5 月，发出南京市首张个体工商户全程电子化营业执照。简化住所登记，实施企业简易注销。整合社会保险登记、统计登记和公章刻制备案事项，实行"多证合一、一照一码"登记制度、企业登记独立承办制度，实现所有新办企业登记 1 日办结、重点企业登记 2 小时内办结目标，全年新办企业登记 5400 家。

【市场规范管理】 2017 年，鼓楼区有各类市场 74 个、经营单位 12.57 万家（户）。其中，企业 8.11 万家、个体工商户 4.46 万户。是年，区市场监管局开展无照经营专项整治，引导和规范 591 户经营者领取证照，取缔无照经营 13 户，查处违规交易活禽行为 37 起。文明城市创建期间，发出责令改正通知书 814 份，张贴文明餐桌及禁烟标识 600 余户。编制《经营异常名录操作指引》，500 家企业被依法列入经营异常名录。办结 1900 家企业移出经营异常名录申请。清理连续两个年度未年报及纳税申报企业 374 家，办结虚假注册案件 32 起、环保督察工单 74 件。

【质量管理】 2017 年，鼓楼区制定《鼓楼区电器产品质量安全综合治理实施意见》，筹备设立区长质量奖，推进质量管理工作。全年抽检流通商品 176 个批次，公布不合格商品 72 批次。完成区内 100 家企业质量发展贡献率测评工作。组织江苏省电力设计院有限公司、南京巨鲨显示科技有限公司申报 2017 年度市长质量奖，2 家企业均进入陈述答辩和现场评审阶段。"华设科技" 入围 AA 级质量信用评价现场审核。开展省市名牌培育、申报工作，确定年度省名牌培育企业 14 家、市名牌培育企业 11 家。是年，成功申报省名牌企业 5 家、市名牌企业 6 家。

2017 年度鼓楼区江苏名牌一览表

表 29

序号	企业名称	产品/服务名称
1	江苏致邦律师事务所	法律服务业
2	南京华设科技股份有限公司	科技服务业
3	江苏科兴工程建设监理有限公司	服务业
4	南京巨鲨医疗显示有限公司	医用显示器
5	南京荣萍服饰有限公司	荣萍牌中式服装
6	江苏省电力设计院	科研设计服务
7	南京汽轮电机(集团)有限责任公司	蓝鹊牌燃气轮发电机组、汽轮发电机组
8	南京朗坤软件有限公司(朗坤智慧科技股份有限公司)	软件业

【商标品牌建设】 2017 年，鼓楼区出台《鼓楼区驰、著名商标奖励办法》，促进驰、著名商标创建。帮助驰、著名商标企业办理动产抵押 7 件，融资 4012 万元。6 家省著名商标企业和 11 家市著名商标企业获(2015 年度)区政府奖励 110 万元。

2017 年度鼓楼区中国驰名商标一览表

表 30

序号	商标注册人(利害关系人)	商标名称	商标注册号	类别	核定使用商品
1	苏宁云商集团股份有限公司	苏宁	7291231	35	推销(替他人)等

2017 年度鼓楼区江苏省著名商标一览表

表 31

序号	商标所有人	商标名称	商标注册号	类别	核定使用商品
1	金浦新材料股份有限公司	鼓	684155	1	石油添加剂等
2	南京华瑞医疗器械有限公司	风帆+图	3167889	10	医疗器械和仪器、护理器械、医用特制家具等
3	江苏省海外企业集团有限公司	JOC	3099467	25	针织服装、成品衣、服装
4	江苏长江涂料有限公司	长江	122806	2	油漆
5	南京玄武饭店有限责任公司	玄武饭店及图	5482678	43	住所、餐厅、餐馆
6	南京四明眼镜店有限责任公司	四明及图	3778912	44	眼睛行、美容院、卫生设备出租

续表 31

序号	商标所有人	商标名称	商标注册号	类别	核定使用商品
7	南京塔可餐饮管理有限公司	tacos	6162309	43	餐厅、饭店、餐馆等
8	南京古南都饭店有限公司	古南都	771946	42	住宿服务、中西餐饮服务、咖啡室服务等
9	南京大地建设集团有限公司	图形	1139827	37	建筑、工厂建设、建筑信息等
10	江苏南京长途汽车客运集团有限责任公司	图形	2004936	39	住所、餐厅、餐馆
11	南京朗驰集团有限公司	朗驰	3037115	37	车辆保养和维修服务、车辆服务站等
12	南京晶丽酒店有限公司	晶丽	5520222	43	住所（旅馆、供膳寄宿处）、餐厅、饭店等
13	南京狮王府美食休闲有限公司	狮王府	7519748	43	饭店、快餐馆、住所（旅馆、供膳寄宿处）等
14	江苏锦华建筑装饰设计工程股份有限公司	堂杰	8680820	37	室内装璜、建筑、建筑施工监督等
15	南京百音高科技有限公司	VYVY	6428398	9	扬声器音箱、音响设备、摄像机等
16	朗坤智慧科技股份有限公司	朗坤	3329432	9	用于计算器操作仪器的机械装置、电站自动化装置、配电箱（电）等
17	华韩整形美容医院控股股份有限公司南京分公司	华韩	8688153	44	医院、整形外科、美容院等
18	南京驻客庭美餐饮管理有限公司	鸡鸣	7876019	30	粥、方便米饭、包子等

2017 年度鼓楼区南京市著名商标一览表

表 32

序号	商标注册人（利害关系人）	商标名称	商标注册号	类别	核定使用商品
1	南京三乐电子信息产业集团有限公司	三乐	894377	11	照明灯
2	南京四明眼镜店有限责任公司	四明	1205822	44	眼镜行服务
3	江苏省海外企业集团有限公司	JOC	3099467	25	服装
4	南京消防集团有限公司	盛华	754059	9	火灾报警装置
5	南京玉桥市场管理有限公司	玉桥	1749754	42	柜台出租等
6	南京魏胖子食品贸易有限公司	魏胖子及图	1498354	29	肉制品（酱卤肉制品）、酱牛肉系列、盐水鸭系列
7	南京钟埠实业有限公司	丹尼迪	5158698	25	游泳衣、服装、内衣

续表 32

序号	商标注册人(利害关系人)	商标名称	商标注册号	类别	核定使用商品
8	南京塔可餐饮管理有限公司	tacls	6162309	43	餐厅、饭店、餐馆等
9	凤凰出版传媒集团有限公司	图形	4668826	41	书籍出版、教育、译制等
10	南京朗驰集团有限公司	朗驰及图形	3037115	37	车辆保养和维修服务、车辆服务站等
11	南京长途汽车客运集团有限公司	图形	2004936	39	汽车运输、旅客运输、货运等
12	南京巨鲨显示科技有限公司	巨鲨医疗巨+JUSHA	7861464	9	计算机外围设备、计算机周边设备、计算机软件等
13	东华汽车实业有限公司	图形	6795920	37	车辆保养和修理、车辆服务站、建筑施工监督等
14	南京御秦上品餐饮有限公司	御秦上品	6365693	43	餐饮、饭店、咖啡店
15	南京奥斯特商贸有限责任公司	奥斯特	3429932	24	浴巾、枕巾、纺织品毛巾等
16	苏宁云商集团股份有限公司	苏宁易购	11037466	35	替他人推销、采购(替其他企业购买商品或服务),为零售目的在通讯媒体上展示商品等
17	南京联郡餐饮管理有限公司	大牌档	3008805	42	餐厅、自助餐馆、饭店等
18	朗坤智慧科技股份有限公司	朗坤	3329432	9	用于计算器操作仪器的机械装置、电站自动化装置、配电箱(电)等
19	华韩整形美容医院控股股份有限公司南京分公司	华韩	8688153	44	医院、整形外科、美容院等
20	南京美满家食品有限公司	美满吉	3872291	43	咖啡馆、自助餐厅、餐厅等
21	南京百酪汇食品有限责任公司	奶酪时光CHEESE	5270772	43	咖啡馆、自助餐厅、餐厅等
22	南京铸鑫文化传媒有限公司	南都繁会	11209113	35	广告、在通讯媒体上出租广告时间、为零售目的在通讯媒体上展示商品等
23	江苏核工业格林水处理有限责任公司	格林 GREEN	11151451	11	水软化设备和装置、污水处理设备、核燃料和核减速剂处理装置等
24	南京金陵春酒业有限公司	金陵春	15031208	33	烧酒、酒精饮料(啤酒除外)、白酒等
25	江苏长江涂料有限公司	长江	122806	2	油漆
26	南京市下关城市建设开发(集团)有限公司	江雁及图	1619602	37	不动产代理、不动产出租

【标准计量管理】 2017年，鼓楼区市场监管部门指导国电南自、汽轮电机厂、四新科技等重点企业，开展国家和行业标准修订工作。在中储南京智慧物流科技有限公司开展“无车承运服务业标准化试点”。对25家企业90个网上备案的标准项目，实施有效监督。鼓楼区投诉举报处置工作经验转化为工作规范，作为南京市地方标准在全市推广。是年，区市场监管局联合市计量院强制检定计量器具3000多台、加油机22台、加油枪31把。组织“5·20”世界计量日宣传活动，为南秀村社区居民免费检测、维修血压计50多台(件)。检查餐饮场所燃气报警器25批次。

【特种设备安全监管】 2017年，鼓楼区开展特种设备安全检查141次，重点时段专项监督检查11次；危化品、电梯、大型游乐设施等重点设备专项检查9次，发出《特种设备安全监察指令书》51份。完成8个小区40台电梯预诊预警，督促使用单位整治特种设备安全隐患356起，786台特种设备安全隐患得到及时整改。全年立案11件，罚没款入库50余万元。

【食品安全与“三品一械”监管】 2017年，鼓楼区推进食品安全城市创建工作，在全国率先推出“食无忧”食品安全责任保险。建立26条食品安全示范街、8家食品和农产品快检室。全年组织20批次食品生产环节检查，抽检食品1784批次。开展食品销售和餐饮专项整治15次，累计出动执法人员2.3万人次，检查企业1.2万户家次。强化药品、药械、保健食品、化妆品监管，累计检查医院制剂调剂单位10家、药品经营企业182家、医疗器械经营企业324家、医疗机构176家、保健食品和化妆品经营企业364家，验收医疗器械批发企业69家、零售企业48家，二类备案企业23家。开展药品零售企业、疫苗流通管理、美容美发场所等专项检查9个，药品抽样260批次，快检150批次，保健食品抽样70批次，化妆品抽检18批次。上报药品不良反应监测报告2040例、医疗器械不良事件570例。

【稽查执法】 2017年，鼓楼区组织打假专项行动18次，出动执法人员1750余人次、执法车辆235余台次，检查经营主体2890余家。立案212件，结案171件，移送公安机关17件，罚没款入库569万元。开展涉嫌非法集资广告专项整治，检查企业300家，立案1件，罚款3万元。预审、复核行政复议和诉讼案件98件，复议维持

5月24日，区市场监管局在华润苏果清凉门店开展食品快速检测活动

率 99%,行政诉讼案件一审、二审胜诉率均 100%。

【消费维权】 2017 年,鼓楼区开展“3·15”消费维权系列活动 12 场,表彰放心消费诚信单位 55 家。全年办理各类平台、信函、来访、电话等渠道投诉举报案件 2.6 万件,为消费者挽回经济损失 850 万元。其中,“12345”工单 0.84 万件、“96180”工单 222 件、“12315”工单 1.36 万件、“12315”互联网平台 0.21 万件、“12331” 工单 6800 件、“12365”工单 90 件、信函投诉举报 460 件。组建网络监管分局,在全市率先成立“私营个体经济协会法律服务中心” 和消费者权益保护委员会,为中小企业及个体经营者维权,免费提供法律服务。是年,区消费者权益保护委员会被中国消费者协会授予 2016～2017 年度全国消协组织先进集体称号。 (刘明清)

物价管理

【概况】 2017 年,鼓楼区 28 个部门建立物价调控目标责任制,实现网格化监管新体系。药品零售等 10 个行业开展信用承诺活动,105 家企业参加。新建 4 家平价直销站,平价商店累计 30 家。核定 53 家行政事业性收费单位,涉案涉纪财产价格认定 208 件。首次开展拆迁项目补偿费用认定 11 项,70 个停车场、18 个民办幼儿园和 43 家农贸市场建立收费备案制度。承接市以上价格监测任务 23 项,采集上报监测信息 853 次。受理价格举报、咨询 1242 件,调解争议 36 起,立案查处 8 起。是年,区物价局获 2016 年全省价格系统先进单位称号、2016 年全省价格系统价格认定奖、2016 年度全市价格系统监测预警奖和价格认定奖。

【平价商店管理】 2017 年,鼓楼区新建 4 家社区平价直销站,继续保持 30 家平价商店总量,完成区政府提出的年度目标。是年,区物价局建立月(季)度巡查考核、例会交流、完善考评奖励机制,提升企业管理水平,促进平价商店长效发展。通过宣传引导、业务培训、上门指导等形式,开展价格诚信建设活动,打造价格诚信服务品牌。全年举办价格诚信建设培训班 3 期,参训人员 138 人次。

【价格调控】 2017 年,鼓楼区制定《鼓楼区稳定价格和治乱减负目标责任制实施意见》和《鼓楼区 2017 年稳定价格和治乱减负目标责任制考核细则》,28 个部门落实目标责任并进行二级分解,目标考核与绩效挂钩,开展涉企收费自查自纠,编印涉企价格服务指南和维权手册,推进公共文化体育设施收费改革,强化监督,维护消费者权益。落实省市价格调控预案,部门联动防范和应对市场价格异动。全年收费项目和标准调整、备案 70 件,商品房销售明码标价 16 件,公有房租赁价格认定 4 件,公共停车位认定 168 个,行政事业单位报废资产价格认定 69 件,保障房成本认证 60 万平方米。

【价格监测】 2017 年,鼓楼区承担国家和省市价格监测任务 23 项。增设家用电器价格监测点 2 个,上报专项监测表 70 次。建立微信、QQ群价格监测预警体系。全年接受采集监测单位1711家次，在南京价格信息网发布价格信息230次，撰写动态信息、价格监测综合分析和调研文章73篇。

【行政事业性收费价格管理】 2017年，鼓楼区完成53家行政事业性收费审核，取消环境监测服务、从业人员健康检查等行政事业性收费。重新核定和调整80个停车场、7家物业管理单位、18个民办幼儿园、2家非公立医疗机构收费项目和标准。落实2个景点免费开放时间和明码标价工作。举办价格管理培训班，35家养老机构负责人和220名停车收费人员接受价格政策教育。

【价格监管】 2017年，鼓楼区运用网格化监管模式，推进价格监管工作。开展节日市场价格检查，出动69人次，检查商企经营户168家，发放各类提醒函160份。依法查处违法案件8起，罚没款收入5.67万元。

【价格认定服务】 2017年，鼓楼区完成涉案财产价格认定208件，标的500万元；受理涉纪咨询案件3起，认定金额0.15万元；行政处罚没收物品2起，案值16.2万元；公房租赁4件，房屋13处，建筑面积1.2万平方米，认定金额1016万元。138条主次干道“三乱”清理价格认定，金额204.25万元；公共停车场经营权认定3处，车位168个，认定金额40余万元；行政事业单位报废资产69件，认定金额48.92万元。启动市区价格认证联动机制，参与市保障房成本认证工作，认证面积60万平方米，认证金额26.3亿元。首次开展拆迁补偿、临时安置、管道燃气施工补助、电增容等11项征收补助费用认定工作，为全区房屋征收提供统一、合法有效的补偿价格标准。

【价格举报及争议调解】 2017年，鼓楼区依托网络平台受理价格举报、投诉案件1242件。完善价格举报投诉月例会分析制度，创建规范化调解示范点1个，加大案件查处力度，查处价格违法案件8件。全年接受价格争议调解36起，调解金额78万元。

（梁　晨）

审计监督

【概况】 2017年，鼓楼区完成审计项目105个。其中，市区“重大政策跟踪审计”项目1个、安居工程审计项目1个、财政预算执行及其他财政收支审计项目1个、政府投资工程结算审计项目93个、经济责任审计项目5个、民生工程审计项目1个、环保专项资金审计项目1个、企业审计项目1个、信息系统审计项目1个。查出违规资金3.2亿元、管理不规范金额11.58亿元，核减工程结算款8893万元，核减率13%。全程跟踪监督区域保障房、南京长江国际航运中心和危旧房改造征收等69个建设项目。出具审计决定书3份、审计移送书15份，提出审计意见及建议40条，督促被审计单位建立健全规章制度16项。是年，区审计局获2016年度全市区级审计机关综合考核优秀单位、2013～2016年区档案工作先进集体称号，通过江苏省数字档案室AAAAA级评审。2015年度区本级财政预算执行及其他财政收支审计项目，获市优秀计算机审计项目第一名、市优秀审计项目第二名。

【预算执行审计】 2017年，鼓楼区围绕财政专户、国库集中支付、地方政府性债务等热点，全面审计区财政预算执行情况，实现189家部门单位预算执行审计全覆盖。重点抽查15家一级预算单位，抽查率21.13%。延伸抽查二级预算单位12家，查出培训费管理不合规、大额投资未入账等问题。审计专项资金4.21亿元，占本级年度预算15.2%。预算执行审计查出管理不规范和违规金额20.38亿元，移送专项资金管理等案件线索5条。建议指导被审计单位建立财政专户数据信息分析表，对问题金额进行整改，加强制度建设。

【固定资产投资审计】 2017年，鼓楼区审计105个工程项目竣工结算，核减工程结算款8893万元，核减率13%。继续做好华宏A地块（白云雅居）、大庙村地块（金达花园）、金帆北苑、7316蓝星工厂地块4个保障房项目，窑上村城中村改造、杨家花园、伍佰村危旧房改造3个征收项目，区河西公共服务中心、南京长江国际航运中心等62个建设项目跟踪审计，促进建设单位强化内部管理，提高投资效益。

11月10日，审计人员在政府投资项目现场跟踪审计

【领导干部任期经济责任审计】 2017年，区审计局受区委组织部委托，先后对5家单位和部门6位领导开展经济责任审计，查出管理不规范资金1.24亿元，移送案件线索7条，提出审计建议21条。首次对小市街道党政“一把手”领导任期内经济责任同步审计，探索党政同责、同责同审新路子。

【民生资金审计调查】 2017年，鼓楼区专项审计37家社会养老机构享受（床位）财政补贴情况，分析资金拨付是否符合政策、专款专用，全面评价专项补贴资金绩效和公众满意度。全年问卷调查287份次，核查资金量1271万元，发现非金额计量问题2个，提出审计建议6条，专项补贴使用效应和公众满意度达到预期效果。

【审计机关人财物管理改革试点】 5月，鼓楼区落实省市《审计机关人财物管理改革试点实施方案》，成立鼓楼区“管理改革试点”领导小组，区委组织部、区财政局、区人社局、区编办和区国资办等部门各司其责，共同推进管理改革试点。按时报送机构、人员、资产、经费收支等各类基础信息报表，促进管理改革试点工作。（田伟民 鲁月霞）

统计管理

【概况】 2017年，鼓楼区加强基层统计规范化建设，以联网直报企业为重点，建立区街统计基础建设考评制度，督促基层依法做好统计工作。全区304家外商投资企业，年度投资经营信息联合报告通过率100%。1387家企业参加国家一套表联网直报，直报率100%。组织全国千分之五人口抽样调查，为10个街道、20个社区培训80多名调查人员，调查居民6245人。是年，区统计局获2017年度南京市住户调查工作先进集体一等奖、南京市规模以下服务业抽样调查工作一等奖、南京市专项调查工作先进集体二等奖、南京市新设立小微企业和个体户跟踪调查工作先进集体二等奖。

【统计基层基础建设】 2017年，鼓楼区制定统计规范化考核评估工作方案，指导区机关部门和街道加强统计基础建设，规范原始记录、完善统计台账。落实省市统计局统计规范化建设“回头看”工作，3个街道、100家联网直报单位开展“统计规范化建设回头看”。鼓楼区江东街道、清江村成功申报市统计基层基础规范化特色示范街道和特色示范村居，创建统计工作新模式，统计工作逐步走向专业化、法制化。华侨路街道楼宇e家统计名录库管理平台成为全区“一村居一亮点”示范创新项目。

【统计法制建设】 2017年，鼓楼区将统计法制工作列入部门年度工作目标管理，加大统计执法检查力度，全面推进依法行政。强化统计法制宣传，提高统计公信力和提升公众统计意识。5月，在五佰村社区举办法制宣传日活动，发放《江苏省统计条例》《统计法学习问答》《统计服务联系卡》和法制宣传彩页等资料300余份，为群众提供法律咨询服务100多人次。9月，在静海寺广场举办“中国统计开放日”广场宣传活动，统计局机关及街道统计科等20多人参加，发放宣传资料200余份。10月，区统计局邀请区人大代表、政协委员、作风建设监督员（观察员）、统计联网直报企业代表、社区群众代表等20多人参加公众开放日活动，介绍统计法政策、知识，征求群众意见，促进统计局机关作风建设。开展触犯“四条红线”专项整治，成立整治工作领导小组，制定《专项整治工作实施方案》，召开街道、板块统计工作会议，落实专项整治工作，加强源头数据管理，提高数据质量。配合市统计局完成挹江门街道、幕府山街道统计督查和40家统计联网直报企业的监审，处罚4起统计违法行为案件。

链接：四条红线

坚持“先进库、再有数”，绝不自行修改名录库；坚持由企业独立报送真实的统计数据，绝不干预企业独立报送真实数据；坚持由企业自己上报联网直报数据，绝不代填代报企业数据；坚持由企业修改差错或补填不完整报表的原始数据，绝不自行修改企业任何数据。

【统计服务】 2017 年，鼓楼区围绕地区生产总值、服务业增加值、社会消费品零售总额等主要经济指标，加强主城各区经济数据比对分析工作，全面反映经济运行动态。全年完成分析报告 22 篇，采集信息 130 条，形成汇报材料 20 余篇，2 篇分析资料在全市统计分析评比工作中获一等奖和三等奖。围绕板块经济发展，建立商务商贸服务业、软件互联网产业、文化旅游产业监测库，全区 856 家企业列入重点监测单位。召开功能板块统计工作会议，结合"大走访"活动，深入 13 个街道、200 多家企业调研，"点对点"提供统计服务。

【统计年定报培训】 2017 年，鼓楼区开展统计年定报业务培训，提升统计人员专业水平。全年举办年定报培训座谈会 63 场，3512 家企业 3400 多人参加 9 个专业培训。是年，全区 1387 家企业完成"国家一套表联网直报"工作，直报质量得到上级业务部门肯定。

【外资企业联合年报】 2017 年，鼓楼区组织开展外资企业信息联报审核工作。成立外商投资企业联合年报工作领导小组，利用"全国外商投资企业年度投资经营信息网上联合报告及共享应用"网站端口，查看外商投资经营信息并进行审核，确保企业数据上报及时准确。全区 304 家外商投资企业参与联报，上报数量同比增长4%，通过率 100%。

【"四众"企业调查】 2017 年，鼓楼区按照省市统一部署，落实"四众"（众创、众包、众扶、众筹）企业专项调查工作。制定调查方案，召开街道工作会议，梳理确定企业，利用公共服务平台、中小企业创业投资资金等行政记录，核定调查名录，保障调查工作进行。全区 86 家"四众"企业接受调查，真实完整反映企业基本情况和创新能力。

【人口抽样调查】 11 月 1 日零时，鼓楼区开展 5‰人口变动抽样调查工作。抽样调查采取抽签方式，对象为中签社区内全部人口（不包括港澳台居民和外国人）和住户的基本情况，包括姓名、性别、年龄、民族、受教育程度、行业、职业、迁移流动、社会保障、婚姻、生育、死亡、住房等 10 多项内容。区内 10 个街道、20 个社区 6245 人接受调查登记，住户调查出生率为 7.38‰，调查死亡率为 4.32‰，调查人口自然增长率为 3.06‰。区统计局做好抽样调查保障工作，为街道和社区培训 80 多名调查员，拨付调查经费近 10 万元。

（李其明）

公共服务

GONG GONG FU WU

教　育

·综　述·

【概况】 2017年,鼓楼区推进教育高位优质均衡发展,促进教育发展新转型,落实教育资源均衡配置,为各级各类教育优质协调发展提供特色多样服务。继承和发扬陈鹤琴教育思想,开展有效幼儿园课程实践研究;制订并完善《为儿童的学习——南京市鼓楼区小学教学改革行动计划(2017~2020)》《关于进一步加强中学教学管理工作的9条实施意见》等文件,鼓励中小学创建特色学校课程体系,形成一整套课程建设与发展有效机制。深化现代职业学校改革发展,省教育厅教育综合改革项目在南京商业学校试点。研究民办学校可持续发展新策略,督导评估民办教育机构173家。做好教育对外交流工作,加强项目合作和文化推广。以各类比赛、活动为载体,促进德育、体卫艺、科技教育发展,全面提升学生综合素养。加强教育信息化建设,完善和深化区级应用平台,推进智慧校园创建工作。加强师德教育,推进区名师工作室建设,完善各类教师培训机制,为区域教育发展提供人才支撑。全年办理人大议案和政协提案62件,答复率、见面率、满意率均100%;办理"12345"工单2828件、"96180"等工单209件(含省教育厅厅长信箱、市委书记信箱、市长信箱、区委书记信箱、区长信箱等信访件)。至年末,全区有区属中小学、幼儿园157所,在职教师8523(不含系统外和单位办园)人,在校学生10.68万人。其中,幼儿园88所(含民办园、单位办园)、小学47所(含民办2所)、区属初中14所(含民办3所)、高中4所、完中2所、中等专业学校1所、特殊教育学校1所。学前教育毛入园率100%,义务教育阶段巩固率100%,高中教育毛入学率99%,终生学习网络覆盖率100%。公开招聘新教师208人,义务教育阶段教师和校长流动318人,占符合流动条件人数15.9%。

是年,市实验幼儿园、三牌楼小学获省教学成果特等奖,市第三幼儿园、拉萨路小学、力学小学、银城小学获省教学成果一等奖,市六一幼儿园、区教师发展中心获省教学成果二等奖。1人获省"五一"劳动奖章,1人获市"五一"劳动奖章;5人获新一轮市首届"陶行知奖"。38名教师获第九届南京市优秀青年教师称号,24名教师获首届南京市德育优秀青年教师称号。区教育系统新建幼儿园1所,创建省优质园1所、民办惠民园1所、高中省级课程基地3个、省级标准化社区教育中心3个。被省教育厅确定为江苏省依法治教改革试点区,5所学校创成国家级足球特色学校,1所学校创成全国中小学心理健康特色学校,2所学校创成市特色文化建设项目学校,10所学校创成市轮滑特色学校,14所学校(园)创成市依法治校示范校,3所学校创成智慧校园试点学校,8所学校入选省首批STEM项目试点学校。区教育局11次获市级以上奖项。

(张金生　徐冬梅)

【四单一图一机制公布】 2017年,鼓楼区教育部门贯彻落实和优化行政执法重要制度，核实行政权力清单，编制“四单一图一机制”（部门责任清单、行政审批涉及中介服务清单、盖章事项清单、收费事项清单和运行流程图，建立取消和前置转后置行政审批事项事中事后监管机制）并公布。（张全生）

【教育惠民】 2017年，鼓楼区学前教育基本免费1.42万人次4269.76万元，认定各类幼儿困难生256人次，减免保育费65.75万元，发放生活补贴17.52万元；义务教育阶段认定各类困难学生2150人次（其中小学1252人次、初中898人次），减免社会活动费19.8万元，发放生活补贴206.7万元；普通高中阶段认定各类困难学生457人次，减免高中学费等各项教育费用60.29万元，发放高中助学金48.95万元；中等职业教育阶段认定各类困难生173人次，发放助学金41.5万元。办理2017年度生源地助学贷款53笔43.64万元。区内困难学生参与市首届励志奖学金评选，45人获奖14.3万元（一等奖4人、二等奖41人）。（谭晓梅）

·教师队伍建设·

【概况】 2017年，鼓楼区开展师德师风建设和评优评先活动，建立和完善促进教师专业水平发展长效机制，着力打造一支引领教育教学改革的素质优秀、结构精良、数量足够骨干教师群体，全面完成“十二五”教育规划目标任务。至年末，区属教育系统有在职教职工1.05万人、公办退休教职工5231人。年内，4人被评为中小学正高级教师，1人被评为职业正高级讲师，72人被评为高级教师，177人被评为一级教师，108人被评为二级教师，见习期转正定级155人。认定初中教师资格证书1007人本，专业技术岗位晋升608人，其中1人晋升为正高级三级教师。是年，2人被确认为南京市名师工作室主持人，5人获南京市新一轮首届“陶行知奖”，1人被评为第九批南京市有突出贡献中青年专家，38人被评为第九届南京市优秀青年教师，24人被评为首届南京市德育工作优秀青年教师。（徐冬梅）

【教师培训】 2017年，鼓楼区关注师德修养与学科素养培训，组建教科研培训班，根据学员需求研制培训项目，根据经验推广壮大培训力量，根据项目自信实施菜单选择，根据项目需要弹性安排时间。开展持续性专题培训6次，促进一线骨干教师把握课题研究基本路径，掌握教育科研常态方式与方法；开设以学科为主体专题研训班116场次，组织区级研训活动620多场次；开设区级公开课及讲座近1700场次，承办省市级研训活动98场次，开设省市级公开课及讲座316场次。在实施区域内教师全员培训基础上，构建职初教师、成长期教师及成熟期教师分层培养机制。职初教师研训课程分为公共课程和学科课程，提高职初教师专业理念与师德修养、专业知识、专业能力；成长期教师及成熟期教师培训突出自主性、参与性、互动性和生成性。

【新教师入职教育】 8月7～11日，鼓楼区171名新入职教师在南京市大金山国防园参加职前培训。培训实行军事化封闭式管理，59名党员（含预备党员）均衡分配到

8个学习小组，担负起组织协调、学习引领职责。培训关注专家引领，帮助新入职教师明晰教师职业专业取向，采用户外拓展训练，体验团队合作进取力量，通过才艺展示彰显青春活力和各自风采。10月，区教师发展中心承办2017年南京市教育系统音乐、美术学科新入职教师培训，旨在引领新入职教师树立积极向上工作观，围绕课程标准与教材实际，初步掌握音乐、美术学科教学常规和技能，规范课堂教学及社团活动，在教学实践中提升自身学科教学能力，实现自身专业化发展。

【送培下乡】 2017年，鼓楼区承办市级中小学语文、数学、英语等多门学科送培下乡任务，围绕年度市区教育案例评选和第十期个人课题申报，先后组织到高淳区、溧水区和浦口区开展学科研训活动，满足乡村教师专业成长需要，助力当地骨干教师发展。年内，承担面向浦口区初中语文和数学学科省级乡村骨干教师培育站工作，开展培训活动12次。至年末，开设“以学为中心的课堂教学研究”小学综合实践培训班、“乡村骨干教师”小学数学培训班、“如何听课评课”小学语文培训班3个省级“名师送培”项目，分别送教常州市天宁区、徐州市、淮安市洪泽区。（杨 健）

·学前教育·

【概况】 2017年，鼓楼区贯彻《幼儿园工作规程》《幼儿园教育指导纲要》《3～6岁幼儿学习与发展指南》文件精神，落实《鼓楼区“十三五”教育发展规划》要求，继承和发扬陈鹤琴教育思想，开展有效幼儿园课程实践研究，促进教师队伍专业成长，让每个孩子享有公平而有质量幼儿教育。至年末，全区有完全建制幼儿园88所，其中省级示范园27所、优质园41所，市级优质园10所、市标准园及合格园10所；有幼儿班790个，在园幼儿2.36万人。有教职工3869人，其中专职教师2158人，省特级教师6人，市名园长3人，市名教师2人，市学科带头人和市优秀青年教师56人次，区学科带头人和区优秀青年教师225人次，区骨干教师667人。年内，南京花开四季幼儿园更名为南京花开幼儿园，南京紫金大地双语幼儿园更名为南京紫金大地幼儿园，南京小星星双语幼儿园更名为南京小星星幼儿园。是年，圣玛丽世茂幼儿园创建成省优质幼儿园；多伦路幼儿园、于家巷幼儿园、鼓楼幼儿园、新世纪实验幼儿园创建成省级课程游戏化项目园；市实验幼儿园、鼓楼幼儿园、市第二幼儿园、市第三幼儿园、滨江幼儿园、省级机关实验幼儿园、省级机关第一幼儿园、南京师范大学幼儿园、于家巷幼儿园、鼓楼区一中心幼儿园获南京市幼儿园课程基地称号。

【“增量、创优、普惠”三项工程】 2017年，鼓楼区继续推进学前教育“增量、创优、普惠”三项工程。金达花园幼儿园开园招生，睿城社区幼儿园、德水香林幼儿园、中储电建幼儿园、南京市实验幼儿园按时序进度新建或改造。加大政府购买服务力度，做好民办惠民园申报、认定工作，2014年首批认定5所幼儿园再次被认定为民办惠民幼儿园，东方开心幼儿园被新认定为民办惠民幼儿园。至2017年年末，全区有9所民办惠民幼儿园。（潘 虹 黄 菲）

2017 年鼓楼区幼儿园基本情况一览表

表 33

项　目 ＼ 办学性质	教育办	单位办	集体办	民办	合计
幼儿园(所)	18	20	14	36	88
幼儿班(个)	165	204	131	290	790
在园幼儿(人)	4721	6339	4192	8362	23614
教职工(人)	833	1153	570	1313	3869
其中:专职教师(人)	459	668	311	720	2158

(潘　虹)

【幼儿教育“课程游戏化项目研究共同体”成立】 10 月 24 日,鼓楼区幼儿教育“课程游戏化项目研究共同体”成立,共同体涵盖全区所有幼儿园,聘请辖区 21 位省市幼教名师、学科带头人为领衔人。共同体旨在提升幼教教研水平,促进幼教资源优质均衡发展,促进教育公平,整合区域幼教资源。计划 2017～2020 年重点推出课程游戏化项目研究,继承和弘扬陈鹤琴教育思想,开展幼儿园课程实践和研究,提高全区幼儿园课程建设和实施能力,引领不同体制、不同等级幼儿园,促进内涵发展和质量提高。在课程游戏化项目研究基础上,实现名园引领、共同进步、学习交流、互动成长。成立仪式上,项目领衔人就具体工作开展交流,提出建议。

【走进鼓楼名园】 2017 年,鼓楼区先后开展 2 次“走进鼓楼名园”活动。全区 80 多所幼儿园园长、副园长近 200 人分别走进市第三幼儿园和省级机关实验幼儿园,观摩幼儿园环境、教学活动和班级游戏,感受市第三幼儿园生态式美育研究成果和鲜明办园特色,学习省级机关实验幼儿园生态式教育中儿童之家及“课程游戏化”背景下实践与研究。

(贺　玮　黄　菲)

·小学教育·

【概况】 2017 年,鼓楼区制订 2017～2020 年小学教学改革行动计划,倡导“学生学会学习”才是教学本质教育理念,继续推进小学特色文化建设工程,创建一批省市级基础教育教学改革和特色文化建设示范校。年内,全区小学毕业生 8377 人,学业合格率 100%。坚持以公办小学接纳为主原则,妥善解决 1165 名适龄进城务工人员子女入学问题,完善特殊儿童随班就读工作体系建设。区属小学全面推行“弹性离校”工作,为放学后按时离校有困难小学生提供延时照顾服务。至年末,全区有小学(含民办学校 2 所、特殊教育学校 1 所)48 所,班级 1378 个,在校生5.64 万人,小学普及率和巩固率 100%;在职教职工

3546人，其中专职教师3497人。有20所小班化教育实验小学，其中9所为南京市小班化教育示范学校。是年，紫竹苑小学“竹·韵特色文化建设”和砺志实验小学“习武砺志特色文化建设”被列为南京市小学特色文化建设项目。（唐文静）

2017年鼓楼区小学基本情况一览表

表34

项目＼办学性质	公办	民办	合计
学校（所）	46	2	48
班级（个）	1356	22	1378
在校学生（人）	55725	716	56441
教职工（人）	3465	81	3546
其中：专职教师（人）	3434	63	3497

【区小学教学改革专业委员会成立】 5月，鼓楼区小学教学改革专业委员会成立。该委员会聘请省市教育主管部门、教研机构、南京师范大学等13位专业人士任指导专家，区教育部门有关负责人及全体小学校长担任成员，设立语文、数学、外语、音乐、体育、美术、科学、信息、综合活动等10个组进行专题研究实践。年内，制订《为儿童的学习——南京市鼓楼区小学教学改革行动计划（2017～2020）》，开展“为儿童的学习”教学改革行动，明确提出“学生学会学习”才是教学本质。

【“为儿童的学习”教改行动】 6月，鼓楼区开展“为儿童的学习”教学改革行动，把教学过程逐步变为“学习过程”，明确学生在上好语文、数学、外语等课程的同时，通过思维空间、活动支撑、经验改造、意义发现、关系重建等，打造批判性思维、创造性思考、人际沟通能力、探究能力、公民意识等素养。教改目标是促进学生转变学习方式，经历自主、合作和探究学习过程，并基于此培养“完整的人”，进一步激活、发展儿童潜能，发展儿童有意识、自觉、持久学习能力和学习品质。围绕该行动，区教育部门实施构建区小学生发展核心素养框架、研制注重“儿童经验”课程体系、编制指向“学会学习”学科教学指南、建构聚力“儿童学习过程”课堂教学样式、构筑“儿童学习与展示”区域平台五大行动，同时把五大行动分为16个项目进行专题研究实践。是年，三牌楼小学“点燃儿童思维的场景学习实践研究”获省基础教育教学成果特等奖，力学小学“支持儿童研究的教学制度建构”、拉萨路小学“活动性学程：共创儿童学习新时空”、银城小学“对话教学实践十五年”教学论文获省基础教育教学成果一等奖。鼓楼区“为儿童的学习：教学改革的质量追求”的研究被评为省教育改革创新优秀典型案例，拉萨路小学语文、琅琊路小学音乐和体育学科先后被确立为市小学教学改革学科课程基地。（唐文静　杨　健）

【特殊儿童融合教育】 2017年，鼓楼区推进特殊儿童融合教育工作，保障残疾儿童入学享受义务教育权利，成立区特殊教育指导中心和区残障学生随班就读指导委员会，实行由区教育局、区残联、特教学校、在读学校分级负责多重管理制度，建立健全年度筛查和统计制度，构建残障学生教育与医学评鉴及教育安置、转衔基本机制，参加市教育局随班就读学生管理服务数字平台建设试运行。年内，区教育资源中心巡回指导特殊儿童随班就读工作，分批定期到学校开展课堂观察、家长访谈、教育干预指导等工作；结合区情，成立培训小组，依托市资源中心和南京特殊教育师范学院培训力量，采取骨干教师上门培训和区域培训方式，培训随班就读学生所在学校和教师，帮助普通学校教师掌握特殊教育相关知识，全区近60名教师参加融合教育专题培训。是年，区教育部门完成市教育科学"十三五"规划课题、国家特殊教育改革实验区重点实验项目"南京市残疾儿童学前融合教育研究""幼儿园资源教室建设与使用的案例研究"。

【琅小集团十周年成果报告会举行】 12月16日，琅琊路小学教育集团(简称琅小集团)举行成立十周年成果报告会。主题为"质量共同体：集团化办学实践范式的建构"，总领关键词—"芬芳十年，博见未来"，由"情景报告剧""集团发展主题报告""与会专家论坛沙龙"3个板块组成。省教育厅、市教育局、区人大常委会、区政府、区政协等主要领导以及区教育局、区关工委等部门主要负责人出席活动，同时邀请一批江苏、浙江、上海等地区全国知名教育专家、学者、集团理事长、校长参加。报告会上，琅小集团老师汇报演出情景报告剧《耕耘——每一个梦开始的地方》《集团十年大事记》；同期发行《芬芳十年》画册，发布琅小集团微信公众号；琅小集团董事长戚韵东作《质量共同体：集团化办学实践范式的建构》主题报告，展示琅小集团所有成员学校在"小主人教育"思想引领下，开创优势互补、深度融合、整体提升良好局面。活动期间，受邀专家集体点评琅小集团构建"质量共同体"集团化办学实践案例，肯定以"人在中央"为核心价值观小主人教育发展范本；在"集团化办学的可持续发展"主题沙龙中，与会专家、学者以及集团分校校长形成共识：集团化办学需要充分考虑可持续发展，要实现从一般教育资源共享到新集团文化生态构建。

2007年11月，琅小集团成立。至2017年年末，琅小集团带动6所分校共同成长，每一所学校都成为老百姓信赖的"家门口的好学校"，琅小集团实践成为全区优质教育均衡发展典型引领。

(张金生)

·中学教育·

【概况】 2017年，鼓楼区制订出台《鼓楼区"新优质初中"创建项目推进计划》，以项目计划书统筹指导新优质初中创建工作，做好义务教育阶段学校均衡分班工作，落实外来务工人员子女入学政策，安排823名外来务工随迁子女进入区属中学初一年级就读，确保学生享受教育公平公正。普通高中本科达线人数在

2016 年基础上再创历史新高，达线人数和普通类文化达线人数均位居全市之首。全年初中生毕业 6258 人，毕业合格率 100%；高中生毕业 2669 人，毕业合格率 100%。至年末，全区有市属高中 2 所、初中 2 所，区属高中 4 所、完中 2 所，区属初中 14 所(含民办 3 所)。全区区属初、高中班级 685个，在校生 2.68 万人；在职教职工 3102人，其中专职教师 2868人。是年，南京市第二十九中学初中部创成首批南京市教育现代化初中建设学校，南京师范大学附属中学树人学校创成第五批南京市推进素质教育示范初中；宁海中学高中心理健康教育课程基地、南京市第十二中学高中数学课程基地和南京师范大学附属中学国粹楹联课程基地创成省级课程基地。

(郦　琳　贺振海)

2017 年鼓楼区区属中学基本情况一览表

表 35

项　目	办学性质		合　计	办学层次	
	公　办	民　办		高　中	初　中
学校(所)	17	3	20	6	14
班级(个)	625	65	685		
在校学生(人)	24212	2606	26818		
教职工(人)	2830	272	3102		
其中：专职教师(人)	2634	234	2868		

【中高考目标完成】 2017 年，鼓楼区参加中考学生 6258 人，中考均分 534.05 分。第一批次 570 分以上 2993 人，占全区中考人数 47.8%；第二批次 526 分以上3970 人，占全区中考人数 63.4%。全区参加高考学生 2421 人，本科上线 2166 人(含艺术、体育)，上线率 89.47%。南京市第二十九中学本一上线率 80.06%，本科上线率 99.03%；宁海中学、田家炳高级中学本科上线率超过 95%；三星级高中南京大学附属中学本科上线率 70.23%。区属 6 所高中学校均获年度市普通高中发展性评估综合奖、质量优秀奖和学校教学管理奖。其中，南京市第二十九中学、田家炳高级中学、南京市第十二中学和南京大学附属中学 4 所学校超额完成奋斗目标获质量突出奖，宁海中学在美术教育特色建设方面成绩显著获特色建设奖；区教育局获区级教学管理一等奖。在区域初中发展性评估中，鼓楼区获教育质量奖和队伍建设奖。

【初一年级均衡分班】 7 月 6 日，鼓楼区教育局下发《关于做好鼓楼区义务教育阶段学校均衡分班工作的通知》，明确制定《鼓楼区初中均衡分班工作实施办法》，各初中校均于 8 月 10 日前制定学校均衡分班实施细则，并上报区教育局备案。各校于 8 月 20 日统一时间组织学情调研，召开均衡分班现场会，由家长代表、学校责任督学、区教育系统纪检监察联络员现场监督，学校相关行政、教师代表和学生代表参加。 （郦　琳）

·社区教育·

【概况】 2017年，鼓楼区社区培训学院并入鼓楼开放大学统一管理。年内，组织辖区居民参加省首届社区居民书法大赛，报送参赛作品112幅，获名品奖3幅、精品奖4幅、优秀奖17幅，获南京地区唯一优秀组织奖；2017年市“赞歌献给党，喜颂十九大”歌咏大赛中，获三等奖2个，并组织参加“践行十九大精神，社区教育社区行”戏曲大赛、“舞之韵”舞蹈大赛系列活动。鼓楼区社区培训学院制作“南京非遗”系列专题特色课程，江东街道南京“白局”“剪纸”成功申请非遗。加强并拓展“鼓楼市民学习在线”功能和受众面，发放学习卡和宣传册4000余份。推进市区两级网络平台与教育资源共建共享，“鼓楼市民学习在线”全年发布社区教育新闻信息1922篇，注册用户9.9万人。鼓楼开放大学开设社区教育管理理论及实务等专业知识培训18场，培训社区教育专兼职教师1016人次。13个街道社教中心结合地域人员构成和需求，进行特色项目培训38万人次，居民参加各类社教活动82.74万人次，撰写社教专项论文18篇，申报市“十三五”社会教育立项课题6个。是年，阅江楼、建宁路、宝塔桥3个街道创成省级标准化社区教育中心，全区13个街道社区教育中心均为省级标准化社区教育中心，提前达到区“十三五”教育规划目标；江东街道创成省级“学习苑”及南京市高标准社区教育中心。

【终身教育】 2017年，鼓楼区以“推动全民终身学习，建设学习型鼓楼”为主题，在全区13个街道举行“全民终身学习活动周”开幕仪式，2700人次参与。从民间推举和挑选社区终身教育管理者、研究者及相关人员32人，组成终身教育人才专家库，拥有志愿者5.15万人、兼职教师504人。至年末，全区围绕社区特点和社区文化特色，组织社区成员开展系列学习活动38场次，依托图书馆、社区书屋和居民学校，开展好书推荐、好书诵读、数字化阅读等学习宣传，推动全民终身阅读。

【全民终身学习活动周开幕式】 10月27日，全民终身学习活动周开幕式暨社区居民“朗读者”活动在宁海路街道将军馆举行，活动主题“初心，与祖国同在”。市区教育局、宁海路街道等相关部门领导出席，并共同启动水晶球，拉开区全民终身学习活动周序幕。活动期间，表彰获省市区级百姓学习之星、百姓喜爱的终身学习活动品牌、社区教育优秀志愿者和社区教育优秀工作者。同期举行社区居民“朗读者”活动，全区13个街道19组选手以弘扬爱国主义为主题，朗诵原创家书、日记、诗歌等，表达对祖国、对党的热爱与感激之情。

（李寿年）

·职业教育·

【概况】 2017年，鼓楼区深化现代职业学校改革发展，推进职业学校教师队伍管理体制改革，健全现代职业教育体系，探索职业学校校企融合新模式。南京商业学校与中国动漫集团、江苏华声国际文化有限公司签署三方合作协议，以动漫为核心的“一个学院、一个中心”正式落户，办学层次和办学品质得到提升。省教育厅教育综合改革项目在南京商业学校试点。7月，南京商业学校被认定为省首批现代化示范性职业学校。至年末，南京商业学校分布在6个校区办学，设有财经管理系、旅游管理系、信息工程系、工商管理系、汽车服务系和国际教育学院，专业方向18个，五年制高职专业13个。有在校师生7000多人，其中省特级教师1人，教授1人，省“333”高层次人才工程培养对象2人，国家级烹饪大师6人，江苏省教科研中心组成员3人，省级教学名师7人，省职业教育领军人才3人，市区学科带头人21人，市兼职教研员5人。是年，学校3人获评市首届德育青年带头人，1人被评为市优秀青年教师；烹饪专业群被认定为省中职现代化专业群，会计专业创建为江苏省现代化实训基地。学校在各级技能大赛上获国赛金牌1块、省赛金牌6块，教学成果分别获省一等奖、市特等奖、江苏联合职业技术学院一等奖。

【成人教育】 2017年，鼓楼区广播电视大学有专职教职工16人，其中高级职称教师6人。学校设6个专业22个班级，在校学生1853人，招收新生73人，毕业学生220人，3名学生获国家开放大学奖学金，2名学生获南京广播电视大学优秀毕业生称号。学校承担南京市广播电视大学系统小学教育专业中心教研室工作，统一管理全市小学教育本、专科专业，为提高鼓楼区小学教师学历结构比例，重启小学教育本科专业，秋季招生10人。全年组织129场次2762人次考试管理工作。是年，南京理工大学鼓楼分部开设成人教育专升本工商管理、人力资源管理、会计学、土木工程4个本科专业，11个班级，在校学生351人，招收新生148人，毕业学生56人，18人获学士学位。学校与南京理工大学成人高等教育合作，开发“校企合作”“行业合作”模式，与3家校外企业合作办学，招生136人，被评为南京理工大学教学管理先进单位。

年内，区成人教育中心会计从业人员继续教育培训668人，面向区行政事业单位、教育系统财务人员开办会计继续教育培训2场，邀请专家教授开设有关政府会计准则及财政预算管理体制改革、行政事业单位内部控制制度建设与实务专题讲座。成人高中招生5人，为外来务工人员和低学历者提供继续学习提升途径。

【校企合作签约】 6月20日，中国动漫集团、江苏华声国际文化有限公司与南京商业学校校企合作签字揭牌仪式在区举行，市政府分管领导、区委主要领导、中国动漫集团、省联合职业技术学院、江苏华声国际文化有限公司等单位及市区教育局负责人出席签字仪式。仪式上，校企三方签订框架性合作协议，“南京文化创意学院”和“国家动漫南京创意研发中心”揭牌，宣告以动漫为核心的“一个学院、一个中心”正式落户南京商业学校。三方合作开创校企合作新模式，符合职业教育校企融合宏观方向，为培养更多高规格动漫人才和文创人才提供新平台。

（李寿年）

·教育研究·

【概况】 2017年，鼓楼区教育科研聚焦教改项目，依托课题研究，重视成果提炼，以提升教科研骨干管理水平与研究能力为主线，组建教科研培训班，促进一线骨干教师把握课题研究基本路径，掌握教育科研常态方式与方法，在推进教改实验项目和课题研究建设过程中，为教育行政决策服务，为教育教学改革服务，为师生和谐发展服务。年内，区教育系统推进“为儿童的学习”小学教学改革行动，形成小学教改鼓楼模式，出台《为儿童的学习——鼓楼区小学教学改革行动计划（2017—2020年）》，成立区小学教学改革委员会，聘请省市教育主管部门、教研机构及部分高校专家学者担任指导专家；加大课程改革力度，制订并完善《鼓楼区小学校本课程建设指导意见》《关于进一步加强中学教学管理工作的9条实施意见》。全年，区教师发展中心组织开展6场市区联动教学研讨活动，承办“支持儿童学习”全国高峰论坛。加大高中课程基地建设力度，宁海中学高中心理健康教育课程基地、南京市第十二中学高中数学课程基地和南京师范大学附属中学国粹楹联课程基地创建为省级课程基地，提前完成“十三五”教育规划中关于新建2~3个高中课程基地目标。年内，2所小学教改实验项目在省级立项；三牌楼小学、实验幼儿园获省教学成果奖（基础教育类）特等奖，力学小学、拉萨路小学、银城小学、第三幼儿园获省教学成果奖（基础教育类）一等奖，商业学校获省教学成果奖（职业教育类）特等奖。

【教改项目立项】 2017年，鼓楼区在省基础教育前瞻性教改实验项目年度申报评审中，琅琊路小学“小主人个性化学习平台的建构”和拉萨路小学“学程周：儿童学习新时空的实践样态”2个教改实验项目在省级立项。重视落实《为儿童的学习——南京市鼓楼区小学教学改革行动计划（2016~2010）》要求，在推进南京市教学改革前瞻性（区域类）实验项目研究工作中，以申报立项16个“鼓楼区小学教学实验改革项目群”建设为契机，实现“校校有项目、人人都参与”研究氛围。

【课题研究】 2017年，鼓楼区开题论证省市“十三五”教育科学规划78个立项课题，其中省级立项30个、市级立项48个。承担“点燃儿童思维的场景学习实践研究——求索文化的深化研究”“儿童绿色学习生态的整体建构研究”“支持儿童研究的课堂学习环境建构”3个课题为省级重点资助课题，“‘大家一起学’学习生态的校本建构”等10个课题为省级重点自筹课题。在市“十三五”教育科学规划2017年度党建课题申报评审中，区教育系统有22个教育党建课题在市级立项，其中3项为重点课题，立项总数位居全市第一。年内，区教育局组织召开“十二五”市区立项教育党建课题研究推进会，促进教育党建科研成果展示、交流、推广与共享，彰显鼓楼教育党建工作特色；在南京市第二十九中学初中部举行“微课题”研究和管理主题现场会，推进教研、科研和培训深度融合；区市“十二五”教育科学规划立项课题“中小学学业监测与评价中的‘双向细目表’的研发及其应用研究”结题，为健全教育监测评价机制、研制学生综合评价标准、探索建立区绿色教育质量监测评价体系迈出新的一步。

【科研成果】 2017年，鼓楼区配合市区教育案例年度评选和第十期个人课题申报，开展专题培训活动，满足广大教师专业成长需要，总结推广区域课改经验。年内，全区教师有553篇教育案例（教育叙事）获市教育案例和个人课题奖，获奖比例98.75%，其中一等奖和二等奖224篇，占比40.5%，高于全市一等奖、二等奖30%获奖比例；345项个人课题在市级立项，立项率61.6%，高于全市50%立项比例。803篇教师论文获市优秀论文奖，获奖比例99.14%，其中一等奖和二等奖421篇，占比52.4%，高于全市一等奖、二等奖45%获奖比例。

【小学课改成果展评】 6月2日，鼓楼区小学课改成果展评暨教学工作会议在宝船小学报告厅举行，会议主题“为儿童的学习——教学改革的质量追求”。省教育厅、市教育局、省中小学教学研究室、南京师范大学、区教育局、区教师发展中心等部门领导和专家，全区各小学科研训员和校长、教学副校长、教导主任及骨干教师近400人出席。会上，表彰2016～2017年取得课改成果的18所学校和119位教师及团队；宣读《为儿童的学习——南京市鼓楼区小学教学改革行动计划（2017～2020）》和《关于成立南京市鼓楼区小学教学改革专业委员会的通知》，并向区教学改革委员会指导专家颁发聘书；琅琊路小学特级教师张冬梅向与会人员展示“射线、直线、角”数学课；区品德学科、综合实践活动、数学学科的教研员分别围绕学科课程改革作主题演讲；南京师范大学博士生导师吴永军作课程与教学改革主题报告。（杨　健）

·教育后勤·

【概况】 2017年，鼓楼区投入教育基础设施建设3.1亿元，其中投入教育基建1.9亿元，新建、扩建、改造一批中小学和幼儿园校舍，完成建筑面积6.66万平方米校舍建设；投入教育装备1.2亿元，完成55个项目，推进教育装备标准化、现代化、特色化建设。是年，区教育系统获市校舍信息管理平台应用奖一等奖、修建与管理综合奖二等奖。

【教育基建】 2017年，鼓楼区完成宁海中学艺术楼建设，建筑面积2752平方米；完成三牌楼小学综合楼建设，建筑面积2500平方米，同时改造加固校舍4600平方米，完成整体校园出新。完成建筑面积4万平方米南京商业学校三期、建筑面积1.49万平方米实验幼儿园综合楼桩基施工。完成紫竹苑小学、青云巷小学等9所学校厕所提升工程；完成南京市第三十九中学建筑面积1810平方米综合楼加固改造工程以及滨江小学等维修工程；完成南京财经大学附属小学、莫愁新寓小学园林式校园创建工作。（王甲旗）

【教育装备】 2017 年，鼓楼区完成三牌楼小学、南京大学附属中学初中部重点装备项目，完成汉江路小学水文化体验馆、三牌楼小学钱学森思维创新教学中心等项目特色装备，完成区数据资源中心建设，建立区级教育城域网，完成图书馆管理系统网络升级及 62 家单位 3050 万元资产报废工作。年内，区教师发展中心科学筹划虎踞路新校区建设，围绕完善整体弱电智能化方案、报告厅装修及音视频方案等，重点打造教师培训智慧服务体系。

（任庆书　杨　健）

【大宗物品采购】 2017 年，鼓楼区完成区中小学校服公开采购工作，邀请专业评委 15 人，由学生、家长、教师 230 人组成大众评委团，遴选出 6 家校服企业为全区中小学校服务。参加全市 10 个区“2017～2018 学年中小幼食堂大宗食材联合采购”供应商资质预审，在栖霞中学评审并公示食堂大宗食材评审报告，接受社会监督。贯彻落实省学校食堂常整理、常分类、常清洁、常检查、常自律管理实施指南，在全区启动食堂“五常”管理模式。（万海蓉）

·教育专项事务·

【教育督导】 2017 年，区政府教育督导室综合督导滨江小学、力学小学、南师附中树人学校、南京市第六十六中学 4 所学校 2015～2017 年开展素质教育情况；随机督导宝船小学、古平岗小学、省第二师范附属小学、财大附属小学、南师附中树人学校附属小学、紫竹苑小学、民生实验小学、五所村幼儿园、力联阳光幼儿园、金达幼儿园 10 所小学（幼儿园）办学现状；综合督导回访金陵汇文学校（小学部）及滨江中学素质教育。全年督导评估民办教育机构 173 家。开展鼓楼区创建省基础教育装备示范区、市义务教育学校改薄工作、市规范义务教育阶段学校办学行为、市中小学（幼儿园）校园安全、市幼儿园规范办园、学校暑期安全工作、春季及秋季开学准备工作等 8 项专项督导。组织并参与区专题议政课题“义务教育优质均衡策略再研究”调研，完成调研报告。（秦建皋）

【教育党建】 2017 年，鼓楼区教育系统举行学习领会党的十九大精神报告会，邀请省委党校、省行政学院哲学教研部副教授李建柱作《新时代的政治宣言和行动纲领——学习贯彻党的十九大报告精神》专题报告；组织系统部分中小学、幼儿园及直属单位负责干部 40 余人赴井冈山，开展第一期党性教育现场专题培训活动；举行学习十九大精神及新修订《中国共产党章程》报告会，市委党校教授郝继明作《学习新党章　牢记新使命》专题报告。是年，南京市第十二中学、琅琊路小学、天妃宫小学、鼓楼实验幼儿园被评为第二批南京市教育系统基层服务型党组织示范点，田家炳高级中学等 35 个基层党组织被评为第二批南京市教育系统基层服务型党组织达标单位。

（胡丽丽）

【德育教育】 2017 年，鼓楼区开展社会主义核心价值观教育。区教育系统成立鼓楼区家长学校总校，完善家庭、学校、社会三位一体德育教育管理网络。南京市《璞石成玉的秘密——“孩子们心中的社会主义核心价值观”》情景剧首映式在拉萨路小学举行,天正小学学生张智行获省第四届“十大美德少年标兵”称号,力学小学学生金珈颖获省“百名美德少年”称号。全年开展德育送一束花活动10次,表彰优秀学生、教师以及有特色品牌学校。开展教师、学生心理健康、心育与伦理等各类研讨培训80次,承办市中小学心理健康教育现场会,南京市第三十九中学创建为第二批全国中小学心理健康特色学校。

(耿　艳　朱映红)

【学校体育】　2017年,鼓楼区教育系统学生体质健康测试结果,小学生合格率97.3%,初中生合格率93.78%,高中生合格率94.8%,均比2016年度有显著提高。年内,区教育系统举办第五届校园啦啦操大赛、羽毛球争霸赛、中小学生运动会和“苏宁体育杯”校园足球联赛;组织南京市第二十九中学、育英外国语学校完成南京市武术及跆拳道联盟开班、培训和竞赛活动。全区获国际级比赛10块金牌、国家级比赛20块金牌,省级以上比赛获奖200余人次,市级比赛获奖1000余人次。宁海中学、龙江小学等10所学校被命名为首批市轮滑特色学校,另有10所学校被命名为国家级足球特色学校。鼓楼区特殊教育学校运动队代表南京参加江苏省第七届特奥会特奥篮球男子队制比赛获A组冠军,代表江苏参加国际特殊奥林匹克东亚区融合篮球赛,以全胜战绩获A组冠军。

【教育国际交流】　2017年,鼓楼区教育系统继续推进教育国际交流,加强项目合作和文化推广。全区有17所中小学与15个国家地区33所学校建立友好关系;23所学校承办各项国际交流活动42次,共计接待751名境外学生和248名境外校长、教师。47名教师参加境外培训进修,其中12名通过省教育厅组织的雏雁英语教师培训项目考试,赴加拿大和澳大利亚进行为期2个月培训。至年末,全区有13所中小学引入专职外教29人,参与外教课学生5817人。有34所中小学幼儿园接纳161名国外及港澳台学生在校就读。

(黄　睿)

【校外教育】　2017年,鼓楼区实施“少年宫创新主题公益活动拓展计划”,研究探索“校外优秀教育课程”。区少年宫主办鼓楼区小学生合唱节、首届鼓楼区中小学新年音乐会、鼓楼区中小学生航海模型竞赛、第36届“苗苗”书法绘画作品比赛、南京市“瞻园杯”书画比赛区赛选拔、“绿色梦想快乐成长”2017年科技环保小报鼓楼地区创意征集活动。协助区教育局承办南京市小学生合唱节、南京市“一二·九”中学生合唱节、中小学生金钥匙科普知识竞赛以及“书香鼓楼”校园行——比利时国宝级漫画大师巴特见面会。在全国少年儿童“心中有祖国心中有他人”主题活动30年之际,区少年宫被评为突出贡献奖。在南京市优秀公益活动和特色课程项目申报评比中,区少年宫暑期公益培训申报项目“让爱飞翔·共筑梦想”、特色课程“三匹马木作坊”“灵动课堂,多元激趣——奥尔夫教学法在小提琴教学中的初探”分获南京市优秀公益活动一等奖、南京市特色课程一等奖、二等奖;获南京市小学生合唱节优秀组织奖、南京市首届中小学生创意车模竞赛优秀组织奖、金钥匙全市团体决赛二等奖、南京市第23届中小学师生科技创新大赛优秀组织奖、江苏省第27届中小学师生科技创新大赛优秀组织奖、第22届全国中小学生绘画书法作品比赛先进集体奖。（张　敏）

【民办教育】 2017年，鼓楼区有民办教育机构174家，其中区属民办学历学校5所，民办非学历教育机构132家，民办幼儿园37所。是年，完成173家民办教育机构督导评估，新批行政许可民办幼儿园4所，注销1所。

【招考工作】 2017年，鼓楼区服务考生近9万人，约占全市五分之一。先后设考点140个、考场4033个，协助省市招考部门完成研究生、大学英语四六级、计算机等级、司法、中小学招聘新教师等考试任务。全年组织21批次集中考试管理工作，获南京市招生工作先进集体、南京市高中阶段学校招生考试工作目标管理考核优秀奖、南京市普通高校招生考试工作目标管理考核优秀奖、南京市高等教育自学考试目标管理考核优秀奖、南京市成人高校招生工作目标管理考核优秀奖、南京市书法水平等级证书考试目标管理考核优秀奖。

【市级艺术比赛获奖】 2017年，鼓楼区在市中小学合唱比赛中，赤壁路小学获甲组一等奖，琅琊路、芳草园、白云园3所小学获乙组一等奖，区教育局、区少年宫分获优秀组织奖。在市中小学、幼儿园科普剧展演中，南京市第二十九中学初中部获中学组一等奖，力学小学获小学组一等奖，力联阳光幼儿园获二等奖，区教育局获优秀组织奖。至年末，全区拥有全国艺术教育先进集体1个、中华优秀文化艺术传承学校1所、省艺术教育特色学校6所、中小学艺术团18家、小学艺术活动中心16家，均匀分布在各小学、初中、高中，囊括合唱、器乐、舞蹈、戏剧、歌舞、民俗、书画等多个项目，实现项目全覆盖、年段全覆盖。

【区首届中小学新年音乐会举行】 12月27日，鼓楼区首届中小学新年音乐会在南京艺术学院音乐厅举行，由区教育局主办、区少年宫承办，音乐会主题“奏享童年”。省市教育部门以及区人大、政协相关领导受邀出席音乐会，全区各中小学校长、教师、学生和家长代表等观看演出。会上，青云巷小学、南昌路小学、南京师范大学附属中学、树人学校附属小学、小市中心小学、南京市第二十九中学初中部、滨江小学演绎中国传统经典民乐和国外名曲，通过音乐展示自我，传递祝福。（顾　勤）

人力资源服务

【公务员管理】 2017年，鼓楼区政府新录用公务员4人，任免干部571人，调配行政机关工作人员73人，办理提前退休3人，辞去公职1人。推进街道公务员职务与职级并行工作，完成18人职级晋升；完成7个参照《中华人民共和国公务员法》管理事业单位130名人员登记和初次任职工作。完成区城市管理综合执法大队和劳动人事争议仲裁院2个参公事业单位申报工作。开展公务员培训工作，加强“中国南京公务员学习网”的学习管理，2485名公务员完成网上学习任务。11月1～3日，举办1期新进公务员培训班，65人参加。考核2016年度科级以下机关工作人员2086人，优秀等次316人，称职（合格）等次1734人，不定等次及其他36人。2014～2016年连续3年获优秀等次记三等功30人。

【事业单位和专业技术人员管理】 2017年，鼓楼区制定下发《事业单位新聘用工作人员试用期转正定级工作规定》《关于进一步做好区属事业单位岗位管理实施工作的通知》。公开招聘事业单位工作人员269人。13个街道、8个区属事业单位进行岗位设置核准和备案。鼓楼区对所属81个事业单位1194名工作人员进行聘任，55人实现区内事业单位之间岗位交流。全区近80个机关部门（含参公事业单位）和160多个事业单位进行防治“吃空饷”问题自查自纠。教育系统新增高级职称教师62人、中级职称教师179人、初级职称教师195人。鼓楼区职称(职业资格)工作领导小组办公室开展初级职称全程网上申报，受理审核377人，通过296人。区妇保所0～3岁儿童早期综合训练中心工作人员首次纳入教育系列初定职称评审。按照属地化管理原则，受理8125人报名参加初中级财会专业技术资格考试，892人参加全国卫生初、中级资格考试。不见面网上审核确认企事业单位专业技术人员的继续教育学分1154人。

【人才引育工作】 5～7月，鼓楼区通过资格、技术及综合评审3个环节，确定2017年度“高层次创业人才引进计划”人选57人。10月，推荐区级人才55人参加市级评审，5人获“江苏省留学回国人员创新创业计划项目”资助，2人获江苏省“六大人才高峰”项目资助，4人入选“双创博士”。南京六九零二科技有限公司和华讯方舟通信设备有限公司通过评审入选南京市高端人才团队计划。

【人才代理服务】 2017年，鼓楼区人才中心新增代理单位276家，全区人事代理单位1030家，人事代理1.4万人。应届毕业生办理网上签约、接收648人（大专29人，本科478人，研究生139人，博士2人）。为驻区企业办理人才引进48人(大专学历6人，本科学历25人，硕士研究生学历13人，博士学历3人，职称和职业资格申请1人)，代理单位员工落户222人(大专13人、本科150人，硕士58人，事业单位引进1人)，迁出51人。全区人才户籍在册总数1035人。

【人力资源机构行政审批】 2017年，鼓楼区新增人力资源许可证6家，延续14家，变更5家，注销6家。劳务派遣许可证新批19家，延续36家，变更4家，注销3家。至年末，全区持有人力资源服务许可证机构67家、劳务派遣经营许可证机构83家，有“双证”(人力资源服务许可证、劳务派遣经营许可证)机构51家。依托江苏省市场监督信息系统，许可办件全部录入平台，公示率100%。人力资源机构年检69家，其中国有6家、民营63家，一次性合格机构58家，限期整改5家，注销6家，取缔非法“黑中介”1家。具备人力资源管理师、指导师或江苏省资格证专职人员446人。参加2017年江苏省职业资格证培训报名66人，通过率100%。2016年度劳务派遣核验单位81家，其中国有5家、民营76家，年度审验合格64家，注销3家。

【企业稳岗补贴申报】 2017年，鼓楼区组织稳岗补贴申报工作，对全区参保企业缴纳失业保险费、参保人员变更情况全面摸底，利用鼓楼就业网、招聘服务群、优惠政策咨询平台等公共传媒向区内参保企业宣传，利用监察书面审查、社保基数申报机会，宣传相关政策，明确补贴范围及标准，细化补贴申报流程，确保企业知晓政策，积极申报。截至8月31日，全区3046家企业申报，享受补贴1.19亿元。

链接：企业稳岗补贴政策

鼓楼区根据《关于进一步做好失业保险支持企业稳定岗位工作的通知》（宁人社〔2015〕132号、《关于印发<企业稳定岗位审核办法>的通知》（宁人社〔2016〕33号）、《关于做好2016年度稳岗补贴申领发放工作的补充通知》（宁人社〔2017〕89号）文件精神，对同一企业在同一年度内，既符合享受稳岗补贴政策，又符合享受在岗、转岗技能提升培训补贴规定的，在申报稳岗补贴时扣除其已享受过在岗、转岗技能提升培训补贴。申报2016年度稳岗补贴由原"二选一"改为"补差"。符合享受2016年度稳岗补贴的企业网上申报时限延长至2017年8月31日。

9月27日，鼓楼区举办"逐梦青春 创聚鼓楼"青年大学生优秀创业项目展

【"省创业型街道、社区"创建】 2017年，鼓楼区开展"省级创业型街道、社区"创建工作。区劳动就业管理中心多次召集街道、社区开展创建工作推进会、座谈会，查验申报材料、查看现场，对申报街道、社区，在基础工作、宣传氛围、典型营造、数据采集、创新创优等方面提出建设性意见。经申报、评估、审核等环节，江东街道、长阳花园等13个街道、社区被认定为2016年度省级创业型街道、社区。

【失业动态监测启动】 2017年，鼓楼区根据全市统一布署，选择30家行业内代表性企业纳入全市失业动态监测体系，按时完成360条失业动态监测申报记录。

【青年大学生创业扶持】 2017年，鼓楼区扶持青年大学生创业1008人。制定出台《鼓楼区大学生创业载体考核办法》《鼓楼区青年大学生创业载体外场地租金补贴申领办法》。组织大学生就业创业服务专家团举办各类创业宣讲、政策咨询、讲座等 24 场。市级大学生创业园区增至 8 个，创业载体总面积 7 万多平方米，孵化大学生创业企业 430 多家。发放大学生住房租赁补贴 2288 万元，办理大学生创业证 107 本。推荐 76 个大学生创业项目，参与市优秀项目遴选及大赛申报，其中 21 个获优秀项目奖。10 月 27 日，鼓楼区举办“逐梦青春　创聚鼓楼”青年大学生优秀创业项目展，展示优秀创业项目 14 个。

【主题招聘活动】 1 月，省职业介绍中心、市区就管中心、社区联合在江东街道睿城社区，组织近千个岗位信息进行专场招聘活动。2 月，区人社局联合六合、玄武区人社局在六合区体育馆开展以“促进转移就业　助力脱贫攻坚”为主题专场招聘会。鼓楼区组织 17 家用人单位参加，提供各类岗位 651 个。围绕“促就业　助富民”主题，省市区人社部门在南京汽车客运站北广场，举办春风行动专场招聘会，提供岗位 1041 个。3 月，以帮助妇女就业为中心举办“迎三八，架金桥”专场招聘会。9 月，启动离校未就业高校毕业生实名制调查，调查鼓楼区高校毕业生 1052 人，完成全年调查 100%。为鼓楼区高校毕业生提供 857 次职业指导，推荐就业信息1818 次。其中：就业 540 人，未就业 17 人（含自愿暂时不就业 11 人），其他（参军、升学，出国）495 人，就业率 96.95%。

【就业培训】 3 月，鼓楼区为辖区200 余名基层劳动保障协理员开展业务技能提升培训。5 月，开展职业指导公益讲堂活动，免费为失业人员提供心理、健康和求职技能咨询辅导。6 月、10 月，分别在宝塔桥街道和培训中心开展创业大讲堂宣讲活动，提升辖区劳动者创业意识，对接各项创业扶持政策。10 月，组织全区再就业培训工作交流会，区内 13 个街道劳动保障所所长、合作办学就业培训机构负责人 20 余人参会。会议回顾上半年区再就业培训工作情况，研讨省市区各级业务主管部门新政策、新要求，通过发言汇报、建议交流、典型案例分析等形式，剖析该区就业培训工作特别是失业人员就业培训服务优劣势，梳理就业培训开展过程中全链条、各环节注意事项等，加强与各培训机构工作默契度，共同提高业务技能和服务水平。

【劳动者权益维护】 2017 年，鼓楼区巡查企业 1886 家，指导 13 家单位完善规章制度，督促 25 家单位整改落实年休假制度。开展农民工工资专项执法检查、清理整顿人力资源市场秩序、夏季高温期间职工权益保障等专项行动，为 39 名民工追讨工资 63.4 万元，清退非法押金 1.54 万元，补发高温津贴及加班工资 8 万元，督促用人单位补签劳动合同 300 余份。劳动保障监察“两网化”（网格化、网络化管理）建设覆盖全区 13 个街道，实现全区劳动保障监察处置一体联动。

【第十届“中国留学人员南京国际交流与合作大会”鼓楼专场】 4 月 24～26 日，鼓楼区在第十届中国留学人员南京国际交流与合作大会上，举办“创聚鼓楼·创享未来——2017 人工智能创业论坛”鼓楼专场活动。区领导刘军等,市外国专家局、市人才办、市科委相关领导以及区相关部门负责人出席。区委常委许扬汶向大会介绍区情并推介该区人才优惠政策，南京大学、东南大学、南京邮电大学分别推介高校人工智能成果。参加鼓楼专场活动300余人次,达成落户意向80余人。（吴婉榕）

社会保障

·社会保险·

【社会保障金发放】 2017年,鼓楼区城乡居民基本养老保险参保3218人，城镇居民医疗保险参保11.84万人。发放被征地老年生活困难补助4280人次243万元、被征地老年生活困难补助参加基本生活保障待遇3080人次274万元，发放原支边、插队(场)、下放“三无”(城市非农业户籍的无劳动能力、无生活来源且无法赡养抚养义务人、或者其法定赡养义务人无赡养能力)人员生活困难补助8576人次590万元。（吴婉榕）

【户籍居民惠民保险】 2017年,鼓楼区民政部门与人寿保险公司协作，为全区96万户籍人口和32万户家庭购买自然灾害人身意外伤害及家庭财产保险。为80岁以上老人办理“意外伤害保险”,为重点优抚对象购买医疗大病保险,为退役士兵购买团体意外伤害保险,为低保协理员、社区退养主任购买意外伤害保险。户籍居民“民生两险”覆盖率100%。通过政府购买服务,以灾害信息员义务服务和保险公司24小时直接服务相结合方式，开通咨询、报案、救助一体化绿色通道。（陆婷婷）

【机关事业单位参保登记】 2017年,鼓楼区组织全区参保单位和部门参加市机关事业单位参保登记业务培训,制定区机关事业单位参保资格核定送审流程、参保登记操作步骤、工资数据查询、基数计算方法、填表说明和注意事项等操作文件,指导各单位开展参保登记工作。全区完成机关事业单位参保登记225家,做好上线运行工作,先后召开业务培训会6场,制定上线通知、运行说明等指导性文件10余份,全区机关事业单位养老保险上线运行193家。

【企业退休人员管理服务】 2017年,鼓楼区组织企业退休人员开展免费健康体检9.28万人，对接视频认证和咨询服务117人。“鼓楼退管”微信公众号推送信息30期150余条。成立“鼓楼区企退人员太极健身俱乐部”“鼓楼区企退人员戏曲俱乐部”。举办第三届“橙色时光杯”门球友谊赛,首届太极拳、剑展演赛,戏曲表演赛,文艺荟萃选拔赛。联合媒体组织“鼓楼区老年众益院”千名成员进行为期10天“喜庆党的十九大,我为南京倡文明”活动。（吴婉榕）

·社会救助·

【概况】 2017年,鼓楼区推进社会救助各项政策落实,突出救急难、兜底线、保基本,加强社会救助制度与其他保障制度有效衔接，完善“一门受理”工作机制。全年为4803户7461人最低生活保障家庭发放低保金6107.69万元，发放低保补充救助金1253.73万元。为低保边缘家庭467户1068人，发放救助金56.5万元。为3251名困难残疾人发放生活补贴1922.93万元，为4269人发放护理补贴732.92万元，为14名困境未成年人发放生活补贴14.6万元。春节慰问最低生活保障家庭等28类4.8万人次，发放资金2220万元。指导宁海路街道天津新村社区成功创建国家级综合减灾示范社区。与省人民医院联合开展“关爱环卫工人”公益行动，为全区1600余名环卫工人免费体检。加强养老服务相关政策研究，发布《2016年老年人口信息和老龄事业发展状况报告》（白皮书）和养老服务“电子地图”，打造省级养老综合服务样本，江东街道朗诗常青藤颐和苑养老服务中心建成启用。加大适老化改造推进力度，对社区居家养老服务中心、民营养老机构、助餐点开展消防、食品卫生、水电气、车辆安全等领域安全生产排查整治。

【困难群体最低生活保障】 2017年，鼓楼区将急难型困难家庭、支出型困难家庭、困境个人等纳入临时救助范围，全年为459名困难对象发放临时救助243.25万元，为242户困难家庭459人发放因病支出型困难家庭救助100.80万元。通过资助参合参保、医疗费用补助、医疗费用减免等形式，为低保人员、低保边缘人员、特困供养人员、60年代老职工、孤儿等发放住院和门诊大病医疗救助金3.7万人次1891.99万元。对符合条件住房困难家庭开展家庭收入信息比对，全年认定住房困难家庭1401户2827人。（陆婷婷）

【严重精神障碍患者救治救助】 2017年，区政府列入财政预算155万元，作为易肇事肇祸精神障碍患者救治救助工作和严重精神障碍患者以奖代补专项经费。区委政法委（区综治办）会同区卫计局、公安鼓楼分局、区人社局、区残联、区民政局和各街道召开5次专题协调会，落实部门、街道职责和分工。经比对筛选，该区确定1246人初步符合监护责任以奖代补政策，经审核，1236人落实以奖代补政策。协调区人社局、区民政局、区残联，落实城乡基本医疗保险1328人、临时救治救助104人、肇事肇祸精神障碍患者托底救助83人。至年末，全区未发生重性精神障碍患者肇事肇祸案件。（何玖莲）

【慈善事业】 2017年，鼓楼区13个街道建立慈善分会和社区慈善工作站，制定分支机构工作职责和资金管理办法，形成区、街、社区三级慈善组织网络体系。联手南京天华百润投资发展有限责任公司向琅琊路小学分校天润城小学、琅琊路小学威尼斯水城分校五街区南校区、十八街区北校区捐资助学90万元。区民政局和南京浦东房地产开发公司向南京市第二十九中学天润城分校和威尼斯水城分校捐资助学190万元。武警江苏省消防总队医院向江东街道捐5.5万元救助金，资助街道辖区贫困家庭。与省人民医院联合开展“关爱环卫工人”公益行动，为全区1600余名环卫工人免费体检，针对体检发现疾病进行后续跟踪，安排优秀医疗专家团队进环卫所开展病理咨询和卫生防护讲座。开通“鼓楼慈善”微信公众号，与公益宝合作完善“鼓楼慈善”微信公众号各项工作，全年发布慈善信息86条。

【《中华人民共和国慈善法》宣传】 2017年，区民政局举办《中华人民共和国慈善法》（简称《慈善法》）培训会，邀请市民政局福善处和市社会组织管理局负责人讲解《慈善法》，指导街道慈善分会和社区慈善工作站掌握法律知识。设计印制《慈善法》相关宣传画400份、宣传横幅200条，悬挂至街道社区宣传栏和市民广场，发动区、街、社区三级宣传《慈善法》。

【困难群体慰问】 2017年，鼓楼区按照低保1人户、2人户及3人以上户分别慰问1200元、2000元、2500元标准，为全区5329户低保户购买年货。春节期间，慰问低保家庭、低保边缘家庭、重点优抚对象、特困职工家庭、特困残疾人、外来务工子女等28类困难群体4.8万人，送去慰问资金2220万元。全年为14名困境未成年人发放生活补贴14.6万元。区四套班子主要领导及区级副职领导走访慰问结对帮扶社区困难家庭48户，送去慰问金、物品及新年祝福。（陆婷婷）

·社会福利·

【工资福利】 2017年，鼓楼区政府工资统发4596人，其中离休100人、退休1619人、在职2877人。工资审批51605人次，其中机关32216人次、事业单位19389人次。工资套改、清算263人，其中军转干部41人，参公事业单位130人，卫生系统56人，新招录、调入机关事业单位36人。补发机关事业单位在职人员基本工资、津补贴和离休人员增加离休费1.2万多人。调整、补发机关在职人员交通补贴2828人。预发、清算机关在职人员2016年年终目标考核奖2963人。发放机关工作人员年终一次性奖金（第十三个月工资）2819人。机关单位在职人员调整住房公积金缴存基数、住房（提租）补贴计发基数和比例3815人，离退休人员调整提租补贴计发基数和比例1646人。审批、发放2016年绩效考核奖4652人，2016年机关应休未休年休假报酬2835人、全额拨款事业单位868人，2017年上半年目标考核奖2975人，机关离退休人员2016年下半年和2017年上半年生活性补贴1701人，补发退休人员2017年基本养老金调整标准1560人，增发离休人员2016年生活补贴115人。核定2016年超出绩效工资基准线事业单位161家。核定新退休人员工资326人，其中机关107人、事业单位219人。核定、发放死亡人员一次性抚恤金44人。完成法官、检察官工资制度改革工作，全区共核定入额人员2016年度绩效考核奖280人，其中法官、检察官135人，司法辅助人员111人，司法行政人员34人。

（吴婉榕）

【老龄工作白皮书发布】 2017年，鼓楼区发布《2016年度鼓楼区老年人口信息和老龄事业发展状况报告》白皮书，该书从鼓楼老年人口信息、2016年鼓楼老龄事业发展状况两个部分，阐述全区破解大城养老困局，探索社会化养老服务体系改革路径，以大数据思维促养老基础信息转化运用，为辅助政府科学决策、推进老龄事业持续发展、养老机构权威评价做好基础数据支撑。在全市首发《鼓楼区养老机构便民手册》，对辖区内养老机构照护特色、床位数和入住率、收费标准等信息作出汇总发布。

2017 年鼓楼区域内百岁老人一览表

表 36

序号	所属社区	姓　名	性别	出生年月
1	苏州路	马俊才	男	1917 年 09 月 25 日
2	颐和路	张云翮	男	1915 年 10 月 28 日
3	北京西路	戚道珍	女	1917 年 05 月 09 日
4	三步两桥	金月琳	女	1914 年 08 月 26 日
5	三步两桥	孙梅兰	女	1917 年 08 月 28 日
6	山西路	周云仙	女	1915 年 10 月 09 日
7	康藏路	张维经	女	1916 年 08 月 22 日
8	古　林	朱容芳	女	1916 年 09 月 25 日
9	慈悲社	陈泽民	男	1917 年 10 月 15 日
10	慈悲社	严德业	男	1917 年 10 月 02 日
11	广州路	秦棣华	女	1917 年 11 月 08 日
12	龙蟠里	江　潮	女	1917 年 10 月 10 日
13	龙蟠里	孙鹤年	男	1916 年 02 月 17 日
14	虎踞关	陶国泰	男	1916 年 06 月 18 日
15	石头城	孙佩珏	女	1912 年 02 月 02 日
16	裴家桥	王文斌	男	1917 年 12 月 06 日
17	马台街	王蔡氏	女	1908 年 01 月 07 日
18	南秀村	施同英	女	1917 年 12 月 05 日
19	青岛路	郭培凯	男	1917 年 12 月 02 日
20	青岛路	董　芳	女	1915 年 01 月 09 日
21	大方巷	刘助君	女	1917 年 06 月 01 日
22	青石村	张锦玲	女	1913 年 02 月 02 日
23	天正和鸣	陈秀兰	女	1914 年 09 月 23 日
24	紫竹林	黄凤英	女	1916 年 07 月 19 日
25	汇林绿洲	朱玉琴	女	1917 年 02 月 28 日
26	劝业路	王玉斌	男	1915 年 11 月 03 日

续表 36

序号	所属社区	姓　名	性别	出生年月
27	劝业路	王世浚	男	1917 年 08 月 16 日
28	模范马路	秦华礼	男	1913 年 01 月 01 日
29	三牌楼	汤秋莲	女	1915 年 12 月 03 日
30	三牌楼	何　拂	女	1917 年 08 月 22 日
31	三牌楼	萧宗贞	女	1917 年 09 月 25 日
32	新门口	王　唯	女	1917 年 01 月 08 日
33	颂德里	陈均豪	男	1917 年 07 月 22 日
34	察哈尔路	陆兰芬	女	1917 年 11 月 13 日
35	丁　山	殷陈氏	女	1908 年 10 月 26 日
36	丁　山	李国民	男	1916 年 04 月 14 日
37	回龙桥	谢玉兰	女	1916 年 05 月 27 日
38	宝　船	吴锦洲	男	1916 年 06 月 13 日
39	长阳花园	周克芳	女	1915 年 12 月 22 日
40	长阳花园	乐陶氏	女	1917 年 11 月 28 日
41	白云园	贺立德	男	1916 年 01 月 05 日
42	华阳佳园	刘桂琴	女	1916 年 10 月 30 日
43	多伦路	王业成	男	1913 年 09 月 09 日
44	新民门	朱月萍	女	1911 年 01 月 16 日
45	新民门	汪光德	女	1913 年 10 月 07 日
46	新民门	童玉珍	女	1916 年 02 月 10 日
47	小桃园	赵希英	女	1915 年 08 月 18 日
48	白云亭	王桂英	女	1914 年 06 月 14 日
49	新民路	邵玉珍	女	1916 年 10 月 09 日
50	新民路	崔玉珍	女	1917 年 12 月 31 日
51	滨江花园	史长发	男	1917 年 10 月 29 日
52	安乐村	庄连之	男	1917 年 10 月 20 日
53	五所村	柳子荣	男	1917 年 11 月 29 日
54	宝塔桥东街	李宗达	男	1916 年 07 月 17 日
55	水关桥	林　锷	男	1916 年 04 月 12 日
56	白　云	孟庆举	男	1916 年 08 月 05 日
57	五塘新村一段	任桂兰	女	1914 年 07 月 23 日

【《养老服务电子地图》发布】 2017年，鼓楼区将社区老年人助餐等居家养老服务建设列为全年保障和改善民生、提升老年人幸福指数的重点民生项目，推出《养老服务电子地图》，打造15分钟养老服务圈。依托IT公司专业力量，将全区注册登记39个养老机构、151个社区居家养老服务站、13个中心厨房、115个社区助餐配餐点，纳入含有实地定位功能导航系统内“鼓楼养老”微信公众号平台，实现手机查询全区所有老年人助餐点和养老机构基本信息和地址定位全覆盖。

【适老化改造政策出台】 2017年，鼓楼区制定《关于落实区适老化改造工作的通知》和《关于推进适老化改造、能力评估紧急呼叫系统安装的实施意见》，对老人家庭适老化改造经费、项目以及申请办法作出规范性要求，实现“五类人员”(城镇“三无”人员、低保及低保边缘的老人、经济困难的失能和半失能老人、70周岁及以上的计划生育特殊扶持老人、百岁老人)费用全托底。70周岁以上独居老人提供适老化改造补助500元/户。加大适老化改造资金监管力度，做好申请对象筛查和审批，及时上门查访改造进度，确保改造施工完成。

【养老机构安全整治】 2017年，鼓楼区贯彻落实省市安全生产工作会议要求，对社区居家养老服务中心、民营养老机构、助餐点(中心厨房)开展消防、食品卫生、水电气、车辆安全等排查整治。街居两级、下属事业单位和第三方安全评估机构组织检查组200余个，出动检查人员367人次，检查养老机构46家、中心厨房13家、居家养老服务中心17家，排查整改大小安全隐患151处。养老机构负责人参加消防安全讲座3次，组织民政系统干部职工安全知识集中培训2次，邀请区安监局、区消防大队相关人员和专业防灾减灾组织负责人到场示范讲解。

【“朗诗常青藤颐和苑”养老服务中心启用】 10月，“朗诗常青藤颐和苑”养老服务中心建成启用。该中心位于江东街道润江路2号，总建筑面积约2000平方米，设置社区餐厅、景观步道、康复疗养、儿童乐园、文化学习等功能空间，70%以上面积用于开展老年人喘息服务、家庭养老、社区康复、老年大学等服务。内设养老床位87张，配有电动护理床、紧急呼叫系统等科技养老设施。该中心以“全龄社区、活力养老”为主题，以日本“单元式”服务为理念，针对儿童、年轻人、老年人不同年龄段，定制全龄生活乐园，打造全省养老综合服务样本。 (陆婷婷)

·优抚安置·

【优抚政策落实】 2017年，鼓楼区落实《军人抚恤优待条例》和《退役士兵安置条例》，依据南京市《关于切实做好优抚安置有关工作的实施意见》(宁政办发〔2017〕132号)，全年认定领取企业退休金“两参”人员565人，发放慰问金226万元。登记下岗失业转业志愿兵(士官)人员65人。登记发放“光荣人家”8768人，采取招标形式制作光荣人家牌2.5万张。5～12月，为1603名优抚对象发放水、电、气等五项补贴 83.36 万元。春节期间，慰问优抚对象和走访部队 203.95 万元。八一期间，慰问 279 人次重点优抚对象 8.37 万元。“爱心送下乡”对口高淳区援助资金 3 万元。全年发放各类优待抚恤金 5206.09 万元。

（陆婷婷）

【军转干部安置】 2017 年，鼓楼区接收营以下及专业技术军转干部 34 人，随调家属 1 人，自主择业军转干部 119 人。缴纳自主择业军转干部医疗保险费 254 万余元，报销医疗费 28.7 万余元，发放春节、八一慰问金 36.4 万元。为区属困难企业军转干部做好解困维稳工作，发放地方性补贴及慰问金 46 万余元。 （吴婉榕）

【退役士兵安置】 2017 年，鼓楼区完成 1978～2014 年符合政府安排工作条件退役士兵数据核查工作。依据《退役士兵安置条例》，组织退役士兵技能培训和学历教育，加大政策宣传和退役士兵就业扶持力度，完成符合岗位安置人员信息核对和确认工作。协调省、市、区政府，为 18 名符合岗位安置转业士官提供 40 多个岗位选岗，安置率 100%。全年发放义务兵慰问金 440 人 88.2 万元，发放 155 名退役士兵家庭优待金 1299.65 万元，发放 93 名退役士兵一次性经济补助金 559.45 元，发放 66 名 2016 年 12 月退役士官家庭优待金 1178.41 万元。

【军休人员服务活动】 2017 年春节、端午期间，鼓楼区各军休所走访慰问全区军休干部及遗属、无军籍职工和民政代管人员等 3000 余人。组织、参与各军休所庆祝中国人民解放军建军 90 周年文艺表演、书画摄影展、趣味运动会等活动。

（陆婷婷）

·民政事项·

【概况】 2017 年，鼓楼区推出《区委常委驻区重点单位工作联系点》制度，区委常委牵头挂钩与辖区 11 家部队结对共建，依据省市《关于进一步动员社会力量做好新形势下拥军优属工作的意见》要求，挖掘和培养民营企业拥军典型。贯彻《南京市社区双拥工作规范》精神，全区 13 个街道 120 个社区建成拥军工作站及协会组织，慈悲社等 10 个社区被命名为区级社区双拥工作站示范点。与省海洋与渔业局协作共建全国海洋意识教育示范区。落实优待抚恤政策，退役士兵安置率 100%。启动婚姻登记纸质档案扫描工作。通过全国第二次地名普查验收。社会组织登记实现网上申请和线下办理相结合，全年新增社会组织 130 个，使用市区两级公益创投资金 401 万元。是年，参加全市江苏省双拥模范区创建考评，通过自评申报、互评检查、现场打分等环节，考评成绩全市第一，成功创建省级双拥模范区，实现“九连冠”。

【《区委常委驻区重点单位工作联系点》制度出台】 2017 年，鼓楼区推出《区委常委驻区重点单位工作联系点》制度，区委常委牵头挂钩区域范围 16 所高校、11 家总部企业和 11 家高新技术企业联盟，与辖区 11 家部队结对共建，将军队光荣传统和高校、企业独有特色资源结合，推出青年官兵和青少年学生欢迎、活动形式新颖、教育效果显著共建项目。

【婚姻登记】 2017年,鼓楼区办理结婚登记1.07万对、离婚登记8202对,补领婚姻证件2921件,撤销结婚登记1件。出具无婚姻登记记录证明21份,核查婚姻信息8000件,办结率100%。收养登记1件,解除收养登记1件。市区妇联派驻志愿者每周一、三、五下午在婚姻登记处辅导婚姻家庭知识,全年新婚辅导390人,离婚咨询393人,离婚个案辅导263例,调解成功196例,其中法律个案6例,离婚后情绪辅导6例,跟踪辅导个案1例。

【殡葬管理】 2017年,鼓楼区出台《关于进一步加强全区殡葬管理推进殡葬改革工作的实施意见》,加强殡葬管理规范化建设。3月19日~4月5日清明期间,92个社区组织开展"温情惠民生·清明树新风·生态促和谐"等40多个不同主题公祭活动。活动地点选择雨花台烈士陵园、渡江胜利纪念馆、八路军办事处(傅厚岗66号)、南京大屠杀遇难同胞纪念馆、南京大屠杀丛葬处、广场等,活动形式有献花、歌舞表演、倡议书、知识问答、政策宣传、宣誓等,街道领导、干部、社区居民、学生等参加活动。

【区划地名】 2017年,鼓楼区完成第二次全国地名普查工作,核定收录地名信息2468条,9项成果资料和18项材料制成光盘报至市地名普查办,并通过国家验收。完成阅江楼街道更名工作。全年累计审核高层建筑物、商业商务及住宅楼宇、道路地名命名9件。

2017年鼓楼区新增地名一览表

表37

序号	申请单位	命名名称	类　别	批复时间
1	南京五道口置业有限公司	阅尚居	商业商务	宁地名复〔2017〕3号
2	鼓楼区中央门街道	钟阜东街	道路	宁地名复〔2017〕9号
3	南京善杰义房地产开发有限公司	桃园世纪华庭	商业住宅	宁地名复〔2017〕24号
4	鼓楼区宝塔桥街道	燕康里、燕归里	道路	宁地名复〔2017〕27号
5	南京海汇房地产开发有限公司	海欣商务中心	商务、酒店公寓	宁地名复〔2017〕29号
6	南京紫金(鼓楼)科创特别建设发展有限公司	鼓楼创新广场	商务商住	宁地名复〔2017〕39号
7	南京绿地锦峰置业有限公司	观澜中心	商务商住	宁地名复〔2017〕44号
8	南京名扬置业有限责任公司	紫都广场	商业商务	宁地名复〔2017〕45号
9	南京中冶正锦置业有限公司	锦绣滨江花园	商住商业	宁地名复〔2017〕49号

【“96180”政务服务热线】 2017年，鼓楼区接听“96180”求助电话2.69万个，有效接通电话2.34万个，其中服务类求助8256个，占求助电话35.2%；咨询类求助电话6865个，占求助电话29.3%；政务类求助电话8324个，占求助电话35.5%；电话回访满意率99.8%。10月，“鼓楼96180”微信公众号上线，分为政务服务公开、便民服务申请、政策法规咨询、政务投诉处理等模块，有效推进“96180”政务服务事项“网上办理”速度。

【社会组织“互联网+”行政审批】 2017年，鼓楼区运用省民政业务综合信息平台，将社会组织登记网上申请和线下办理相结合，制定社会组织登记指南，降低社会组织登记门槛，减少社会组织登记流程，方便居民办事。6月，启动鼓楼区社会组织年度检查，指导社会组织登录使用《江苏省社会组织管理网上填报新系统》，把年检工作与社会组织评估、诚信体系建设、清理整顿、执法监察有机结合，形成监管合力。全年新增社会组织130个，其中社会团体12个，民办非企业单位118个，办理变更登记63件。全区有社会组织1920个，达到每万人拥有社会组织15个。

【市区两级公益创投】 2017年，鼓楼区动员区属社会组织参加市级公益创投，中标创投项目12个，获创投资金108万元。开展区级公益创投，投入资金293万元，资助扶持养老、青少年服务、慈善救助、社区综合服务类39个项目落地社区。加强区级公益创投项目监督管理，围绕项目完成情况、取得成效、资金使用、社会评价等内容，对2016年度区级公益创投35个项目开展中期评估。 （陆婷婷）

医疗卫生

【概况】 2017年，鼓楼区有驻区各级医疗机构317家，其中三级医院13家，区疾病预防控制中心、区妇幼保健所、区卫生监督所公共卫生单位3家、社区卫生服务中心17家（非政府办7家）、社区卫生服务站3家（非政府办2家）。全年政府办社区卫生服务机构完成业务总收入4.88亿元，同比增长18.20%。全年门急诊341.48万人次，同比增长3.43%。

区卫生和计划生育工作以“健康鼓楼”建设为主线，贯彻实施“健康南京2030”规划纲要、健康南京建设行动计划（2017～2020），推进医药卫生综合改革，在“四大医联体”（省人民医院、鼓楼医院、中大医院、南医大二附院）基础上，将南医大眼科医院、省级机关医院纳入全区医联体建设体系，实施“强基特色”工程，建成区心电诊断中心和放射诊断中心，强化社区卫生服务中心特色发展。落实国家高血压、糖尿病等慢性病分级诊疗技术方案，实现高血压小屋和糖尿病小屋建设全覆盖，开展家庭医生签约服务，建立居民电子健康档案。全面推进基层医疗卫生机构妇儿保门诊标准化建设，推进0～3岁婴幼儿早期发展、流动人口基本公共服务均等化。落实全面二孩政策，维护计划生育家庭合法利益，落实计划生育全程服务管理。突出卫生计生综合监督，做到行政执法公开透明，试点行政审批告知承诺制。

加强重大疾病防控，完善传染病监测、预警和处置制度，重点加强血防、艾滋病、活动性肺结核、季节性传染病监测。根据冬春季对辖区学校传染病监测和处置情况，结合疫情分析和风险评估，联合区教育局组织全区中小学保健老师培训学校常见传染病防控知识。开展爱国卫生运动，推进健康支持性环境创建。发展健康产业，全面提升全区卫生计生工作水平。是年，鼓楼区通过国家病媒生物防治先进城区复审和省血吸虫病及疟疾消除目标考核，获2016年度国家基本公共卫生服务项目省级优秀单位、迎接国家卫生城市复审先进单位称号。

【医疗资源整合】 2017年，鼓楼区依托中央门社区卫生服务中心建成区域影像诊断中心，提升基层卫生中心放射诊断水平。依托省级机关医院资源，成立区心电诊断中心。驻区三级医院帮助各社区卫生服务中心结合自身实际，形成具有中医、康复、口腔、全科、心理、心血管、脑血管、代谢病等技术特色中心10个。是年，小市社区卫生服务中心妇科和心血管内科被评为市级特色专科，幕府山社区卫生服务中心康复医学科被省卫计委评为省级特色科室，建宁路、中央门社区卫生服务中心通过省卫计委专家组“省级优质服务示范社区卫生服务中心”评审，获“全国优质示范社区卫生服务中心”称号。小市社区卫生服务中心签约成为省人民医院住院医师规范化培训基地和全科基层实践基地。

【医疗服务能力提升】 2017年，鼓楼区邀请东南大学公共卫生学院、南京军区总院专家为80余名从事慢病管理工作人员开展为期一个月高血压和糖尿病系统培训，提升慢病管理能力和服务水平。邀请南京市基本公共卫生服务项目指导中心专家，培训100多名基层慢病和严重精神障碍患者管理卫计人员。邀请江苏省基本公共卫生专家组成员培训慢病、重度精神病、儿妇保及组织管理等78名公共卫生从业人员业务。与省人民医院合作举办静脉导管维护培训班并就癌症患者出院后静脉导管维护工作开展合作，满足患者留置体内静脉导管维护需求。联合南医大二附院举办急性胸痛网络医院建设暨急性胸痛知识系列业务培训。邀请东南大学公共卫生学院博士生导师、教授翟成凯开展健康营养慢病专题培训，邀请鼓楼医院专家开办5期药事管理培训班。邀请医联体核心医院院感、质控专家，检查规范服务行为、技术规范和操作规程。开展鼓楼区护士实践技能大比武，各社区卫生服务中心选拔1名优秀护士参加。5名优秀护士参加2017年南京地区护士实践技能大赛，无菌技术、单人徒手心肺复苏、静脉输液3项中1人获第一名，2人获第三名，2人获第六名。

【家庭医生签约】 2017年，鼓楼区完善家庭医生激励政策，加大签约服务宣传力度，引导患者自愿签约和基层首诊，扩大家庭医生签约覆盖面，重点签约人群新增计生失独、低保及低保边缘家庭，实现社区全科医生团队全覆盖。全区重点人群新签家庭医生20万人，重点人群累计签约30.67万人，签约率70.32%。建立电子健康档案累计95.78万人。借助家庭医生签约，

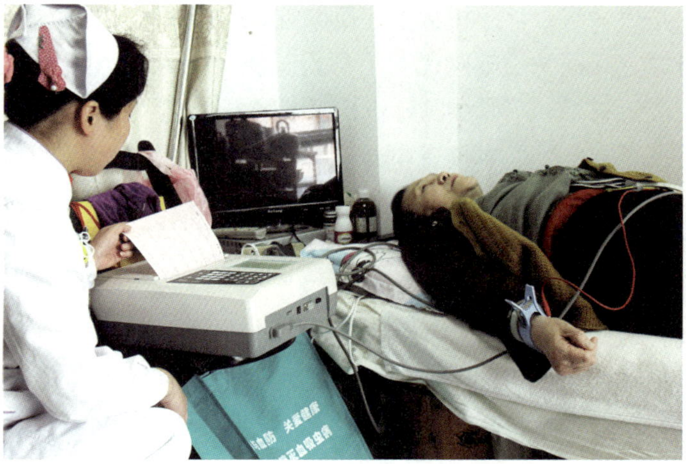
3 月 31 日，幕府山社区卫生服务中心上门为老人体检

重点做好高血压、糖尿病患者生活方式干预和药物治疗个性化指导，落实国家高血压、糖尿病等慢性病分级诊疗技术方案，推进社区卫生服务机构高血压、糖尿病防治特色科室建设，建成糖尿病小屋17 个、高血压小屋 19 个，开展糖尿病、高血压精细化管理，受益患者分别为 8600人和 3400 人。

【医养融合服务】 2017 年，鼓楼区打造医养结合型养老服务体系，提升养老服务水平。全区 17 家社区卫生服务中心就近与 40 家驻区养老福利机构签订医护服务协议，医护人员每周 2 次上门为养老福利机构和社区养老服务站老人巡诊，进行医疗护理、健康教育及体检等便捷服务。各中心为居家养老 3681 人提供医疗保健服务，为全区 65 岁以上老人免费体检，建立健康档案。对患有糖尿病、高血压病等慢性病老人进行生活方式干预、用药指导，设立行动不便孤寡独居老人家庭免费服务病床 177 张，百岁老人每月上门巡诊。社区卫生服务机构出台医务人员参与养老医疗服务激励措施，按照基本卫生服务 100 元 / 床 / 月标准给予养老结对服务补贴，按照 200 元 / 月标准给予家庭病床设置补贴，按照 100 元 / 次标准给予社区养老卫生服务补贴，按照 30 元 / 月标准给予鼓楼籍“五类”人员（城镇“三无”人员、低保及低保边缘老人、经济困难失能半失能老人、70 周岁以上计生特扶老人、百岁老人）上门巡诊服务补贴，所有补贴按时拨付到位。（步腊春）

·医政管理·

【“医联体”建设】 2017 年，鼓楼区推进省人民医院、鼓楼医院、中大医院、南医大二附院“四大医联体”建设，新增南医大眼科医院、省级机关医院进入全区医联体建设体系，推进区域医疗资源纵向整合，形成条块结合，就近转诊，联建共享，特色发展区域卫生协调发展模式。落实医联体建设、提升基层服务能力专项经费 500 万元。60 名三级医院专家下社区坐诊 1984 人次，53 名医护人员到三级医院进修（含 3 年规范化培训 6 人），双向转诊联合病房上转 3048 人、下转 121 人。深化对口支援服务工作，省人民医院、中大医院、鼓楼医院和南医大二附院派遣晋升职称下基层服务锻炼医生 53 人，为社区卫生服务中心提供每周 2 次门诊，组织培训讲座、指导基层医务人员申请课题，将三级医院服务理念、医学理念、诊疗方法和医学进展带到基层，成为三级医院与各中心之间沟通桥梁和纽带。推动基层首诊,推进分级诊疗,利用“互联网+”技术,引导三级医院优质资源下沉基层,建立居民就近转诊绿色通道,形成分级诊疗服务模式。

【人事薪酬制度改革】 2017年,鼓楼区完善《2017年鼓楼基本公共卫生服务项目实施方案》及《考核指标体系》,基本公共卫生项目人均经费标准提高至85元。创新基层卫生人才使用机制,采用“区管院用”招聘方式,公开招聘46名在编和18名非编卫生专业技术人员,缓解卫计系统招聘难,留人难问题。加大奖励性绩效工资考核力度,制定出台《鼓楼区卫计系统绩效工资总量考核管理办法》,实行双考核制度,各单位奖励性绩效工资发放与职工服务质量、工作量、群众满意度挂钩,调动医护人员积极性。

【药品供应保障】 2017年,鼓楼区推进药品耗材集中采购,增加高血压、糖尿病、脑梗塞等11种常见慢性病延方治疗用药180种。根据三级医院专家进社区坐诊实际需求,适当放开医保目录以内、基本药物目录以外部分药品使用,坐诊开具部分社区中心没有常用慢性病药品及一些社区常用急救药品,实行备案采购制,保障患者用药。

【非公医疗机构发展】 2017年,鼓楼区落实《南京市“十三五”医疗机构设置规划》,根据《医疗机构管理条例》规定,对社会资本投资民办医疗机构,严格按照申办流程、规范实施准入。根据国务院“放管服”工作要求,加强事中、事后监管,将民营医疗机构医疗质量监管列入医政工作重点。鼓励优秀医务人员流动、多点执业,提升基层医疗机构服务能力。全区批准各类资本投资申办诊所、门诊部55家,医疗机构变更登记(含注销)205件,执业医师注册(含变更、备案)274件。

【行政审批“三集中三到位”】 2017年,鼓楼区实现卫生计生行政审批职能向局行政审批科集中、行政审批科向政务大厅集中、审批事项向网上办理集中,审批事项进驻大厅到位、审批窗口授权到位、电子监察到位。除网上办理在准备阶段(需统一的政务网建设完成、完善并开放),其余各项要求均集中到位。

【行政审批权力清单】 2017年,区卫计局推进行政审批权力清单标准化,及时维护完善政务网权力事项,实现“三级四同”,逐项编制办事指南,严格区分非许可事项,压缩权力行使自由裁量权,明确审批项目名称、审批依据、审批机关、审批程序、审批条件、递交材料、审批时限、监督渠道等内容,通过区政务网及QQ群等途径,向社会公开,同时审批窗口提供查询。

【行政审批改革】 2017年,鼓楼区根据行政审批制度改革要求,选择“公共场所卫生许可”审批事项开展行政审批告知承诺制试点,办理19件,其中10件在承诺时间内补充提交相关材料。推动电子化注册工作,依法规范开展中医诊所备案、养老机构内设医疗机构备案。确定两批不见面审批事项清单,不见面审批事项超过85%。

【医疗机构安全整治】 2017年，鼓楼区开展医疗机构安全整治，实现安全检查全覆盖。检查公共场所1576户次、医疗机构272户次，查出130家医疗机构中19家使用液化燃气，1582家公共场所中455家使用隐患燃气，逐一备案上报。开展医疗领域危化品安全整治，全面排查危险化学品使用、储存和处置、医疗废弃物处理。处理南京市脑科医院、南京市第二医院和南京医科大学第二附属医院医疗废弃物混入生活垃圾问题。全年医疗废弃物集中处理率100%。检查中大医院、南医大二附院、南京长江医院、南京科大医院等12家消防重点单位，帮助医院查找安全隐患。开展0~3岁婴幼儿保育机构专项督查2次，检查亲子活动室53家，查出安全卫生隐患60余处，对11家提出整改意见，关闭7家，暂停开放6家，正常开放40家。

【审批人员业务能力提升】 2月，鼓楼区卫计局行政审批服务科人员整合到位，配备在职公务员4人及卫生监督员5人。全年组织业务培训1次，完善行政审批及窗口服务工作规范，提升审批水平和质量，提高行政审批效率和办事群众满意度。实行医疗机构设置申请时可以不提交房屋租赁协议、暂缓提交资信证明。与区市场监督管理局、区民政局等相关部门协调，解决审批事项互为前置、条件交叉、互相制约等问题。是年，窗口事项录入率、群众满意率、出勤率均100%。 （步腊春）

·疾病预防与控制·

【传染病防治】 2017年，鼓楼区报告甲乙类传染病10种939例，发病率71.05/10万，比2016年同期下降19.04%，无甲类传染病，无突发公共卫生事件报告，无传染病漏报。全年审卡7247张，处理传染病预警127起、传染病疫情242起，流调散发病例1345例。处置78起学生健康监测传染病预警事件。报告人感染H7N9禽流感疫情7起，报告手足口病例927例，比2016年同期下降51.49%。报告11例疟疾病人，均为国外输入性病例。发现活动性结核病患者149例，其中涂阳58例。加强夏季肠道传染病防控，提高检索率，召开2次肠道传染病工作会议。开展腹泻病人登记、霍乱弧菌检测，每月外环境监测采集20份样品检测，样品兼顾水体、海（水）产品及食品等，未检出霍乱弧菌。全年报告腹泻病人5425人，O2检索（即二号抗原检索，临床上用来检查有无霍乱弧菌感染。英文O代指抗原）1611人，检索率29.70%。

【预防接种】 2017年，鼓楼区举办5期预防接种相关知识培训，组织落实全区免疫规划工作，按照基本公共卫生考核要求，每季度对社区中心开展计免督导。加强预防接种单位规范化建设，开展预防接种单位评审，免疫规划疫苗接种率99%以上，推广通过商业保险等形式对预防接种异常反应受种者予以补偿机制。为接种单位冷链配送疫苗37.44万支，其中一类疫苗13.77万支，二类疫苗23.67万支。对255例免疫规划相关疾病开展流行病学调查、采送样及录入工作。完成适龄儿童及重点人群含麻疹成分疫苗查漏补种工作，应种2067人，接种2054人，接种率99.37%。

9月1日，鼓楼区卫生防疫部门预防接种技能竞赛

【血地寄工作】 2017年，鼓楼区召开血防工作大会，组织迎接省血防办血防消除工作评估检查，得到省评估组肯定。春季查螺面积302万平方米，未发现钉螺。江滩清淤1900立方米，药物灭螺面积75万平方米。开展学校保健老师、社区医生血地寄防知识培训各2次。开展血防宣传周、疟疾防治日、碘缺乏病防治日宣传活动。

【艾滋病防治】 2017年，鼓楼区落实艾滋病病人管理、关怀工作，管理HIV/AIDS 600人，CD4检测599人，检测率99.8%。结核病筛查599人，筛查率99.8%。配偶检测61人，检测率100%。定期随访，提供心理疏导和行为干预、转介服务，发放安全套和宣传材料，通知感染者进行免费CD4检测。帮助感染者申请社会救助和医疗救助，13人成功申请低保求助。动员符合标准感染者开展抗病毒治疗。

【结核病防治】 2017年，鼓楼区结核病防治报告率100%、转诊率100%、总体到位率100%、系统管理率96.9%、密切接触者筛查率100%、新涂阳患者治愈率87.2%，各项指标均达到要求。参与上级业务部门相关项目工作，即探索涂阳肺结核患者治疗管理新模式、南京市结核病防治核心信息知晓率调查、“百万志愿者结核病防治知识传播行动”招募工作。全年规范处置结核病疫散发疫情29起、聚集性疫情1起，病例密切接触者PPD筛查526人，胸片检查506人，有效控制疫情。

【慢性病管理】 2017年，鼓楼区开展慢性病网络直报和恶性肿瘤登记报告。对市级网络系统中慢性病病例信息核实、随访确认，对新发心脑血管事件导致死亡和所有因肿瘤死亡病例进行死亡补发病报告。参加南京市社区糖尿病精细化管理患者流感疫苗免疫接种干预项目和2017年南京市社区糖尿病精细化管理沙龙互动式培训。全年高血压管理5.61万份，健康管理率22.3%，规范管理4.79万人，规范管理率85.4%。糖尿病管理2.01万份，健康管理率20.7%，规范管理1.71万人，规范管理率85.2%。做好生命统计工作，维护信息平台，审核中国疾病预防控制信息系统中死因个案信息，审核卡片7521张，审核及时率100%。

【严重精神障碍患者管理】 2017年，鼓楼区重点开展严重精神障碍患者筛查、以奖代补患者信息核实与审核、网络平台信息维护、规范免费服药点软件资料等工作，加大经费投入，提高患者规范管理率。全区严重精神障碍信息系统在册患者3385人，报告患病率2.59‰；在管患者3261，在管患者管理率96.34%。

【消除血吸虫病考核验收】 5月，鼓楼区接受省卫计委、省血防所领导专家对区消除血吸虫病达标现场考核验收。考核组检查该区查螺及查病现场，未发现钉螺及病人。医务人员、检验人员监测能力考核及防治资料评分获市第一名，通过达标考核，被省血吸虫病防治研究所评为2017年血吸虫病消除评估工作先进集体、2016～2017年度血吸虫病健康教育示范社区、示范学校创建工作先进单位。

【卫生应急保障】 3月2日，鼓楼区邀请省人民医院专家开展社区中心急救医疗项目系列培训，以讲座和现场指导为主，每周安排授课1次，每月重复1轮。5月23日，邀请省市卫计委应急处领导到区开展2017年卫生系统应急救护培训。实施全民自救互救素养提升工程，承办省及南京市自救互救素养提升工程暨“12320”主题宣传活动。做好急性传染病防控应急工作，对全区人感染H7N9禽流感防控工作全面动员，组建三级医院医疗专家和100名医护人员医疗应急分队，监测与报告人感染H7N9禽流感疫情。处置H7N9禽流感疫情7起，病例流调数7人，排查密切接触者38人。对密切接触者实施医学观察，疑似人感染H7N9禽流感病例预调查10人。开展卫生应急培训和专题演练，参加市地震及地质灾害应急演练暨防灾减灾科普宣传活动。做好重大活动医疗卫生保障工作，完成“幸福鼓楼　文明先行——2017市民文明素质提升行动”、国际全项目轮滑锦标赛龙江场馆、“艺海鎏金精彩江苏”、中高考及区重点项目拆迁等重大活动医疗保障工作。

【省级消除疟疾达标考核】 11月1日，鼓楼区接受市级消除疟疾达标考核。省卫计委疾控处处长吴红辉、市卫计委疾控处、省寄生虫病防治研究所疟疾防治专家，对鼓楼区防治疟疾资料管理、区级疟疾血片镜检复核率、社区全科医生疟疾诊治能力测试、社区检验科镜检员镜检水平及疟疾血片制作规范率进行考核，以95.45分通过考核。 （步腊春）

·公共卫生管理·

【公共场所监督整治】 2017年，鼓楼区开展经营性公共场所集中整治工作，重点地段实行全覆盖。围绕卫生许可证、从业人员健康证明、控烟措施等测评指标，监督检查2482户次，监督覆盖率100%。主次干道、公园及主要商业网点周边经营性公共场所有效卫生许可证持证率98%，从业人员健康证明持有率95%，禁烟标识持有率98%。开展医疗机构依法执业、医疗废物处置、放射性疾病哨点监测、医疗美容、医疗卫生机构传染病防治分类监督试点工作、卫生监督稽查等专项行动，完成监督检查医疗机构299家、医疗美容机构23家、生活美容机构321家，下达卫生检查笔录和监督意见书522份，立案78件，结案74件，立案金额25.49万元，结案金额19.49万元，没收违法所得9.07万元。监督检查二次供水单位172家206户次，监督覆盖率100%。组织开展净水器销售市场专项监督抽查，对涉嫌销售无卫生许可批件净水器经销单位依法立案查处4件，罚没金额8958元。完成辖区168家中小学校及托幼机构卫生监督检查工作，监督抽检10家托幼机构用品用具，10家符合相关标准。

【督查信息公开公示】 2017年，鼓楼区卫生部门制定下发“双随机一公开”（监管过程中随机抽取检查对象、随机选派执法检查人员，抽查情况及查处结果及时向社会公开）工作细则，建立检查对象名录库和执法人员名录库。完成公共场所、医疗机构、放射诊疗机构、传染病防治、学校卫生等172家监督抽检任务，监督抽检结果如期上传至省卫生监督信息系统，并在市卫计委或区政府门户网站向社会公开公示，接受社会监督。

【简政放权“放管服”】 2017年，鼓楼区落实卫计工作行政审批制度改革要求，成立许可审批科，将公共场所单位、放射诊疗机构、医疗机构及医师注册等卫生行政审批项目统一整合至区政府行政审批服务中心，达到行政许可审批“三集中、三到位”要求。许可审批科作为该区“告知承诺”制度试点窗口单位，借鉴外省市卫生部门经验，探索简政放权、加强事中事后监管等“放管服”工作机制，制定《鼓楼区公共场所卫生许可告知承诺工作手册》，19家符合规定的公共场所单位按照“告知承诺”流程领取卫生许可证。所有许可信息在7日内录入区社会信用体系云平台。

【行业安全监管】 3月，鼓楼区对全区医疗机构发放《安全承诺书》《安全生产告知书》及《医疗机构依法执业承诺书》。6月，开展公共场所卫生监督检查与安全生产隐患排查2085户，重点对沐浴场所、美容美发场所、游泳场馆加强安全监管，逐户发放《安全生产告知书》。完成203家对外医疗机构医疗安全承诺书、安全生产告知书及医疗质量管理台账发放工作。普查全区公共场所燃气使用安全情况，发现生产安全隐患及时上报，检查工作纳入监督员月绩效考核指标中。 （步腊春）

·妇幼保健·

【概况】 2017年，鼓楼区新生婴儿1.15万人，新生儿访视率95.34%。7岁以下儿童系统管理5.25万人，7岁以下儿童保健管理率99.02%。产前健康管理1.15万人，孕产妇健康管理率99.47%。婴儿死亡率1.01‰，5岁以下儿童死亡率1.46‰，出生缺陷率3.48‰，婚前检查率85.02%。年内，区妇保所依据《2017年南京市基本公共卫生服务项目绩效考核指标体系》，每季度质控督导社区卫生服务中心妇幼基本公卫项目，以简报形式报区卫计局。全年完成督导124次，专项考核2次，完成简报2期，按要求完成基本公共卫生考核指标。开展妇幼保健业务培训与督导，召开各项妇幼保健例会24次，社区妇儿保及访视人员统计专项及业务培训15次，建卡人员专项培训2次，分级管理专项培训1次。接受省卫生和计划生育委员会组织国家基本公共卫生服务项目考核专家组考核，成绩优秀。代表南京市迎接江苏省2017年基本公共卫生检查，省级专家组肯定鼓楼区在培训、基层指导、信息管理等方面成绩，妇幼保健工作获好评。

【妇幼健康规范化门诊评审】 2017年，鼓楼区根据《江苏省基层医疗卫生机构妇幼健康规范化门诊评审标准》，指导8家创建社区22次。结合各社区卫生服务中心情况，确定整改方案，制定台账目录，统一展板和宣教材料。10月，4家社区卫生服务中心首批通过市级妇幼健康规范化门诊评审。12月，幕府山社区卫生服务中心代表南京市迎接省级评审，成为首批省级示范妇幼健康规范化门诊单位。

【重大妇幼疾病防治】 2017年，鼓楼区推进预防艾滋病、梅毒和乙肝母婴传播项目，全年监测孕产妇2.21万人，艾滋病、梅毒及乙肝检测率均100%，艾滋病感染1例，梅毒感染116人，乙肝感染1793人，及时准确上报艾滋病、梅毒感染个案。孕产妇感染者实施母婴阻断率近100%，规范阻断率90%以上，规范化随访艾滋病、梅毒感染的孕产妇及所生儿童。做好“两癌”(宫颈癌、乳腺癌)筛查工作，按照《鼓楼区妇女宫颈癌和乳腺癌检查项目的实施方案》要求，对承接两癌检查工作社区卫生服务中心进行专项业务培训1次，定期督导社区卫生服务中心24次。全年完成两癌检查1万余人，结案率100%，确诊乳腺癌5例和宫颈病变44例。

【妇幼卫生年报暨“三网”监测】 2017年，鼓楼区召开妇儿保统计人员例会12次，审核妇儿保统计数据，确保数据准确性及时性。组织参加鼓楼－雨花－浦口－溧水大片区5岁以下儿童死亡协作组及围产协作组会议各2次，讨论5岁以下儿童死亡、围产儿死亡及孕产妇死亡原因。强化儿科、围产保健、儿童保健工作各环节，对社区卫生服务中心及辖区接产医院进行2次“三网”监测质控工作。3月和9月，市妇幼保健院分两次考核该区2017年妇幼卫生年报暨“三网”监测工作。是年，通过2017年国家三网监测督查，区妇儿保工作获市卫计委妇幼卫生信息、三网、重大、基本公卫工作质量考核二等奖。

【托幼机构卫生管理】 2017年，鼓楼区依据《托幼机构卫生管理办法》和《托儿所幼儿园卫生保健工作规范》要求，长效管理托幼机构卫生保健工作。召开托幼机构卫生保健老师工作例会4次，指导托幼机构卫生保健工作88次，完成驻区36家托幼机构卫生保健工作情况证明验收工作，评价5家新设立托幼机构招生前卫生。举办南京市首次针对“0～3岁婴幼儿保育机构卫生保健工作人员”专项培训班和托幼机构保健老师复训班。完成托幼机构六一体检、入园体检、冬季体检、教工体检。结合六一体检，为辖区托幼机构提供健康检查、视力筛查、口腔保健服务，其中健康体检2.06万人、视力筛查1.96万人、口腔保健1.79万人。统计数据显示：龋齿4278人、视力异常885人、砂眼29人、贫血255人，发病率分别为16.4%、4.5%、1.1‰、9.8‰。

【0~3岁婴幼儿早期发展指导中心】 2017年，鼓楼区0～3岁婴幼儿早期发展指导中心做智护1778人次，免费体验173人次，健康体检53人次，小肌肉测评8人次，心理行为测评59人次。全年新增会员31人，老会员续费17人，毕业会员39人。完成0～3岁综合课和音乐课教案定稿工作并装订成册。中心新增1岁以内婴儿大运动和精细动作功能训练项目，训练47人次。加强区内转诊，专项培训全区儿保医生0～1岁功能训练，举办10期育儿讲座。举办"新年嘉年华""周年庆""圣诞节"主题大型亲子活动，在中央门、钟阜路、云谷山庄、新民门4个社区开展0～3岁儿童免费亲子咨询活动，定期对0～3岁儿童提供免费体验活动。指导丁香社区、姜圩路社区亲子室建设、服务和管理工作。协助群体保健科完成对全区0～3岁早教机构卫生保健培训工作。接受南京市示范母婴室和0～3岁婴幼儿早期发展指导服务示范中心检查、评估，受到好评。接受国家卫计委家庭发展司和市卫计委家庭发展科0～3岁早期发展调研。

【健康教育】 2017年，鼓楼区开展健康促进和科普宣传活动，开设"人人健康—母婴健康课堂"公众号，建立区妇幼保健所公众号，发布母婴健康教育知识及单位信息，涵盖青春期少女保健、优生优育、孕期保健、促进自然分娩、安全避孕节育、更年期保健等妇幼保健科普知识。开办孕妇学校、妈妈班50余场次，举办社区、学校免费健康讲座18场。组织市级专家开展"促进优生优育、创幸福家庭"三八妇女节义诊咨询1次，参加"5·12"护士节联合大型广场健康宣传及义诊活动2人次，制作各类宣教材料约3万份，"企信通"发送宣教信息7万余条。 （步腊春）

·爱国卫生·

【健康支持性环境建设】 2017年，鼓楼区建成健康教育展示体验中心1家、健康社区12个、健康小屋1间、健康步道1条、健康单位7家。创建省级健康社区4个、省级健康单位1家。五台山健康促进服务中心作为全省唯一以健康主题公园为平台健康单位，开展健康宣传、科学健身指导、健康夕阳红、体育与健康文化交流、体育旅游和拓展、残疾人特色服务、环境综合保障七大服务，注重"体医结合"和促进全民健身向全人群、全生命周期发展。7月7日，五台山健康促进服务中心作为江苏省健康环境创建单位代表，接待广州市卫生计生委、广州市疾控中心考察，交流开展健康生活方式行动、创建健康支持性环境经验做法。

【居民健康素养和烟草流行监测】 2017年，鼓楼区被市选定为国家级烟草流行监测区和居民健康素养监测区。按照《江苏省城乡居民健康素养与烟草流行监测评估方案通知》要求，区爱卫办制定监测工作方案，召开各街道及社区卫生服务中心分管领导会议，并配套工作经费4万元。区疾控中心培训社区调查员，严控质量。7～8月，开展烟草流行监测工作，走访600多人，调查问卷270人。完成2017年居民健康素养监测录入数据库工作，调查问卷450人份。

【病媒生物防制示范点建设】 3月初，鼓楼区核拨经费13万元，加强各街道防鼠、防蚊蝇基础设施建设。组织召开各街道及PCO公司病媒生物防治工作布置会。每月现场检查13个街道病媒生物防制工作。各街道开展防制宣传，采取防制与定点杀灭结合，大部分小区内毒饵宅投药到位。每个街道确定一个病媒生物防制优化片区，按照“重点行业和场所病媒生物防制”标准要求，开展各项消杀活动。鼓楼区爱国卫生委员会办公室（简称区爱卫办）组织人员对各街道优化片区拉网过筛检查验收，从中优选10个类别单位确定为市级示范点，作为典型在全区推广。5月10日，市爱卫办检查组抽查区病媒生物防制示范点建设情况，丁山社区、金润发超市、金陵小区垃圾中转站及公厕、凤凰和鸣小区4家单位通过抽查。8月，市爱卫办组织全市各区爱卫办主任观摩鼓楼区示范点建设情况。9～10月，区爱卫办对各街道优化片区点对点现场督导6次。10月25日，鼓楼区通过国家复审组病媒生物防制工作复查，获病媒生物防制先进城区复查称号。

【健康家庭评选】 3月23日，鼓楼区首届“健康家庭”评选活动在挹江门街道模范西路社区拉开序幕，评选活动由市爱卫办举办、区爱卫办协办。全区推荐60户家庭参加南京市“健康家庭”评选。江苏电视台公共新闻频道、南京电视台新闻综合频道、《南京日报》《扬子晚报》《南京晨报》《金陵晚报》南京头条、龙虎网等媒体报道。该区居民徐萍作为南京市“健康家庭”代表，从家庭环境、家庭氛围、生活习惯、健康保障4个方面，讲述生活中注重健康、推广健康、健康家规和二十“别”、二十“要”体会。

【中医健康讲师评选】 4月11日，鼓楼区卫生系统组织中医健康教育讲师竞赛活动，区卫计局领导担任评委，17名选手参加演讲，从选手整体形象、宣讲内容、表述能力、PPT制作、现场效果五方面评分，8名选手入选鼓楼区中医健康教育讲师团。全年开展“家门口的中医名讲师”进园区、进校园、进社区、进养老机构等中医健康知识巡讲活动8场次，服务人群千余人。

【健康卫生知识竞赛】 4月20日，鼓楼区在区疾病控制中心组织开展“弘扬爱国卫生传统、共建共享健康南京”知识竞赛。竞赛采用笔试形式，湖南路街道代表队获一等奖，江东街道、建宁路街道获二等奖，宁海路、挹江门、热河南路3个街道获三等奖。6位选手组成区代表队参加市级竞赛，获集体三等奖。 （步腊春）

·健康产业·

【企业走访与服务】 3～5月，鼓楼区卫生部门开展重点企事业走访活动，走访调研企事业单位58家。配合区发改局开展鼓楼区2017年度总部企业认定和复核工作，电话走访2015～2016年注册2000万元以上大企业近50家。

【南京中医药大学杏林众创科技园】 2017年，南京中医药大学杏林众创科技园（简称杏林众创）是以中医药健康产业为主体、其他科技创业项目为辅特色众创空间。杏林众创为保障创业者健康产业项目实施，借助南京中医药大学多个实验平台资源，根据创业者发展需要提供南京中医药大学科技成果转化中心分中心、中药泡制平台、中药药效与安全性评价研究平台、健康养生工程技术研究平台、种子培育实验平台、中药高效给药系统工程技术平台、方剂高技术研究平台、中小企业电子商务服务平台8个。全年入驻企业23家，就业人员320人，其中大学生创业18家，就业大学生230多人。

【南京医科大学科技园】 2017年，南京医科大学科技园围绕转化医学"B2B"(Business To Business是企业与企业之间通过互联网进行产品、服务及信息的交换)主题，开发建设临床专项平台、产品研发平台、医工结合平台、精准医疗中心(疾病大数据平台)、样本资源库、循证中心、培训部、转化杂志等基本平台，重点打造医学大数据解读中心、多中心临床试验联盟、CoC(指通过互联网相互支持)转化医疗中心、特色细胞库等具有南医特色品牌平台，为提升学校社会服务及科技产业奠定基础。1月12日，园内国际妇儿医学中心项目"南京百汇紫峰妇产医院"获江苏省卫生计生委设置医疗机构批准书。3月21日，取得"南京百汇紫峰妇产医院有限公司"营业执照。 (步腊春)

·计划生育·

【计划生育目标管理】 2017年，鼓楼区将计划生育工作纳入全区国民经济和社会发展目标任务及部门、街道、社区工作任务中，同管理、同考核。符合计划生育政策出生率99.9%，免费孕前优生健康检查覆盖率90%，出生人口性别比正常。流动人口管理服务率96%，妇幼保健和计划生育服务达标率95%，人口信息化建设指数96%，0～3岁婴幼儿早期发展知识普及率95%，人口和计划生育队伍建设达标率100%，人口和计划生育奖励优惠政策兑现率100%，人口和计划生育依法行政达标率100%，人口和计划生育群众自治合格率100%，人均人口和计划生育事业经费达标。与相关部门及街道签订个性化计划生育目标管理责任书。制定下发《2017年鼓楼区计划生育工作要点》《2017年街道计生目标考核实施细则》，作为全区人口计划生育工作任务完成考核依据。严格执行月底(25号)计生工作例会制度，保证各项工作推进。

【部门联动】 2017年，鼓楼区卫计局与区财政、民政、教育部门联合下发《婴幼儿早期发展实施意见》，与区民政局联合下发《关于全面推进社区人口计生服务管理网格化的实施意见》，与公安鼓楼分局联合出台《关于印发＜鼓楼区流动人口计划生育信息服务管理协作办法＞的通知》，与公安鼓楼分局、区市场监管局、区妇联联合下发《关于印发〈集中整治"两非"专项行动实施方案〉的通知》，为计划生育各项工作健康发展提供政策支持。发挥人口和计划生育领导小组成员单位职能作用，完善联席会议制度和情况通报制度，定期召开专题会议，通报情况，分析问题，研究对策。与区民政局共同打造集婚姻登记、婚检、孕检“一站式”服务平台，区民政局在各街道社工配置上优先安排计生社工，在街道服务中心建设中给计生服务阵地预留宣传服务空间。公安鼓楼分局协助流动人口计划生育管理，按季度发送流动人口信息，保证流动人口信息库增量任务完成；社区计生专干与公安协管员定期走访流动人口家庭，促进流动人口服务管理。区人社局协助审核、登记、发放企业退休人员“一次性奖励”，为计划生育家庭成员提供就业培训。区教育局将青春健康教育指标列入教育系统考核目标。区市场监管、物价、住建、消防等部门加强流动人口管理、0～3岁婴幼儿早期发展、男女性别比综合治理等项工作，协调推进人口计生重点工作。

【计划生育政策落实】 2017年，鼓楼区完善生育登记，落实便民利民措施，优化办事流程，简化办理手续，开展一次性告知制度、首接负责制、个人承诺制，实行生育登记证明网上实时办理。全年生育登记5960人，其中一孩3608人，二孩2352人。审核发放2017年度14周岁以内独生子女父母奖励金1.19万人次71.27万元。审核发放2017年度独生子女伤残死亡家庭特别扶助金1.85万人次3283.53万元。审核发放2017年度持独生子女父母光荣证退休企业职工一次性奖励6027人次2169.72万元。落实计划生育特殊困难家庭帮扶政策，发放独生子女特扶家庭公交、游园补贴1595人次94.1万元。发放特殊家庭春节、中秋节慰问金4708人次70.13万元。发放计划生育公益金193户39.8万元。

【计划生育服务】 2017年，鼓楼区开展避孕节育、生殖健康、优孕优生优教科普知识宣传270多场。针对“全面二孩”政策实施，加大对高龄高危孕妇关怀关爱，开展孕前优生健康检查，完成孕前优生健康检查2230对。组织辖区无业人员及流动人口中已婚育龄妇女开展免费RTI综合防治暨“两癌”筛查，服务群众9724人。全年计划生育四项手术服务426人次，兑现免费计划生育技术服务费5万余元。规范药具管理，做好二代身份证免费发放机管理维护，苏宁睿城社区新设1台发放机。与省市计生药具站沟通协调，调集430余件药具配发至各街道，保障避孕节育需求，做好避孕节育知情选择及随访服务，降低意外妊娠发生。

【人口文化建设】 2017年，鼓楼区将“5·15”国际家庭日、“7·11”世界人口日、“9·25”《中共中央关于控制我国人口增长问题致全体共产党员共青团员的公开信》发表纪念日、“12·1”世界艾滋病日，结合人口计生纪念日和“全面二孩”政策，开展不同主题宣传活动，以广场活动、主题讲座，推进人口文化园、人口与家庭公共服务中心等人口文化传播阵地建设，先后建成工人新村社区、傅厚岗社区2个市级人口文化示范阵地，建成人口和家庭公共服务中心132个，人口和家庭公共服务体系覆盖率达98.5%。组织“幸福家庭建设示范街道”“幸福家庭”评选活动，10户家庭获市“幸福家庭”称号，宝塔桥街道获市“幸福家庭建设示范街道”称号。

【计划生育协会活动】 2017年，区计划生育协会下拨各街道社区专项经费13万元，组织开展失独家庭系列联谊活动，为计生特殊家庭搭建交流平台。元旦、春节期间，开展“情暖计生特殊困难家庭——暖冬行动”，走访慰问128户计生特困家庭，发放慰问金8.08万元。中秋节，下拨11万元专项资金，组织街道、社区计生专职干部、志愿者走访慰问709户计生特困家庭。以茶话会、座谈会形式开展“四送”关爱活动。送祝福，送中秋月饼和节日祝福；送健康，送“健康66条”健康知识折页；送保障，送暖心联系卡，印有家庭医生、街道及社区联系人及电话，与每户家庭牵手结对；送服务，与计生特困家庭交流，了解身体、心理、生活等状况及需求，提供关怀。

【青春健康教育】 2017年，鼓楼区延续中国计生协会“青春健康家长沟通之道培训”项目，在街道、中学举办8期青春健康沟通之道家长培训班，参与培训家长279人。利用“5·29”计生协会会员活动日，结合计生协成立30周年，在莫愁新寓广场、宝船公园、鼓楼大学科技园区、静海寺广场、玉桥市场举办5场主题宣传推广活动。全年组织河海大学等10所高校50余名大学生志愿者开展青春健康同伴教育主持人户外拓展培训，发挥青春健康俱乐部作用，定期开展青春健康教育培训、青春健康大讲堂、心理咨询、志愿服务、生殖健康等活动。

【计划生育保险】 2017年，鼓楼区计生系列保险参保1.24万人132.44万元。继续与市人寿保险公司城北支公司合作，为全区失独家庭1033人购买大病、住院护理保险10.33万元，为低保家庭独生子女和流动人口计生家庭子女677人购买保险4.06万元。

【0~3岁婴幼儿早期发展督导】 2017年，鼓楼区探索0～3岁婴幼儿早期发展指导服务中心婴幼儿综合发展医教结合模式，完善游戏活动、成长测评、视听训练、亲子阅读、体能训练等功能区，开展婴幼儿健康教育与咨询、早期发展跟踪检查与训练、心理行为测定、科学喂养、智能测评、疾病筛查与防治等项目。运用“评估—指导—发展—再评估”循环医教保健服务模式，关注婴幼儿发育关键期，及时干预指导。全年完善区域分布，正常开放社区亲子活动室38家。规范社会办婴幼儿早期发展机构，落实资质备案3家，全区备案机构45家，招生2023人，在园幼儿1700人左右。加大优质机构扶持力度，培育优质育儿园2家。对0～12个月婴幼儿及其家长看护人员，开展一年2次以上上门入户科学育儿指导服务。全面开展一年4次免费亲子体验，服务2992人次。举办卫生保健工作人员培训班、育婴师培训班各一期，累计培训100人次。联合相关部门、街道，开展2次0～3岁婴幼儿保育机构专项督查，排查安全卫生隐患60余处，实行菜单逐条整改销号。经过整治，取缔关停3家，转型2家。召开全区“0～3岁婴幼儿保育机构”规范化经营管理工作推进会和安全培训会，促进保育机构依法守规，规范经营。

【流动人口公共服务均等化】 2017年，鼓楼区完成国家卫计委流动人口卫生计生动态监测样本点工作，华侨路、宝塔桥等10个街道20个社区400名流动人口实施卫生计生动态监测。开展流动人口数据库增量工作，同步公安鼓楼分局流动人口数据，分类分步骤清理核对全区新增流动人口数据7.8万条。突出“人口流动—健康伴你行”，助力公共服务均等化，区、街、居三级联动，卫生计生深度融合，开展健康咨询活动285场次，举办健康知识讲座866次，发放健康宣传资料2.5万份、免费避孕药具31.03万盒。开展“三进”活动66场次，受益群众3600人。组织方兴小学、中国建筑第七工程局有限公司等4家单位申报流动人口健康教育促进示范单位，韩雪琴、陈兰等10户家庭申报流动人口健康教育促进示范家庭。开展流动人口元旦、春节关爱活动，慰问困难流动人口家庭1623人17.8万元。建立完善流动人口区域协作机制，与浙江省8个县市签订《流动人口计划生育服务管理双向协作协议书》。加大幕府山街道科技创业特别社区、热河南路街道新河村社区等5个流动人口服务管理站人员及经费投入，增加卫生服务内容，满足群众需求。

【计生信息建设】 2017年，区卫计局与公安、民政等部门签订信息共享协议，及时获取每月民政部门婚姻信息、公安部门出生户籍信息。街道计生办同辖区卫生服务中心及医院孕产、儿保信息共享。全年审核录入结婚信息5676条、怀孕信息6435条、出生信息7616条，注销人口信息9945条。利用市级信息交换机制，获取辖区空挂户人员信息，参与市级信息交换2023条，处理平台各类信息（调进、调出）8630余条。坚持月信息单抽查制度，全区数据完整率99.96%，逻辑准确率99.75%，出生更新及时率99.29%。是年，区卫生部门开展2次全国生育状况抽样调查，完成中央门街道、宁海路街道6个样本点、120份个人问卷，6份村居问卷入户、问卷、审核及上报工作。

【性别比综合治理】 2017年，鼓楼区将打击代孕工作纳入基层平安创建活动中，设立专门举报电话，依法出具14周以上引产证明112例。专项检查4家不孕不育专科民营医疗机构，未发现超诊疗范围、人类辅助生殖技术等违法行为。

【“连心家园”建设】 2017年，鼓楼区新建挹江门街道察哈尔路社区、阅江楼街道新民门社区、中央门街道三牌楼社区、宁海路街道康藏路社区、宁海路街道三步两桥社区、小市街道“连心家园”6个，为计划生育特殊家庭（计划生育伤残死亡家庭）搭建交流平台，促进交流，互相关心支持，以积极心态共同面对生活。年内，“连心家园”开展心理疏导、健康咨询、生活关怀等活动，帮助计划生育特殊家庭解决生产、生活、就医、养老等方面困难和问题。

（步腊春）

文　化

【概况】 2017年，鼓楼区举办各类文化公益演出活动2260场次，惠及112万人次。新建36家综合性公共文化服务中心。建成2家、开建3家社区24小时自助借还图书室。社区艺术学校免费开设艺术培训辅导课220节，培训1万人次。区图书馆接待读者37.5万人次，新办读者证2704张，流通图书22.7万册次，采购新书3.5万册，开展"书香鼓楼"全民阅读系列活动90余场。加强文物遗产保护与利用，完善文物保护管理网络体系，确定各级文物保护单位文物保护人员1～2人，完成文物季度巡查工作，拍摄巡查照片5000余张，各级文物巡查率、完好率100%。完成龙江船厂遗址展陈大纲编写工作。增补公布黄家圩路明代石塔为鼓楼区第二批不可移动文物，完成颜真卿纪念馆初期修缮工程，明城墙安全度汛。有序推进文化市场发展，办理各类文化市场行政审批事项173件，换发各类行政许可新证233张，完成著作权人网上登记上报案例48件。组织开展网吧接纳未成年人、校园周边出版物市场、营业性演出等专项执法行动7次。是年，区文化局获市群众文艺创作调演活动、市少儿艺术团体文艺大赛优秀组织奖，第八届中国京剧艺术节先进集体称号。

6月6日，一路芬芳——2017百场公益演出广场行启动仪式在渡江胜利广场举行

【中外文化交流】 2017年，鼓楼区以白云亭文化艺术中心为阵地，邀请国外优秀艺术家及文化团体开展多场文化艺术交流活动。4月6日，法国歌手、音乐家玛丽昂·希拉举行"流动的手风琴"法语香颂音乐会，200余位音乐爱好者观看演出。11月19日，欧洲经典少儿图画书《小兔汤姆》作者之一、法国作家伊丽莎白·德·朗比伊（Elisabeth de Lambilly）在"书香鼓楼"公益大讲堂，为百余名小朋友讲述"小兔汤姆"故事。11月20日，世界知名图画书作家、澳大利亚著名幻想大师葛瑞米·贝斯先生携夫人罗宾·贝斯女士，在白云亭文化艺术中心举办"你好！我的想象力"幻想图画书分享会。12月19日，在复兴小学举办"书香鼓楼"校园行系列活动，比利时著名漫画家吕克·科林现场与复兴小学200余名学生分享经典卡通形象长尾豹马修创作历程，并教学生们绘制漫画中经典人物，让学生们感受法语文化魅力和漫画幽默。 （徐　力）

【文化发展建设】 2017年，区委宣传部牵头举办2017"幸福鼓楼"社区文化艺术节，开展"同庆十九大，共唱幸福歌"精品文化进社区系列活动，打造"书香鼓楼"全民阅读节、"话说鼓楼"幸福社区大讲堂、"白云亭公益剧坊"等文化惠民品牌。协调组织区机关春节联欢会，组织开展"金陵五月风"鼓楼区活动。抓好南京市"文化惠民再出发"标准化体系全市首个示范点活动，邀请知名

专家到区进行音乐、书法、美术、舞蹈、戏剧,民间艺术等方面讲座和培训,全年进行 167 场次,参加人数近 8000 人次。推进市社区艺术教师志愿者工作,发挥志愿者在音乐、舞蹈、绘画、书法、摄影、民间艺术等方面特长,全年服务社区时间超过 600 次 1200 小时。年内,鼓楼区开展群众性文化惠民活动 2260 场次,文化惠民 112 万人次。开展文化人才扶持工作,对省第二期青年文化人才、市第四批“五个一批”文化人才跟踪服务,发放市第三批文化人才资助项目首期资金,2 名文化人才获市文化人才项目资助,6 人当选南京市首届百名优秀文化人才。是年,鼓楼区被评为南京市“书香建设”示范区。

链接:五个一批

一批全面掌握邓小平理论和“三个代表”重要思想、有较高学术造诣、联系实际的理论专家,一批坚持正确方向、深入反映生活、受到群众喜爱的名记者、名编辑、名主持人,一批熟悉党和国家方针政策、社会责任感强、精通业务知识的出版专家,一批紧跟时代步伐、热爱祖国和人民、艺术水平精湛的作家、艺术家,一批既懂得宣传文化发展规律、又懂得市场运作规律的文化经营管理专家。

【文联协会活动】 2017 年,鼓楼区书法家协会、美术家协会在元旦、春节等传统节日组织书画艺术家赴基层社区开展写春送福活动,举办“华夏圆梦——鼓楼区庆祝中国人民解放军建军 90 周年书画作品展”“党的光辉——南京市书法作品巡展”“两江风流——南京鼓楼与广东潮州第二届书画名家作品交流展”等书画展览,提升群众文化审美观。摄影家协会举办聚焦新鼓楼摄影比赛作品展,展示新鼓楼发展成果。文学创作家协会举办《身边汉字　花草字传》新书分享会、“喜迎党的十九大胜利召开——鼓楼诗歌朗诵会”等,让群众感受文字之美。戏剧家协会承办“中国京剧节”鼓楼区群文戏曲专场。音乐家协会举办“喜迎十九大　放歌展风采”合唱比赛,开展二胡、小提琴、萨克斯、竹笛等培训,丰富鼓楼群众文化生活。民间艺术家协会金陵神剪张设立“南京剪纸传承基地”,有效促进文化传承。

(黄晓璐)

·群众文化·

【基层文艺团队培育】 2017 年,鼓楼区开办社区艺术学校,开设免费艺术培训辅导课 220 节,培训 1 万人次。选拔戏曲、器乐、声乐等各类文艺团队在白云亭文化艺术中心剧场开展专场公益惠民演出 18 场次。组建鼓楼区文化馆精品艺术团送演出进街道、进社区、跨区交流 10 场。授予滨江艺术团等 50 个团队“星级团队”称号。

(徐萌萌)

【小白云影院成立】 1 月 8 日,鼓楼区文化服务品牌项目“小白云影院”成立,增添主题电影、舞台剧鉴赏、交流活动。影院邀请台湾著名电影、话剧演员刘亮佐为2017年度主题电影荐片人,每月由荐片人选出播放影片,邀请参与影片拍摄导演、演员现场或录制视频,鉴赏、点评电影。全年,小白云影院播放各类主题电影 118 场,观

1月8日，“小白云影院”成立暨主题电影赏析启动仪式在白云亭文化艺术中心举行

影人数2万余人，开展互动交流活动32场次。 （袁华青）

【“幸福鼓楼”2017社区文化艺术节】 5月6日，“幸福鼓楼　相约春天”2017社区文化艺术节启动仪式在鼓楼区静海寺广场举行，艺术节由区委区政府主办，区委宣传部、区文化局承办。市区有关领导，各街道、各部门相关领导及驻区高校代表、部分社区居民约800余人参加仪式。市人大常委会副主任、区委书记张一新宣布“幸福鼓楼”2017社区文化艺术节开幕。在启动仪式上，播放群众文化活动视频短片，回顾鼓楼区文化惠民工作；对文化工作先进街道、星级团队、文化志愿者颁奖，举行“精品文化惠民活动进社区启动”授旗仪式。市演艺集团、南京艺术学院、各小学及社区艺术团队以“春之声、春之颂、春之语、春之梦”为主题，表演走秀《烟雨江南》、戏曲联唱《梨花颂》、情境剧《晨曦鼓楼》、小合唱《石城的记忆》、舞蹈《草原的天空》等11个节目。2017年文化艺术节以引进文化名家为特点，融入鼓楼区名家和高校志愿者，让文化名家和精品节目进社区，受众更广，档次提升。艺术节期间，通过儿童文艺、话剧、展演、百部中外经典老电影回顾展等多种形式，组织大型表演184场。

（徐萌萌）

【“喜迎十九大　放歌展风采”合唱大赛】 10月14日，鼓楼区“喜迎十九大　放歌展风采”合唱大赛在白云亭文化艺术中心4楼剧场拉开序幕。省市区各相关单位专家评委、区及相关部门、街道分管负责人，各街道文化站长、星级文艺团队团(队)长、合唱爱好者出席观看比赛。经过初赛、复赛，12支代表队进入决赛。经专家评委现场打分，评出一等奖2名、二等奖4名、三等奖6名。江东、宝塔桥、挹江

10月14日，鼓楼区举行“喜迎十九大放歌展风采”合唱大赛

门、中央门4个街道获合唱大赛优秀组织奖。

【"幸福鼓楼"2018新年音乐会】 12月30日晚,"幸福鼓楼"2018新年音乐会在南京艺术学院音乐厅举行。音乐会由民族管弦乐《庆典序曲》拉开序幕,演出唢呐与板胡《喜庆》、古筝独奏《茉莉芬芳》、民族交响组曲《繁华市井》《浆声灯影》、打击乐重奏《老虎磨牙》、男女二重唱《采红菱》《九九艳阳天》等曲目。区领导与区内各界群众近千人观看演出。

(袁华青)

·图书管理·

【"书香鼓楼"建设】 2017年,鼓楼区开展各类"全民阅读"活动92场、"书香鼓楼"公益大讲堂13场、"话说鼓楼"幸福社区讲堂4场、少儿活动34场、少儿培训32场、中外文化交流活动4场、展览5场。《百家讲坛》主讲人张一清、六朝博物馆馆长胡阿祥、台湾英文绘本教育专家廖彩杏、反腐热门作家丁捷、亲子阅读专家李一慢、鼓楼实验中学校长孙汉洲等举行专题讲座。"4·23"世界读书日期间,区图书馆获2015～2016年度南京市全民阅读工作先进集体称号。

【国家一级图书馆评估】 2017年,文化部组织开展全国公共图书馆第六次评估定级工作。区图书馆参加省市主管部门培训,对评估定级工作进行任务分解、责任细化,按照要求完成各项申报材料470份,通过市国家一级图书馆测评。

【24小时社区自助图书馆开馆】 4月20日,湖南路街道南秀村社区和挹江门街道鲁迅园社区24小时自助图书馆建成并对居民开放。自助图书馆打破传统图书馆开馆时间约束,满足市民借阅需求,发挥图书馆和社区在公共文化服务体系中作用。是年,姜圩路、五所村、清凉门3个社区24小时自助图书馆相继开工建设。

(徐　力)

12月19日,"书香鼓楼"校园行系列活动举行

·文物保护·

【非物质文化遗产申报】 2017年,鼓楼区组织普查人员,收集非物质文化遗产项目20项,经专家、评委筛选,"聚珍轩裱画"等10个项目列为鼓楼区第三批非物质文化遗产名录。以彩粽、南京白

局、剪纸和面塑等为主题，开展3场非物质文化遗产展示活动。按照市文广新局关于开展第四批市级非物质文化遗产代表性项目申报工作要求，在公布的30余项区级非物质文化遗产项目中筛选，经专家评审和实地考察，面塑、宜贡坊云锦、吆喝、端午彩粽4个项目成功申报第四批市级非物质文化遗产代表性项目。

2017年鼓楼区第三批非物质文化遗产名录

表38

序号	项目编号	项目类别(名称)	保护单位
传统技艺(7)			
1	NGGlII-1-1	聚珍轩裱画	区文化馆
2	NGGlII-1-2	面塑	区文化馆
3	NGGlII-1-3	糖画	区文化馆
4	NGGlII-1-4	端午彩粽	区文化馆
5	NGGlII-1-5	南京吆喝	区文化馆
6	NGGlII-1-6	金陵热敷包	区文化馆
7	NGGlII-1-7	宜贡坊云锦	南京宜贡坊云锦文化科技有限公司
民间文学(3)			
1	NGGlII-2-1	狮子山的故事	区文化馆
2	NGGlII-2-2	静海寺的故事	区文化馆
3	NGGlII-2-3	靖安镇的故事	区文化馆

【文物巡查】 2017年，鼓楼区以季度巡查、专项检查、舆情反应等形式，开展文物保护工作，对存在安全隐患文保单位使用人、所有人发放整改和修缮通知书50份，完成辖区内各级文物保护单位日常巡查及巡查表上报工作，各级文物巡查率、完好率100%。做好文物消防安全检查，完成国家文物安全大排查系统填报工作。提前成立防汛领导小组，制定明城墙防汛工作方案、应急预案，保障明城墙安全度汛。完成第四个国家公祭日活动前夕南京大屠杀遇难同胞丛葬地联合巡查和保洁监督工作。（徐萌萌）

【文物修缮】 2017年，鼓楼区组织颜真卿纪念馆院门、殿门、配殿梁柱、放生井亭、东厢房修缮工程施工和竣工验收，并完成审计及白蚁防治工作。完成颜氏家训陈列馆文本大纲及概念性方案设计及专家评审。审批北京西路57号、天目路32号、北京西路72号、五条巷5号4家文物保护单位修缮设计方案。协助做好省级文保单位鼓楼公园、市级文保单位五台山百步坡1号民国建筑修缮设计方案上报、审批工作。

【文化名人雕像】 2017年，鼓楼区落实市文广新局《南京历史文化名人展示工作实施方案》，完成魏源雕像制作、选址。8月，在乌龙潭公园魏源故居内，完成雕像安装，并向游客市民展出。（曹秀梅）

【文博宣传教育】 2017 年,鼓楼区开展第 19 个国际博物馆日活动,在颜真卿书画院举办“春和景明书画展”。组织开展中国第 12 个文化和自然遗产日宣传活动,制作文化和自然遗产日宣传横幅,在相关展览馆、政府机构悬挂。推进小型博物馆协会建设,鼓励各成员场馆加大公益开放力度,全年 42 家成员单位举办 492 场活动,惠及群众 20 万人次。举办第 15届鼓楼“文博之夏”夏令营,组织辖区内 100 多名中小学生参观鼓楼城市展览馆,观看红色电影《血战湘江》,赠送学习用品。

(徐萌萌)

·文化市场·

【文化市场安全检查】 2017 年,鼓楼区组织召开网吧、娱乐场所业主工作例会6 次,宣传安全知识。开展化学危险品专项整治、公众聚集场所安全隐患排查等专项执法行动 1620 次,重点排查高层楼宇、使用燃气设备等文化场所消防安全隐患,督促文化经营场所制定突发事件应急处置方案。开展“安全生产月”等各类专项整治行动 5 次,以网吧、歌舞、游艺娱乐等公众聚集场所为重点,查找场所经营管理、消防安全等方面死角和漏洞,杜绝安全责任事故发生。

(张晓明)

【文化市场治理】 2017 年,鼓楼区加强监督管理网吧市场,查处网吧接纳未成年人进入、未按规定核对登记上网消费者有效身份证件等违规经营行为。排查出版物市场,重点清理整顿学校周边宣扬淫秽色情、凶杀暴力、封建迷信以及侵权盗版图书、报刊等出版物。加强监管各类经营性演出活动,开展整治非法安装、私拉乱接卫星电视广播地面接收器专项执法行动,抽查香格里拉酒店、易发大厦等单位卫星接收设施。专项检查户外公共场所大屏幕播出秩序及内容安全,确保国庆、十九大等重要时段广播电视安全播出。全年累计出动执法人员 2350 余人次,检查文化经营场所 1690 余家次,受理举报 32 件,立案查处并办理各类案件 30 件,开展联合执法行动 4 次,累计罚款 4.83 万元。

(李　昆)

【区文化综合执法大队成立】 3 月,鼓楼区文化综合执法大队成立,承担区文化综合执法职责。执法大队为全额拨款事业单位,机构规格为正科级,编制 8 人,其中领导职数为 1 正 1 副,程颖任大队长。区文化局针对文化综合执法改革难点,结合区执法队伍实际,经反复研究论证,制定“文化综合执法大队人员选拔方案”,确定区文化综合执法大队队员 6 人。

(徐萌萌)

【文化娱乐行业转型升级】 2017 年,鼓楼区推进文化娱乐行业转型升级工作。组织 76 家网吧业主座谈交流,请专业人员介绍网吧转型升级前景,为转型升级工作做好铺垫。组织召开全区 86 家娱乐场所负责人专项工作会议,市娱乐协会秘书长对娱乐场所转型升级工作作动员,由“米乐星”经营部人员介绍娱乐场所转型升级情况。

(张晓明)

【“扫黄打非”行动】 2017年，鼓楼区开展“净网”“清源”“秋风”“固边” 等6次扫黄打非专项行动，加大繁华街区、互联网经营场所、图书报刊音像批发零售场所等重点区域和部位巡查力度，取缔无证经营场所、游商点13处，取缔非法设施电台2个，拆除非法安装地面卫星接收设施9个，收缴非法音像制品9500余张（盘）、非法出版物2100余册（份），罚没款5.25万元。推进“扫黄打非”进基层工作，13个街道成立“扫黄打非” 工作领导小组，120个社区成立“扫黄打非”工作站，初步形成区、街、社分级负责和协同管理“三级管理”机制。设立街道、社区示范点，以点带面，夯实“扫黄打非”基层工作，形成基层“扫黄打非”宣传教育、日常巡查、联动查处、信息报送、工作考评等五大工作机制，推动基层“扫黄打非”工作常态长效化。 （徐萌萌）

·档　　案·

【概况】 2017年，鼓楼区完成32家单位档案工作省星级测评复查、30家单位档案行政执法检查和130家单位档案年度检查工作。加强监督和指导区属重点建设项目档案工作，完成三牌楼小学改扩建及抗震加固、南京商业学校三期、天妃宫小学易地建设等10个重点建设项目登记、备案工作。完成南秀村、热河路、钟阜路等11个社区档案规范化建设工作。全年接待查档7543人次，出具各类证明8188份。接收机构改革单位区卫生局、机构撤销单位原下关区口腔防治所和原下关区卫生局文书档案309卷、730件、照片档案380张、光盘档案4张进馆，完成新进馆档案61.28万页数字化加工。完成《陈宗霞人物档案汇编》《2017年鼓楼区大事记》《2017年档案利用事例选编》和《2017年度剪报汇集》任务。全区8家单位创成省AAAA级数字档案室。全年上报各类工作信息和业务文章中，有106条工作信息被国家、省市档案网站和专业刊物采用，7篇业务文章被国家、省市级刊物刊登。开展档案学术研究，完成省档案局“档案信息化推动生产型企业发展研究”课题，“数据挖掘技术在婚姻档案数据分析中的应用研究——以鼓楼区（下关区）1980～2013年婚姻登记档案为例”研究项目获省档案优秀科技成果三等奖。年内，区档案局（馆）被市档案局评为2016年度业绩优异单位。

【档案安全管理】 2017年，鼓楼区落实档案安全管理责任，安排专人做好档案库房管理，加强日常特别是梅雨季节和汛期安全巡查。加强档案出库入库安全管理，以档案库房和数字化加工场所为重点，修订完善《库房安全制度》《库房管理制度》《库房保密制度》《档案数字化加工制度》《档案安全应急处置预案》等一系列安全管理制度。8～9月，根据办公用房调整需要，完成400余个档案柜、150箱书籍资料搬迁、上架工作。开展网络安全检查，勒索病毒爆发后，第一时间联系有关部门做好网络安全防护，确保档案管理系统安全。完成全区档案数据安全备份工作，与区机要局联合下发《关于贯彻执行<江苏省档案数字化安全保密管理规定（试行）>的通知》，加强全区档案数字化安全保密工作。

【档案执法检查】 2017 年，鼓楼区启动“双随机、一公开”(在监管过程中随机抽取检查对象，随机选派执法检查人员，抽查情况及查处结果及时向社会公开)档案行政执法工作，制定《鼓楼区档案局2017年“双随机、一公开”执法检查工作实施细则》，下发《关于在 2017 年度档案行政执法检查中实行随机抽查的通知》，全年完成 30 家单位档案行政执法检查工作。完成行政权力事项更新、政务服务系统维护和“两法衔接”(行政执法与刑事司法衔接)信息共享平台对接、启用工作。

【32 家单位档案工作通过省星级测评(复查)】 2017 年，鼓楼区 32 家单位通过省档案工作星级测评和复查。其中，公安鼓楼分局和琅琊路小学 2 家单位通过省五星级测评，琅琊路小学是全省第二家、全市第一家档案工作达省五星级小学。基督教江苏路堂和幕府山街道 2 家单位通过省四星级测评，基督教江苏路堂是全市第一家基督教场所以及全区第一家宗教场所档案工作达省四星级单位，幕府山街道是全区第一家档案工作达省四星级街道。区政府办、区政协办、区统计局等13 家单位通过省三星级测评。华侨路街道、建宁路街道、市第二幼儿园等 10 家单位通过省三星级复查。鼓楼房产经营公司、华阳开发公司等 5 家单位通过省二星级复查。

2017 年鼓楼区通过江苏省档案工作星级测评(复查)单位一览表

表 39

序号	单位名称	通过省星级测评(复查)等级
1	公安鼓楼分局	五星级测评
2	琅琊路小学	
3	基督教江苏路堂	四星级测评
4	幕府山街道	
5	区政府办	三星级测评
6	区政协办	
7	区统计局	
8	宁海路街道	
9	湖南路街道	
10	中央门街道	
11	挹江门街道	
12	凤凰街道	
13	挹江门街道劳保所	
14	宝船小学	
15	金陵汇文学校(中学部)	
16	通过省三星级测评	

续表 39

序号	单 位 名 称	通过省星级测评(复查)等级
17	卫生监督所	
18	华侨路街道	
19	热河南路街道	
20	阅江楼街道	三星级复查
21	建宁路街道	
22	宝塔桥街道	
23	小市街道	
24	复兴小学	
25	第二幼儿园	
26	正大开发公司	
27	宏图三胞高科技术公司	
28	鼓楼房产经营公司	二星级复查
29	华阳开发公司	
30	古平岗小学	
31	挹江门社区卫生中心	
32	华侨路社区卫生中心	

【家庭建档示范户】 2017 年，鼓楼区档案管理部门将家庭建档与最美家庭相结合，上门走访 10 余户全国、省市区最美家庭，开展家庭建档一对一指导。为长平路小学 60 余名学生讲解家庭建档知识，发放家庭建档装具。面向全区 70 余名老干部举办家庭建档宣讲，做好跟踪服务工作。开展家庭建档宣传，制作 12 块最美家庭和家庭建档示范户展板，在云谷山庄、下关大厦、热河路社区、鼓楼大厦、钟阜路社区巡展。全年建立 234 户家庭建档示范户，12 户评为南京市第一批家庭建档示范户。

【特色档案征集】 2017 年，鼓楼区征集南京方言发音人陈宗霞个人档案 142 件，录制陈宗霞口述南京方言相关语音 3 段，时长约 120 分钟。征集知名民间剪纸艺术家陈耀鸡年新作品“时尚大吉”1 幅、媒体报道复制件 3 份、新奖章复制件 4 件。征集全国劳动模范毛常陆社区劳作照片 17 张、省级劳动模范郑雪龙奖状 2 张，栖霞寺方丈隆相、中国艺术研究院中国书法院院长管峻、南京师范大学中文系中国古代文学教授书法作品各 1 幅。征集下关煤炭港 22 号烈士唐绍泉照片 1 张、民间收藏人员收集老照片 395 张、上海市崇明县排衙镇唐氏近现代家谱 1 份以及崇明岛唐姓家谱——根据图说寻找源头资料 2 份。围绕全省“两聚一高”（聚力创新、聚焦富民、高水平全面建成小康社会）发展成就展，征集鼓楼滨江发展、文化繁荣、教育优化、社区治理等方面照片 104 张。跟踪全区重大项目实施情况，拍摄待改造片区乐业村和四平路广场东南角照片 99 张、东井二村征收前照片 12 张、虎踞北路 100 号征收前照片 10 张、老虎山地区地质灾害治理前照片 38 张、国际航运中心建设照片 11 张、地铁 5 号线建设地块照片 81 张、重点工程金陵村 72 号征收区域照片 11 张、张蔡路征收区域照片 57 张、翠亭路二期征收地照片 9 张、华纺路待征收区域照片 15 张。

【档案查阅利用】 2017 年，鼓楼区集中四平路和中山北路 2 个查档服务窗口，统一由中山北路窗口负责查档接待工作。区档案局(馆)采取“迁移数据、资源到位，提前通知、宣传到位，整合力量、人员到位”措施，确保查档窗口集中平稳过渡与顺利运转。全年接待查档 7543 人次，出具证明材料 8188 份，调阅和利用档案 7381 卷(件)，异地回函 3 件，为婚姻登记部门和公证处电话核实档案 300 次，利用全市民生档案共享平台查档 59 人次，跨馆出具证明 5 份。区档案局(馆)围绕全区中心工作，为各级部门提供查档服务，为老旧小区拆违改造、组织部门人事档案审核、地铁 10 号线前期地块调研等调阅档案 78 卷（件），出具证明近 300 份。区档案局(馆)将档案利用融入到“大走访”活动之中，研究建立为重病患者等特殊困难群众送档上门服务制度，全年为重病患者、残疾人等困难群众送档上门服务 4 次。是年，区档案局(馆)鉴定馆藏 1986 年度档案 2781 卷，向社会开放 33 个全宗 70 卷档案，公布文件级目录 609 条。

【省 AAAA 级数字档案室建成 8 家】 2017 年，鼓楼区推进数字档案室建设工作，举办数字档案室建设培训班，14 家单位档案员参加培训，逐条解读《数字档案室评估细则》。邀请通过省 AAAA 级数字档案室评估的区人大办和阅江楼街道档案员介绍经验，确定 8 家单位为 2017 年市数字档案室建设试点单位。至年末，区政协办、区物价局、凤凰街道、区人防办、区妇联、区级机关工委、江东街道、区委党校 8 家单位通过市档案局评估组评估，建成省 AAAA 级数字档案室。

【档案信息化建设】 2017 年，鼓楼区按照国家档案局《归档文件整理规则》和《江苏省归档文件整理规则实施细则》要求，完成数字档案室系统平台升级改造。开展馆藏民生档案数据检核，完成涉及 8 个全宗 27.7 万条馆藏民生档案数据检查完善工作。组织新进馆档案数字化加工，完成数字化加工 61.28 万页，馆藏档案数字化率达 97.9%。启用电子印章，开展电子文件归档、电子档案接收工作。完成共享平台迁移，协调解决档案管理系统问题，完成 OA 系统文件数据推送。年内，根据市政府关于区级部门不再开设政府网站要求，配合区电政办完成网站内容整合迁移工作。

【多媒体档案管理系统建成】 2017 年，鼓楼区根据全区多媒体档案管理现状，从多媒体档案管理、利用、安全保存等方面明确多媒体档案管理系统开发需求。区档案局(馆)与南京珥仁科技有限公司签订系统开发合同，完成系统部署和完善，正式投入使用。在多媒体档案管理系统中建立馆藏照片档案数据库和南京方言档案数据库，实现计算机管理、检索、查阅和利用。至年末，系统录入部分馆藏照片电子件 8357 张和南京方言发音人陈宗霞音频档案 207 个、视频档案 11 个。

【档案宣传】 2017 年，鼓楼区利用政务微博、微信等新媒体开展档案工作宣传，微博发布重点工作、重要活动等信息85 条，解答群众关于档案查阅利用方面问题 3 次，微信发布各类档案资讯 57 篇。“6·9”国际档案日期间，围绕“档案——我们共同的记忆”活动主题，参加市档案局广场咨询宣传服务活动。参加上级档案部门主题征文活动，上报征文 4 篇。通过局（馆）网站举办一期档案知识有奖竞答，200 余人参与。

【档案馆新馆建设】 1 月 10 日，鼓楼区档案新馆项目桩基和基坑支护施工开标，江苏东地建设基础工程有限公司中标，承担桩基和基坑支护建设。2 月，建设单位白云亭文化有限公司与江苏东地建设基础工程有限公司签订桩基和基坑支护施工合同，督促其做好安监、质监相关审批工作，申请办理施工许可。4 月 26 日，档案新馆项目取得施工许可证。4 月 30 日，桩基和基坑支护施工正式启动，新馆项目正式开工。9 月底，新馆项目完成桩基和基坑支护施工并通过检测，项目总包开标。12 月，办理总包进场后安监和质监备案手续，组织专家论证开挖深基坑，现场搭建临时设施，道路硬化，办理渣土运输行政许可审批，安装洗轮机等。 （葛彦菲）

·地方志·

【概况】 2017 年，鼓楼区完成《鼓楼年鉴（2017）》编纂发行工作，继续推进《鼓楼区志（续）资料长编》编纂；编写完成《话说鼓楼》第四期。区地方志办公室（简称区志办）推进方志信息化工作，建成省 AAAA 级数字档案室。是年，《鼓楼年鉴（2016）》获省地方综合年鉴综合优秀二等奖、条目编写类优秀奖。

【《鼓楼年鉴（2017）》出版】 10 月，《鼓楼年鉴（2017）》由方志出版社出版发行。年初，区志办编纂人员研读区委区政府工作报告，了解全年工作大局，明确全年工作中心、重点，结合省志办分管领导修改《鼓楼年鉴》框架意见，调整、优化相关类目、条目。在“专记”类目，增设鼓楼区“两学一做”学习教育纪实、鼓楼区综合改革纪实 2 篇专文，集中反映年度具有特殊意义的重要信息。增加“两学一做”“基层民主”专题彩页内容。全书约 89 万字，18 个类目，彩图 28 版，随文图片 125 张，表格 62 张，系统记述 2016 年度全区自然、政治、经济、文化、社会等方面发展的主要情况。

【区志资料长编编纂】 2017 年，鼓楼区继续推进《鼓楼区志（续）资料长编》编纂工作，针对各承编单位工作进度，对各册长编分类、分阶段开展编写指导、规范内审及专家审读工作。编写指导方面：强化责任编辑对初稿审改意见的反馈，规范《资料长编审稿意见单》的填写和意见沟通，帮助少数进度滞后单位调整、充实编写人员，细化指导编写方法，定期督促编写进度。内审工作方面：强化承编单位稿件内部审查，明确内审要求和流程。至年末，全区83家单位承编的150册长编工作全部完成。

【《话说鼓楼·阅江楼》发行】 2017年，鼓楼区志办与阅江楼管委会合作，编撰《话说鼓楼·阅江楼》。该期由阅江楼管委会提供资料，区志办负责组稿、编辑、版式设计及印刷等事宜。7月31日，《话说鼓楼·阅江楼》发行，同时在“鼓楼微讯”分期发布。

【省AAAA级数字档案室建成】 2017年，区志办根据《数字档案室评估细则》逐项开展工作，与上级指导部门不断沟通、交流、改进，建成省AAAA数字档案室。

（乔咏梅）

体　育

【概况】 2017年，鼓楼区加强公共体育健身器材设施建设，投入资金125万元，整体更新达到使用年限室外健身器材80套和室外健身地面。开展全民健身活动，组织鼓楼区第一届运动会，全区7000余名运动员参加6个部别25个项目比赛。组织第13届“新城市杯”业余网球公开赛、第14届鼓楼区“宁海杯”乒乓球公开赛、第24届“鼓楼杯”门球比赛、第28届“长寿杯”桥牌邀请赛、2017“棋王传奇杯”围棋名人邀请赛、南京鼓楼“华瑞杯”武术邀请赛等20余场。组织各类体育活动、表演、民间体育比赛335场(次)，4万余人参加。免费国民体质测试3569人，合格率96.1%。完成全项目轮滑世锦赛和南京马拉松属地相关保障工作，区体育局获2017年世界全项目轮滑锦标赛优秀组织奖。承办市青少年阳光体育联赛羽毛球比赛。全年运动员注册260人，参加市青少年竞赛23项中的21项比赛，全区35所中小学及俱乐部组队1200人次参赛，参赛率91.3%，获金牌78枚、银牌90枚、铜牌94枚，成绩名列全市前茅。与区教育局联合举办中小学生健美操啦啦操比赛、校园羽毛球争霸赛、校园足球联赛、中小学生田径运动会。南京市羽毛球运动学校参加全国、省市级4项重大赛事活动，获42金38银23铜佳绩。举办第三届鼓楼区体育产业单位羽毛球比赛。全区319家体育产业单位录入省体育产业名录库，其中29家事业单位、2家机关单位、19家民办非企业单位、36家社会团体、5家居委会、228家企业单位。

【体育设施建设】 2017年，鼓楼区整体更新达到使用年限室外健身器材80套，按照政府、业务部门、属地街道共同出资原则，投入资金125万元，铺设室外健身器材(路径)塑胶地面。采取共性化标配与个性化清单相结合方式，为街道更新室内健身器材，为10个社区配发室内乒乓球桌。完成大庙沟和二仙沟游园绿地300平方米体育设施配套建设任务。

【“和谐杯”桥牌邀请赛】 5月6日，鼓楼区2017年“和谐杯”桥牌邀请赛在山西路成套大厦三楼食堂举行，来自鼓楼区各基层单位、部分省市老干部活动中心、驻区解放军政治学院80名桥牌爱好者参赛。比赛分AB两组，A组（老年组）南北前三名由省老干部活动中心、区桥牌协会紫熙纪念馆桥牌队、十四所桥牌协会共6人获得。A组（老年组）东西前三名由十四所桥牌协会、区老年队、区教育局共6人获得。B组（公开组）南北前三名由南大桥牌协会、市老年队、华宁国际桥牌队共6人获得。B组（公开组）东西前三名由南京第十中学桥牌队、南京大学桥牌协会、市老年队共6人获得。

2017年鼓楼区参加羽毛球项目比赛成绩一览表

表40

姓　　名	比赛名称	组　别	参加小项	名次
赵　毅	全国羽毛球后备人才基地总决赛	10岁组	男子单打	1
张乐瑶	全国羽毛球后备人才基地总决赛	10岁组	女子单打	2
史天羿	全国羽毛球后备人才基地总决赛	10岁组	男子单打	2
张乐瑶	江苏省少年儿童羽毛球冠军赛（总决赛）	10岁组	女子单打	2
卢梓轩	江苏省少年儿童羽毛球冠军赛（总决赛）	11岁组	男子单打	1
任卉洁	江苏省少年儿童羽毛球冠军赛（总决赛）	11岁组	女子单打	2
孙晓鹏	江苏省少年儿童羽毛球冠军赛（总决赛）	12岁组	男子单打	2
艾佳蓉	江苏省少年儿童羽毛球冠军赛（总决赛）	12岁组	女子单打	1
孙奕珂	江苏省少年儿童羽毛球冠军赛（总决赛）	12岁组	女子单打	2
侯正则	江苏省青少年羽毛球锦标赛	14岁组	男子单打	3
孙晓鹏、朱鸣浩、王梓鑫、蒋一澎	江苏省青少年羽毛球锦标赛	12岁组	男子团体	1
仲泽睿、王浩、卢梓轩	江苏省青少年羽毛球锦标赛	11岁组	男子团体	2
孙晓鹏/朱鸣浩	江苏省青少年羽毛球锦标赛	12岁组	男子双打	3
朱天顺/王柏竣	江苏省青少年羽毛球锦标赛	13岁组	男子双打	1
王立言	江苏省青少年羽毛球锦标赛	14岁组	男子单打	1
朱天顺	江苏省青少年羽毛球锦标赛	13岁组	男子单打	1
艾佳蓉、孙奕珂、李喜薇	江苏省青少年羽毛球锦标赛	12岁组	女子团体	1
艾佳蓉	江苏省青少年羽毛球锦标赛	12岁组	女子单打	1
艾佳蓉/孙奕珂	江苏省青少年羽毛球锦标赛	12岁组	女子双打	2
陈星竹	江苏省青少年羽毛球锦标赛	14岁组	女子单打	2
程唯伊、任卉洁、朱亭轩	江苏省青少年羽毛球锦标赛	11岁组	女子团体	1

续表 40

姓　名	比赛名称	组　别	参加小项	名次
李嘉薇/王贝佳	江苏省青少年羽毛球锦标赛	12岁组	女子双打	3
孙奕珂	江苏省青少年羽毛球锦标赛	12岁组	女子单打	3
谭欣睿	江苏省青少年羽毛球锦标赛	13岁组	女子单打	1
谭欣睿/张诗娴	江苏省青少年羽毛球锦标赛	13岁组	女子双打	1
王梦媛、张乐瑶	江苏省青少年羽毛球锦标赛	10岁组	女子团体	2
杨菁蕊/吴飞扬	江苏省青少年羽毛球锦标赛	13岁组女双	女子双打	3
张诗娴	江苏省青少年羽毛球锦标赛	13岁组	女子单打	3
顾云博、单俊伦、崔一邵、陆宇辰	江苏省青少年羽毛球锦标赛	15~17岁组	男子团体	3
陶　莹	江苏省青少年羽毛球锦标赛	15~17岁组	女子单打	1
崔浩然/陶莹	江苏省青少年羽毛球锦标赛	15~17岁组	女子双打	1
杨梓/寇雨田	江苏省青少年羽毛球锦标赛	15~17岁组	女子双打	2
崔浩然	江苏省青少年羽毛球锦标赛	15~17岁组	女子单打	3
陆宇辰/党晨轩	江苏省青少年羽毛球锦标赛	15-17岁组	男子双打	3
许峰鸣、朱鸣浩、孙晓鹏	南京市少年儿童羽毛球比赛	儿童甲组	男子团体	1
孙晓鹏	南京市少年儿童羽毛球比赛	儿童甲组	男子单打	1
朱鸣浩/孙晓鹏	南京市少年儿童羽毛球比赛	儿童甲组	男子双打	1
艾佳蓉、李嘉薇、孙奕珂	南京市少年儿童羽毛球比赛	儿童甲组	女子团体	1
艾佳蓉	南京市少年儿童羽毛球比赛	儿童甲组	女子单打	1

【体育产业单位羽毛球比赛】 5月25日，鼓楼区第三届体育产业单位羽毛球比赛在鼓楼社区体育中心拉开序幕，全区10家体育产业单位约50人报名参赛。动享南京羽毛球俱乐部获一等奖，南京冰戈文化传播有限公司获二等奖，鼓楼区滨江体育活动中心获三等奖。

【鼓楼区第一届运动会】 5~10月，鼓楼区以“活力鼓楼、健康鼓楼、幸福鼓楼”为主题，举办第一届运动会。设青少年部、社区部、区级机关部、职工部、老年部、残疾人部，其中青少年部设足球、啦啦操、

9月23日，鼓楼区第一届运动会残疾人部田径暨趣味比赛在天妃宫小学运动场鸣枪开赛

田径3个项目；社区部设乒乓球、掼蛋、健身气功、趣味比赛4个项目；区级机关部设乒乓球、羽毛球、篮球、游泳、趣味比赛5个项目；职工部设乒乓球、羽毛球、拔河、象棋、掼蛋比赛5个项目；老年部设门球、太极拳（剑）、桥牌、广场舞4个项目；残疾人部设趣味比赛、融合拔河、田径、掼蛋4个项目。采取分部（区教育局负责青少年部，区体育局负责社区部、老年部，区级机关工委负责区级机关部，区总工会负责职工部，区残联负责残疾人部）、分组方式组织比赛。全区7000余名运动员分别参加6个部别25个项目比赛。

【"新城市杯"业余网球公开赛】 6月24～25日，区体育局、区体育总会主办，区网球协会、南京新城市商业置业有限公司承办的南京·鼓楼第13届"新城市杯"网球公开赛在龙江国际网球中心举行，来自江苏、安徽、浙江、上海、香港等省市网球爱好者近200人参赛。比赛设中青组男子双打、中青组女子双打、青年组男子双打、青年组女子双打、青年组男子单打5个项目。黄锦箭/刘洪波、虞华/林丽萍、王亮/潘志松、吴逸菲/张珂、陈嘉麟分别获5个项目冠军。南京新城市商业置业有限公司董事长朱献国为获奖选手颁奖。

【群众体育活动赛事】 8月9日，鼓楼区在渡江胜利纪念馆千帆竞渡群雕广场举行"全民健身日"活动，以"健身每一天，喜迎十九大"为主题，以轮滑、空竹、腰鼓展演拉开序幕。9月16日，区体育总会主办，区武术协会、省抗衰老学会武术专业委员会承办2017年南京鼓楼华瑞杯武术精英赛在南京树人中学体育馆举行，128支队伍，1690名运动员参加。11月6日，区体育总会组织各单项体育协会钓鱼联谊比赛在聚丽铭农庄垂钓中心举行。区钓鱼协会、轮滑协会、乒乓球协会、桥牌协会获前四名。11月15日，区健身气功站点联赛在宝船遗址公园举行，全区26个健身气功站点168人参赛。比赛内容为健身气功易筋经、五禽戏、六字诀、八段锦。绣球公园、神策门、古林公园、小桃园4个健身气功站点获集体一等奖。11月19日，中国桥牌协会主办，区桥牌协会承办2017年全国桥牌通讯赛鼓楼分赛场比赛在山西路鼓楼区社区体育活动中心304会议室举行，来自区各基层协会牌手、大学生桥牌爱好者及南京市其他区桥牌爱好者参赛。22对牌手，按照全国桥牌通讯赛编排，循环对抗，经过3小时比拼，市老年体协 2人获南北组第一名，南京邮电大学2人、南京大学 2人分获南北组第二名、第三名；中闻集团南京印务中心 2人获东西组第一名，凤凰街道 2人、南京大学2人分获东西组第二名、第三名。

【2017年世界全项目轮滑锦标赛属地保障】 8月26日～9月10日，2017年世界全项目轮滑锦标赛在南京举行，47个国家（地区）、3700名运动员参赛。设7个竞赛场馆团队，承担各场馆赛事运行任务。鼓楼区域五台山体育馆承担花样轮滑项目比赛，比赛时间8月31日～9月10日，参加人数约1000人；龙江体育馆承担双排轮滑球项目比赛，比赛时间8月27日～9月9日，参加人数约250人。区长刘军担任五台山、龙江体育馆场馆运行团队主

任，分管副区长担任运行团队执行主任。区体育局领导分别担任五台山体育馆团队、龙江体育馆团队副主任。鼓楼区成立轮滑锦标赛保障工作指挥部，区长刘军任主任。指挥部下设综合协调组、安保维稳组、环境整治组、属地保障组，负责做好场馆外围垃圾清运、环境卫生、市容市貌和维稳综治工作。此次赛事，区政府和区体育局获大赛组委会优秀组织奖。

【“2017 南京马拉松”鼓楼属地保障】 10 月 15 日，“2017 南京马拉松”举行，途径鼓楼区路段为：中山路→长江路，中央路→新模范马路→模范中路→模范西路→定淮门大街→江东北路→江东中路，全长 8.5 公里，涉及华侨路、宁海路、中央门、挹江门、热河南路、凤凰、江东 7 个街道。鼓楼区重点做好沿线环境综合整治、属地宣传和发放“告市民信”、体育展示活动和维稳保障工作。从鼓楼微讯、公安公众微信号等渠道就赛事安排、交通出行等方面进行宣传。配合赛事展示鼓楼区群众体育活动形象，在区内赛道沿线，安排 5 项体育展示活动，400 名体育爱好者参与。

【健身气功培训】 10 月 23～25 日，区健身气功三级社会体育指导员培训班在鼓楼社区体育中心篮球场举行。培训班由区健身气功协会主办，为期 3 天，邀请健身气功国家一级社会体育指导员张德顺授课，以理论知识课、现场指导和考试三个环节培训健身气功八段锦。65 名健身气功爱好者参加培训，44 人经考试合格后被授予三级社会体育指导员证书。

【“宁海杯”乒乓球比赛】 10 月 28～29 日，鼓楼区第 14 届“宁海杯”乒乓球比赛在南京奥体中心乒乓球馆举行，由区体育局、区体育总会主办，区乒乓球协会承办。鼓楼区各机关、院校、企事业单位及俱乐部 61 支代表队、300 多位选手参赛。比赛设 40 岁以上中年组和 40 岁以下青年组混合团体、中青年男子单打及中青年女子单打 6 个项目。团体赛采用先循环、后淘汰赛制，单打采用淘汰赛制。百团战狼一队、园林设计院三队、南京冰雪大世界队获中年组混合团体前三名，省教育厅青年队、江苏广电、南京乒博获青年组混合团体前三名，肖瑞等获中年男子组单打前三名，袁萍等获中年组女子单打前三名，张超等获青年男子组单打前三名，孙乐萌等获青年女子组单打前三名。

【中小学生田径运动会】 11 月 6～7 日，鼓楼区中小学生田径运动会在五台山体育运动场举行。运动会设群体竞技类项目和田径类项目，含跑、跳、投 14 个单项，66 所中小学、2583 名运动健儿和教练员、裁判员参加。鼓楼区第二实验小学、古平岗小学、拉萨路小学分获小学组团体总分前三名，金陵汇文学校（中学部）、南京市师范大学附属中学树人学校、南京市滨江中学分获初中组团体总分前三名，南京商业学校、市第十二中学、市六十六中学分获高中组团体总分前三名。

【中小学生冬季三项活动】 1 月 14 日，鼓楼区中小学生冬季三项运动会在第二十九中学高中部举行，66 所学校近1300 名运动员参赛。赤壁路小学、紫竹苑小学、砺志小学分获小学组前三名；滨江中学、66中初中、宁海分校分获初中组前三名；商业学校、66中高中、宁海中学分获高中组前三名。

【市少年儿童阳光体育联赛羽毛球比赛】 5月6～7日，鼓楼区在青奥体育公园市体育训练中心承办市少年儿童阳光体育联赛羽毛球比赛，全市20所学校、27支队伍、364名运动员和教练员参赛。比赛设7个组别、32个单项。经过角逐，南京市天妃宫小学、复兴小学分获儿童甲组男团、女团冠军，南京市天妃宫小学、琅琊路小学分获儿童乙组男团、女团冠军。南京市金陵汇文学校1队、复兴小学分获儿童丙组男团、女团冠军。

【少年儿童羽毛球市级以上大赛获奖】 5月20～21日，鼓楼区在市体育训练中心承办南京市少年儿童羽毛球比赛，全市9个区、300多名运动员参赛。比赛设38个项目，区代表队获28金、27银、16铜佳绩，继续在全市羽毛球项目上保持领先水平。8月4～8日，2017年江苏省青少年羽毛球锦标赛10～14岁组比赛在高淳举行，全省13个地级市、394名运动员参赛。比赛设20枚金牌，市羽毛球运动学校36名运动员代表南京市参赛，获9金、4银、4铜佳绩。8月25～28日，江苏省少年儿童羽毛球冠军赛总决赛在南通举行，全省17支代表队、200余名运动员参赛。比赛设6块金牌，市羽毛球运动学校获2金、4银佳绩。9月22～24日，2017年江苏省青少年羽毛球锦标赛15～17岁年龄组比赛在高淳举行，市羽毛球运动学校代表南京市组队参加全部6个项目比赛，获2金、1银、3铜佳绩。12月3～8日，全国羽毛球后备人才基地总决赛在浙江省杭州市举行，比赛设6枚金牌，市羽毛球运动学校18名运动员参赛，获1金、2银佳绩。

【区首届校园羽毛球争霸赛】 6月29日，鼓楼区首届校园羽毛球争霸赛在市第十二中学举行，21所学校、240名教工和学生参赛。比赛分为学生混合团体赛和教工混合团体赛。天妃宫小学、南京市金陵汇文学校、南京市宁海中学分别获小学组、初中组、高中组团体总分第一名。

（严　政）

6月29日，鼓楼区首届校园羽毛球争霸赛在南京市第十二中学举行

社会治理

SHE HUI ZHI LI

法　　治

·人大监督·

【为民实事督办】 2017年，区二届人大一次会议期间，经全体参会代表投票，确定10件2017年度为民办实事重点项目。常委会会同区政府合力推进办理工作，专门制定督办办法，实行常委会分管领导领衔、各专委会和工作机构具体落实的督办机制，主动对接、全程跟踪，适时提出督办建议，确保项目按时有序推进。听取和审议为民办实事重点项目实施情况报告，提出审议意见，对项目实施情况进行满意度测评。至年底，10件实事项目如期完成。

【西北护城河整治工作调研视察】 4月25日，区人大常委会主任陆敏带领常委会组成人员视察西北护城河整治工作。区人大办、区河道整治办、挹江门、热河南路、阅江楼、建宁路4个街道、鼓楼房产经营公司主要负责人陪同视察。实地查看小桃园泵站、岸线整治、金川河清淤、金川门节制闸建设等情况。7月20日，区人大常委会主任陆敏组织召开西北护城河河长会议。区人大常委会有关领导，区人大办、研究室、区河道整治办和相关街道负责人参加会议。听取区河道整治办关于西北护城河整治工作整体进展，以及挹江门、热河南路、阅江楼、建宁路4个街道关于辖区内排口整治、排水达标区建设、违建拆除等进展情况汇报。

【外事服务经济社会发展工作视察】 5月23日，区人大常委会组织部分常委会组成人员和区人大代表视察外事服务经济社会发展工作。区人大常委会主任陆敏等领导，区外事办、区科技局、区教育局、区商务局主要负责人参加。实地视察金陵饭店、亚太商务楼、雷格斯服务式办公、微软南京分公司、南京财经大学鼓楼科创空间国际经济技术交流服务中心、田家炳高级中学国际化办学等项目，了解区政府在外资招引、涉外企业服务、对外科技文化交流、海外人才引进和国际化办学等方面情况，提出审议意见。

【科技园区企业发展情况视察】 5月23日，区人大常委会主任陆敏带领部分区人大常委会委员、区人大代表视察科技园区企业，区政府分管领导陪同。实地查看海纳医药公司、禹步信息公司、小鱼儿网、运策网等企业，听取区科技局和企业负责人汇报工作。视察组要求区政府及其职能部门强化服务能力，为企业发展保驾护航，促进中小科技企业发展。

【《南京市住宅物业管理条例》执法检查】 6～8月，区人大常委会成立执法检查组，环资城建委、法制委、内司工委负责人，部分常委会组成人员、环资城建委组成人员、部分人大代表和专业组代表参加，开展全区贯彻实施《南京市住宅物业管理条例》（简称《条例》）情况执法检查。区人大常委会第6次主任会议讨论通过执法检查方案。6月14日，区人大常委会主任陆敏结合“大走访”和常委会年度工作议题，走访幕府山街道旭日景城小区，调研《南京市住宅物业管理条例》执行情况，实地察看小区物业管理状况，并与部分业主、业委会负责人以及物业公司、街道、社区工作人员座谈交流。6 月 29 日，执法检查组全体成员参加常委会第三次会议前的学法活动，特邀市人大法制委主任委员夏公喜就《条例》辅导授课。7 月 11 日，执法检查组召开第一次会议，部署执法检查工作。采取市区联动、区街联动形式，分两个层面进行：区人大常委会执法检查组，以视察、检查、发放调查问卷等形式，执法检查《条例》在全区贯彻落实情况；各街道成立执法调研小组，采取代表持证视察、明察暗访等形式，调研《条例》在所辖区落实情况。7 月 19 日，执法检查组开展视察，实地查看苏宁千秋情缘小区物业管理情况、宁惠新寓小区整治进展情况和马家街 40 号小区新增电梯情况。7 月底至 8 月初，各街道执法调研小组同时调研辖区内《条例》落实情况，并提交调研报告。8 月 15 日，执法检查组召开各街道分管城建城管负责人座谈会，了解《条例》落实过程中存在的问题及对策建议，形成执法检查报告初稿。8 月 21 日，执法检查组召开第二次会议，讨论关于《条例》执法检查报告初稿，提出意见和建议，决定将报告修改完善后提交常委会第 8 次主任会议初审。8 月 22 日，常委会第 8 次主任会议初审后决定提交第四次常委会会议审议。8 月 31 日，区人大常委会第四次会议听取和审议全区贯彻实施《南京市住宅物业管理条例》情况执法检查报告。

【环境综合整治和黑臭河道治理情况视察】 6 月 21 日，区人大常委会对上一年度环境保护目标任务完成情况进行监督，连续第二年将黑臭河道整治列为常委会议题，组织 120 名鼓楼区域内全国、省、市、区四级人大代表，视察区环境综合整治和黑臭河道治理工作情况。区领导陆敏等参加视察。区建设局、区城管局、区水务局、下关滨江商务区管委会、区环境综合整治指挥部办公室及相关街道负责人陪同。代表们乘车视察北京西路环境综合整治和惠民河治理工作，实地查看荷花里小区出新、小桃园二期游园绿地、西北护城河河道治理和滨江火车主题公园建设情况。听取和审议工作情况报告，开展专题询问，要求政府突出标本兼治、加强资源整合，进一步理顺机制体制，推动环境保护和城市治理任务全面落实。

【群众文化活动开展情况视察】 6 月 28 日，区人大常委会组织部分常委会委员和区人大代表视察区群众文化活动开展情况，区政府有关领导、区文化局负责人陪同。实地察看宁海路街道文化站、江东街道睿城社区服务中心、白云亭文化艺术中心等，了解群众文化阵地建设情况。视察组建议区政府以群众需求为导向，分层分类推进，提升活动品质，营造文明和谐、健康向上的城市文化氛围。

【侨务工作进园区情况视察】 7 月14 日，区人大常委会组织部分常委会委员和区人大代表视察区侨务工作进园区情况，区政府有关领导陪同。实地察看江苏吉锐生物技术有限公司、南京巨鲨显示科技有限公司等企业，以及依托下关星火众创工厂成立的区华侨华人创新创业服务中心，听取相关企业发展情况介绍，了解区华侨华人创新创业服务中心建设和运营情况。

【特殊教育工作视察】 9月18日，区人大常委会主任陆敏等领导及部分常委会委员和人大代表视察区残疾人特殊教育工作，区政府有关领导、区教育局负责人陪同。实地察看鼓楼区特殊教育学校，了解残疾人学生文化学习、肢体训练、职业培训等情况。视察组要求该校保障残疾人受教育权利，推进教育公平，帮助残疾人全面发展、融入社会，为保障和改善民生、构建社会主义和谐社会发挥作用。

【街道和部门预算审查监督】 9月18～27日，区人大财经委、常委会预算工委联合街道人大工委，以街道人大代表组为主，财经委员、预算审查专家参与，组成各街道人大预算审查小组，共开展13场审查监督活动，分别审查13个街道和13个部门2017年1～8月份预算执行情况和2017年部门预算公开情况，开展“全口径”预算“全过程”审查监督，督促政府规范街道和部门预算管理。针对审查出的问题，提出意见及建议，形成书面意见反馈区财政局。10月12日，审查小组召开座谈会总结交流街道部门预算审查监督工作，区人大常委会有关领导出席。11月，街道人大代表组预先审查2018年街道及区政府一些部门的预算编制，把握预算单位实际支出需求，促进做好2018年预算编制工作。

【《中华人民共和国慈善法》执法检查】 10月17日，区人大常委会组织视察《中华人民共和国慈善法》（简称《慈善法》）贯彻实施情况，区人大常委会主任陆敏等领导，区政府有关领导，部分区人大常委会组成人员以及区民政局负责人参加视察。听取区民政局关于《慈善法》贯彻实施情况汇报，实地察看省人民医院为区环卫工人免费体检项目、中央门街道慈善超市以及区爱心助学协会，提出完善慈善事业运作体系意见建议。

【宗教工作法治化管理视察】 10月19日，区人大常委会视察区宗教工作法治化管理情况，区人大常委会主任陆敏等领导，部分区人大常委会组成人员和常委会民宗侨台委委员参加视察，区政府有关领导、区民宗局负责人陪同。实地察看南京清凉寺和基督教道胜堂、江苏路堂等场所，了解依法依规开展教务活动和规范化管理情况，走访宗教界重点人士。同时召开各街道统战委员、民宗助理和区宗教工作成员单位座谈会，推动解决区宗教工作法治化管理工作中存在的问题与困难。

【人大代表二次会议前视察】 12月19日，区人大常委会组织全体区人大代表开展人代会前集中视察活动。区领导陆敏等17人参加视察。代表们分两组分别视察大庙沟河道整治及岸线建设、红山南路西延道路建设、中央北路道路综合整治及老虎山北侧东侧绿地建设、下关火车主题公园及滨江商务区建设、区法院信息化建设、鼓楼创新广场、朗诗常青藤睿颐养老服务中心、华侨路道路整治等区经济和社会发展重点项目，为区二届人大二次会议审议政府工作报告做准备。 （黄燕平）

·社会治安综合治理·

【概况】 2017年，鼓楼区接警日均1200余起，立刑事案件1.06万起，同比下降1.03%，其中“八大类”（犯故意杀人、故意伤害致人重伤或者死亡、强奸、抢劫、贩卖毒品、放火、爆炸、投毒罪）案件145起，破案132起，破案率91.03%；侵财案件9756起，同比下降26.14%；入室盗窃、盗窃非机动车破案率分别下降41.33%、21.95%。完成党的十九大、江苏发展大会、南京马拉松、侵华日军南京大屠杀死难者国家公祭日、省市区党代会等重大活动、赛事、节日安保262场次，完成各级警卫、上级交办任务350起。区法院受理各类案件2.44万件（其中含旧存3976件），办结2.07万件，同比分别增长5.49%和10.92%，结收案比101.31%，完成各项审判任务。区检察院办理审查逮捕案件697件982人、审查起诉案件1397件1964人。6月27日，该区医患纠纷人民调解委员会主任吕露作为全国人民调解工作会议代表受到中共中央政治局委员、中央政法委书记孟建柱，国务委员、公安部部长郭声琨等中央领导人接见，并向大会汇报区医患纠纷人民调解工作，受到中央领导肯定。在“两学一做”活动中，区委政法委制定开展大走访活动实施方案，全年区政法委机关干部27人走访企业13家、中小学69所、居民50余户，收到各类诉求11件、即知即改11件，帮扶慰问困难党员和群众家庭24户次，帮扶金额1.2万元。召开120个社区书记恳谈会，汇报年度为民办实事工作，听取基层社情民意和意见建议。是年，区社会治安综合治理绩效考评结果超过全市平均分，获江苏省2016年度平安县（市、区）、平安铁路县(市、区)称号。

【中央改革办调研组到区考察指导】 3月21日，中央改革办政研室副主任潘盛洲一行到热河南路街道小桃园社区，专题调研基层民主法治建设工作，观摩“社区协商”平台——“有一说一”工作室。省市区相关领导陪同。

【中央综治办考察组到区考察指导】 4月13日，中央综治办一室副主任徐龙刚等、省综治办及市区政法委领导等，到宁海路街道仙霞路社区考察“雪亮工程”智能技防小区科技防范工作。听取公安鼓楼分局关于智能技防小区建设和实战运用情况汇报，观看人脸识别、车牌抓拍和Wi-Fi信号获取等系统功能演示，询问各系统在实际运用中的正确率、打击违法犯罪、加强实有人口管理等具体实例，考察组肯定鼓楼区加强智能技防小区建设工作。

【全区政法工作会议】 3月14日，鼓楼区召开全区政法工作会议，传达中央、省市政法工作会议精神，区委政法委书记作政法工作报告，总结2016年工作，部署2017年政法任务。区人大、区政协、区法院、区检察院、公安鼓楼分局、区总工会等领导，区委政法委员会委员，区综治委、区依法治区领导小组成员单位主要负责人，区政法维稳部门领导班子全体成员及科、所、队、庭、室主要负责人，各街道工委书记、综治办主任、综治科科长、司法所所长，驻区综治列管单位代表、城管队员代表、社区保安代表、平安志愿者等 500 余人出席。会议表彰 100 家综治暨平安建设先进单位、100 名先进个人、20 家法治建设先进单位、30 名先进个人。13 个街道递交综治、法治目标责任书。区法院、区检察院、公安鼓楼分局、中央门街道、热河南路街道作大会发言。

【大排查大整治】 8 月，鼓楼区成立社会矛盾和安全隐患大排查大整治行动领导小组，区委书记和区长任组长和第一副组长，设综合、信息和督查 3 个工作组。区委政法委（综治办）牵头各街道、相关部门，建立由主要领导负责专项工作领导小组，上下联动、条块结合。全区成立 5 个督查小组，多轮集中督查 13 个街道和 12 个重点部门，发现问题落实整改。大排查大整治期间，制作 200 套《大排查大整治宣传画报》，编写 14 期《工作简报》，报送专项信息 350 余条；出台《关于进一步完善矛盾纠纷多元化解机制的实施意见》，完善人民调解、司法调解、行政调解三联工作体系。按照“早发现、早介入、早化解、早预防”要求，化解金盛百货摊位业主预租矛盾、张王庙 88 号地区涉众性矛盾等群体性事件。是年，该区接受省市政府明察暗访 40 余次，未发生重大公共安全事件、重特大安全生产事故、重大群体性上访事件。

【平安志愿服务】 2017 年，鼓楼区有平安志愿者 7 万余人，其中骨干队员 1 万余人，预备队员 3000 余人。全区建立 16 个平安志愿者分会、146 个平安志愿者工作站、650 个平安志愿服务群众组织、218个红袖标“小喇叭巡逻队”、563 个“平安守望岗”，在各项重大政治活动中发挥平安志愿者作用。创新推出“平安志愿者之家”，7 月 14 日召开全区平安志愿者之家建设工作经验交流会。完善“平安守望岗”“小喇叭”巡逻队建设，与区域内地铁站口、公交站点、轮渡码头管理单位配合，开展联手、联防、联治、联管工作，强化交通重点地区治安防范。是年，区志愿者队伍排查各类小矛盾 2236 件，收集小信息 2725 条，解决小需要 3559 起，平息小诉求 2859 起，调解小纠纷 5263 起，协破小案件 39 起。

【群众安全感 98%】 2017 年，鼓楼区出台《鼓楼区提升群众安全感工作实施方案》《2017 年鼓楼区平安护民十项举措》《鼓楼区群众安全感满意度入户宣传工作方案》《鼓楼区“加强政法队伍建设、提升群众满意度”主题宣传教育活动实施方案》等文件，深化社区服务机制，整合资源，以专带群、专群结合，把治安巡防落实到院落和楼栋。区委政法委整合综治成员单位、列管单位力量资源，形成综治工作综合抓、抓治理局面。安排专项资金 90 万元，开展群众安全感宣传活动，并以 5 月为综治宣传月，开展提升群众安全感满意度主题宣传。在区级层面，选择 4 万户固定电话用户，实施上门走访宣传、短信群发，通报平安建设工作成效。在综治成员单位层面，集中组织广场宣传咨询、社区警民汇、检察官进社区、群众观摩庭审等活动，提高群众对政法部门和政法队伍满意度。在街道社区层面，通过微信群和

QQ群，宣传群众安全感测评内容，利用社区小屏幕、小专栏、小广播、小信息、小报刊宣传动员，提高群众对平安建设知晓率和参与率。6月、9月，召开提升群众安全感专题会议，对群众安全感提升工作再发动、再强化。8月31日，全市综治办主任会议在鼓楼区召开。会上，鼓楼区就安全感建设作经验交流发言。是年，鼓楼区群众安全感测评率98%，位列全市第一。

【治安重点地区整治】 2017年，鼓楼区出台《2017年鼓楼区社会治安重点地区和突出问题排查整治方案》，集中整治治安重点地区和突出治安问题。将小市街道列为重点整治街道，挹江门街道回龙桥社区、宝塔桥街道依山郡社区列为重点整治社区，实行挂牌督办。各街道分别排出1个治安重点地区，采取打、防、管、控多种措施，集中整治，治安重点地区治安秩序明显好转。小市街道上半年群众安全感达94%，同比提高5个百分点。回龙桥社区、依山郡社区可防性案件明显下降。

【区政法队伍满意率89.29%】 2017年，鼓楼区出台《鼓楼区政法队伍满意度主题宣传教育活动实施方案》，加强全区政法干警纪律作风、能力水平、队伍形象、群众满意度建设，提升全区政法干警执法水平和综合素质。4月26日，区委政法委举办全区法治综治业务培训班，邀请省市有关领导和专家授课，区委政法委主要领导作动员，区综治、法治成员单位分管领导，街道综治主任、综治科长、司法所长等110余人参培。5月26日，召开全区政法队伍建设工作会议，传达中央《关于新形势下加强政法队伍建设的意见》，部署提升政法队伍满意度工作，区委分管领导，区政法部门领导班子及科、所、队、庭、室主要负责人150余人参加。是年，经省政法委邀请第三方测评，区政法队伍满意率89.2%，比2016年上升3.4%。

【十九大法治专家宣讲团成立】 11月20日，鼓楼区法学会牵头南京审计大学法学院院长、教授刘爱龙，南京大学法学院教授吴英姿，南京工业大学法学院副院长、教授张志宇，南京工业大学法学院法学系系主任、副教授彭奕和南京邮电大学人文学院法律教研室主任、教授王从烈，以及驻区各大院校法学专家教授，组成十九大专家宣讲团。在解放军73857部队会议室，南京审计大学法学院院长、教授刘爱龙主讲《十九大报告的法治思想解读》，部队官兵150人参加听讲。宣讲团以“解读党的十九大，推进全面依法治区”为主题，到区机关部门、街道社区、军营、企业开展专家宣讲，400余人听课。

【法治建设走基层】 11月21日，由市委政法委、市依法治市领导小组办公室、南京出版传媒集团主办，区委政法委、区依法治区办公室、区综治办、区法学会、南京出版传媒集团社区艺术团、挹江门街道承办的“中国梦·法治路·社区行”——法治南京建设走基层活动(鼓楼专场)，在铁路北街市民广场举行，机关、街道、社区工作人员和居民260余人参加活动。区司法局现场发布司法援助工作数据与成果，区环保局发布环境污染整治力度的措施与成果，区市场监管局发布食品药品安全监管、打击制假售假成果，挹江门街道发布惠民工作进展情况。同时，开展文艺节目汇演、法治知识咨询问答和街道基层站所执法评议等活动。通过面对面向群众发布法治讯息、宣讲法治成果、告知法治进程，请群众参与法治评价，及时回应群众对法治建设的需求和期盼，提高居民法治意识，提升法治建设知晓率、参与度和满意度。（何玖莲）

·依法行政·

【概况】 2017 年，鼓楼区政府法制工作以“深入推进依法行政，加快建设法治政府”为总目标，依法履行政府法制机构职能和行政执法监督职责，畅通行政救济联系渠道，化解社会矛盾纠纷，为全区经济社会发展创造良好法治环境。是年，鼓楼区在市 11 个区级政府“法治政府建设”考核中名列前茅，获市行政执法案卷评查先进单位，“行政执法三项制度”（行政执法公示、执法全过程记录、重大执法决定法制审核）入围全省依法行政示范项目候选名单。

【法治政府建设】 2017 年，鼓楼区制定《鼓楼区法治政府建设实施方案（2016～2020 年）》，细化工作，明确牵头单位和责任单位，年底跟踪督查，总体情况良好，各主要指标达到序时进度。拟定《鼓楼区重大行政决策目录管理办法》（草案），规范重大决策事项的提出、确定、调整、公布、备案等环节。根据机构调整和人事变动，调整区全面推进依法行政工作领导小组成员名单；明确各单位分管领导及联络员，组建“鼓楼区法制工作交流群”，构建并完善工作网络体系。重新修订《鼓楼区依法行政考核办法》，重点突出“复议诉讼”“执法监督”和“备案审查”3 个环节，量化细化得分、扣分要素，精准评估，首次实现全区政府部门考核全覆盖。年末依据考核办法，24 个部门考核兑现。年内，在全市依法行政工作大会上，该区工作经验作大会书面交流。

【政府法律顾问体系建设】 2017 年，鼓楼区推进区委区政府法律顾问体系建设，区政府法制办公室（简称区法制办）会同区委办起草印发《中共南京市鼓楼区委 南京市鼓楼区人民政府法律顾问工作规则（试行）》，遴选提供法律顾问人选名单。协助区司法局落实《区政府关于普遍建立法律顾问制度的实施方案》，在区政府、部门（街道、园区）、社区三级层面，实现各级法律顾问全覆盖，并向全区中小学、幼儿园延伸，发挥法律顾问在重大决策、制度建设、涉法涉诉事务处理等方面作用。

【行政审批制度改革】 2017 年，鼓楼区制定《鼓楼区行政权力事项清单动态管理办法》，确保权力事项定期清理更新，做到法无授权不可为、清单之外无权力。区法制办协助区机构编制委员会办公室（简称区编办）出台《鼓楼区不见面审批（服务）改革实施方案》，公布实施第一批 132 项与企业生产、群众生活关系密切的“不见面审批（服务）”清单，以“网上办、集中批、联合审、区域评、代办制”为主要内容的不见面审批（服务）初见成效。配合区政务办组织全区 35 个部门对接全省政务服务“一张网”，制定 869 项权力事项办事指南、工作流程，维护江苏省平台涉及区属权力事项 3423 项。

【综合执法体制改革】 2017 年，鼓楼区确认全区 40 个行政执法主体进行公示，区法制办组织全区 1061 名行政执法人员进行“三年大换证”考试，通过考试颁发行政执法证件。协助区编办推进综合执法体制改革，起草行政检查配套制度 7 个，审核下放行政检查事项 1378 项，组织全体人员培训，颁发执法证件。在区人社局、区市场监管局、区城管局、区卫计局、区环保局、区安监局 6 家单位试点基础上，在全市首家出台区政府“行政执法公示”“执法全过程记录”“重大执法决定法制审核”3 项制度，并被南京市推荐申报省依法行政示范项目。

【监管体系建设】 2017 年，鼓楼区制定出台《鼓楼区关于全面推进“双随机、一公开”监管工作的实施意见》。区法制办会同区编办召开工作推进会，提出建立完善各项基础工作时间表。督促全区 23 个部门建立完善“两库一细则”(检查对象名录库、执法检查人员名录库，随机抽查工作细则)，确定年度随机抽查比例和频次，解决随意执法、执法扰民等问题。配合区市场监管局开展鼓楼区市场监管信息平台应用培训，成员单位基本做到正常登录平台，监管信息认领和数据推送日趋规范。配合区发改局深化鼓楼区社会信用体系云平台运用，重点执法部门基本做到行政许可和行政处罚信息七日“双公示”(行政许可和行政处罚在“鼓楼区门户网站信用信息公示专栏”对外公示)。

【“两法衔接”工作】 2017 年，鼓楼区按照省市“两法衔接”(行政执法和刑事司法衔接)工作部署，向全区行政执法部门发放平台登陆密钥，检查各部门网络设置和登陆情况，确定专人负责，推进平台有效运行，逐步实现由信息网上共享到案件网上移送的目标。区法制办配合区检察院在全市率先成立长江(鼓楼段)生态环境资源保护联盟，汇集 47 家行政机关、司法机关、社会团体、公益组织、高等院校、企事业单位，完善该段面生态环境资源保护的“两法衔接”机制，预防和减少破坏长江生态环境事件发生。

【行政执法监督】 2017 年，鼓楼区开展案卷评查活动，在初审初评基础上，择优上报部分执法案卷参与全市范围评优。经市级复审评查，鼓楼区获全市行政执法案卷评查先进单位称号，区市场监管局、区环保局的许可案卷，区城管局的处罚案卷，区人社局、区物价局其他类型案卷，获全市行政执法案卷评查优秀案卷。全年审查备案部门重大行政处罚案件 100 件。区法制办组织特邀监督员对区市场监管局、区城管局、区卫计局等多部门执法开展现场监督，确保执法过程公平、公正、公开。直播南京、《金陵晚报》、紫金山新闻等多家媒体全程跟踪报道。

【行政复议案件办理】 2017 年，鼓楼区行政复议受理中心成立，与政务大厅受理点、街道基层联系点构成“三位一体”全方位受理网络，确保行政复议依法受理率达100%。该受理中心设有专门接待室、听证室，配备视频监控系统等专业设备，办案硬件设施得到改善。年内，召开行政复议委员会会议，为委员颁发聘书，调整后“非常任委员”由9人增加至27人，吸纳优秀律师，提升委员会法律专业性和社会公信力。推行公开审理制度，召开听证会31场，听证率72%。召开复议委员会专家案审会，提供法律意见及建议，作为复议决定重要依据。在全市率先推行行政复议决定书部分网上公开，公开的决定书均采取技术处理，隐去个人隐私，方便公众查阅和监督。向区人大主任会议专题汇报行政复议规范化建设、探索新审理模式、提高案件纠错率等工作，得到肯定。全年收到区本级行政复议申请65件，审结57件，其中不予受理13件，转送1件；作出复议决定43件，其中申请人撤回7件，驳回复议请求26件，维持具体行政行为9件，责令履行1件。代理区政府为被申请人的行政复议案件6件，审结4件，其中申请人撤回2件；上级机关驳回复议请求2件。

【行政诉讼案件代理】 2017年，鼓楼区落实败诉案件分析报告制度，统计分析2016年度全区各部门行政诉讼案件情况，要求相关部门对败诉案件形成分析报告，查找存在问题，确定整改措施。建立案情研讨会制度，对区政府作为被告诉讼案件，在向法院递交答辩状前，召集涉案单位相关人员和委托代理律师专题研究，掌握案件事实，收集证据材料，提前预判行政行为中可能存在的问题，商讨解决方案，做好出庭应诉准备。推进涉案部门参加庭审制度，专业性较强或涉及民生需要调解案件，责成涉案部门派人参加庭审，督促指导涉案部门规范行政行为。全年代理区政府为被告行政诉讼案件49件，其中一审36件、二审13件。一审结案24件，其中移送2件，原告撤诉4件，驳回起诉6件，判决驳回诉讼请求11件，确认违法1件；二审案件均未结案。

【法律审查工作】 2017年，鼓楼区健全合法性审查机制，落实相关程序规定，推进备案审查常态化、合法性审查精细化、建议审查实效化。完成区政府规范性文件再清理工作，保留10件，废止3件。全年审查新增规范性文件5件，正式出台5件；选取区商务局《鼓楼区促进楼宇经济加快发展实施意见》、区城管局《鼓楼区关于进一步加强装饰装修建筑垃圾管理和清运工作的意见》2份规范性文件，掌握实施效果，为修订提供参考依据。审查政府征收拆迁项目，强化源头控制、杜绝违法强拆。全年代表区政府做出房屋征收决定13件、征收补偿决定8件、催告21件，向法院申请强制执行17件。审核区政府行政合同12件，依申请公开答复31件，出具各类征求意见答复42件，为区领导专题协调会、批示件等提供法律意见建议50余次。

（桑秋枫）

·公　安·

【概况】 2017年，鼓楼区投入警力4.21万人次，完成党的十九大、侵华日军南京大屠杀死难者国家公祭日等重大活动安保、各级警卫任务和交办警卫任务612场次。

立刑事案件 7346 起，同比下降27%，其中破案 2301 起，破案率 31.3%，同比增长12.4%。在全市执法质量考评中，接出警、刑事案件、行政案件审核考评率、预警接收反馈率 100%，列全市第一。公安鼓楼分局中级执法资格考试通过率 64.6%，同比上升 12.8%；高级考试通过率 10.1%，同比上升 2.7%。通过国家司法考试人数 40 人，同比增加 8 人。全年受理各类复议诉讼案件 89 起，其中行政复议案件 18 起、行政诉讼案件 43 起、刑事不立案复议复核案件 6 起、国家赔偿案件 5 起、政府信息公开案件 2 起、行政监督案件 8 起、立案监督 3 起、民事诉讼 3 起、暂缓执行拘留申请 1 起。经第三方测评，全区群众安全感满意度 98%，位列全市城区第一。省委书记李强，省委常委、市委书记张敬华等领导先后多次到分局检查指导工作。是年，公安鼓楼分局湖南路派出所获全国优秀公安基层单位称号，国保大队获全省优秀公安基层单位称号，出入境窗口（定淮门）获全省巾帼文明岗称号。

【破获刑事案件 2301 起】 2017 年，鼓楼区破刑事案件 2301 起，破案率 31.3%（其中命案破案率 100%），同比增长 12.4%；抓获刑案犯罪嫌疑人 2659 人，其中刑拘 1922 人，逮捕 958 人，公诉 1351 人，同比分别上升 14.3%、9%、25.1%。破获“陈某故意杀人案”“程某盗窃字画案”等重大案件。破获公安部目标案件“6·30 非法买卖枪支弹药案”，抓获嫌疑人 20 余人，缴获枪支 28 支。

【破获经济案件 151 起】 2017 年，鼓楼区立经济类案件 248 起，同比上升 69%；破获经济案件 151 起，同比上升60%。刑事拘留经济类刑事案件嫌疑人364 人，同比上升 183%；逮捕 136 人，同比上升 112%；公诉 148 人，同比上升 11%。其中，立涉众型经济案件 79 起，同比上升 74%；破获 52 起，同比上升 43%；抓获犯罪嫌疑人 164 人，涉案金额 5 亿余元。破获公安部督办全国特大虚开增值税专用发票案，为国家挽回税款 1500 余万元。强化电信诈骗柜面止付挽损工作力度，全区各银行营业网点柜面堵截通讯网络诈骗案件 112 起，挽损 820 余万元，名列全市第一。

【打击毒品犯罪】 2017 年，鼓楼区破获毒品案件 156 起，其中百克以上毒品大案 13 起（1 起为部督毒品目标案件，1 起为省厅督办毒品目标案件）；处理涉毒犯罪嫌疑人 251 人，其中公诉 204 人；查处吸毒人员 1395 人，查处新吸毒人员 297 人，强制入所隔离戒毒 216 人，缴获毒品16.3 千克；捣毁制毒加工场 1 处，缴获制毒设备 1 套、制毒原料 2- 溴戊烷和金属钠 100 余公斤；捣毁制毒原料生产厂 1 家，缴获制毒原料 2- 溴戊烷 262 公斤、2- 戊醇 2.08 吨，查扣、截获戊巴比妥 150 瓶。是年，公安鼓楼分局在市局绩效考评中名列全市第一。

【人口管理】 2017 年，鼓楼区有户籍人口 31.85 万户、92.54 万人。全年受理各类户口业务 3.84 万户、12.19 万人次，接受群众来电或到场咨询 9361 人次。其中，受理办结市内户口迁移 9.43 万人次，受理办结市外户口审批 5335 户、7408 人次。受理办结主项变更 274 笔，微信受理户口 213 笔。

全区新登记流动人口10.48万人，注销7.05万人。新登记房屋出租户6077户，注销3360户。办理二代身份证6万余张。通过流动人口登记，抓获外省在逃人员4人。出入境窗口办理各类出国境和港澳台往来证件7.29万本，其中护照4.17万本，港澳通行证2.35万本，赴台通行证7700本。

【群租房联合整治】 2017年，鼓楼区推进安全大排查大整治工作，创新《责令整改消防治安隐患告知书》"四联"告知单，推行纪委抄告制，即对散居在居民区群租房，由属地街道牵头、派出所配合，摸清群租房出租业主有关情况。凡是出租人属于机关、事业单位、国企、央企等体制内的，一律将群租出租情况抄告所属单位纪委，商请配合调查及开展清理整治工作。全年下发内部安全整改通知四联单2198份、九小场所（小商店、小学校、小医院、小餐馆、小旅馆、小娱乐场所、小网吧、小美容店、小生产加工作坊）隐患告知书四联单5260份，督促整改火灾隐患5491处；下发纪委抄告单668份，抄告单落实整改234处，联合整治群租房626处、住人地下室452处，清理煤气钢瓶296个。

【社会治安管理】 2017年，鼓楼区在支街背巷、老旧小区及治安复杂区域，设置24个警务站、警车巡逻停靠点及57个爆闪灯值守点位。全年检查娱乐服务场所3232家次、旅馆1243家次、危化品从业单位676家次，发放责令整改消防治安隐患告知书473份，处罚违规经营洗浴场所32家次、游戏机室38家次。执行寄递业管理要求，将全区121家寄递业、1012名从业人员全部纳入管控，处罚违规寄递企业22家，查破非法寄运案件3起，通过寄递物流线索破获1起公安部挂牌督办购买销售枪支妨害公共安全案件。

【"110"接处警】 2017年，鼓楼区接报有效警情44.29万起，日均1200余起，同比上升1.91%。高效处置"2·16"省人民医院医生被捅伤、"6·6"蓝湾咖啡聚众斗殴、"6·8"江苏路30号爆燃事故、"6·27"新门口2号爆燃事故、"7·16"陈某故意杀人、"12·27"南华宝庆抢劫等重大敏感警情2000余起。

【治安监控建设】 2017年，鼓楼区公安部门陆续在全区各地段，开展8批次监控更新补盲工作。至年底，全区建设视频监控8613路，监控总量居全市第一。向全区治安积极分子和低收入家庭免费推广安装电动车定位防盗模块1000台。与电脑公司合作研发建设，基于物联网小区治安防控围栏。公安鼓楼分局获2017年省厅、市局科技强警奖科技基层技术革新类一等奖。

（袁　森）

·检　　察·

【概况】 2017年，鼓楼区依法查办贿赂犯罪案件28件30人，同比分别增长250%、233%，查办案件数超前两年总和。查办渎职侵权犯罪案件8件11人，同比分别增长300%、450%，案件数超前两年总和，大案率100%，立案数位居全省检察机关第一。受理审查批捕案件697件982人，审查起诉案件1397件1964人，审查起诉案件量同比上升40.5%、人数上升43.7%，增长幅度位列全市第一。全年，区检察院主动介入区域重点信访案件，依法打击信访活动中违法犯罪行为，维护正常信访秩序。深入辖区8个街道“大走访”，开展以“人民的名义”主题法制宣讲活动20余场，参与群众数千人次。加强队伍建设，健全民主集中制，做到重大事项由院党组集体研究决定，征求全院干警意见，提高领导班子凝聚力。推进党组织建设，党支部数量从5个增加到12个，党支部活动常态化、制度化。开展检察长上党课、爱国主义教育系列活动，召开“旗帜鲜明讲政治”理论研讨会，坚定干警政治理想信念。落实党风廉政建设，结合检察官职权清单，排查出廉政风险点447个，制定风险防控措施461条，构建教育、制度、预警、查纠一体廉政监管机制，实现作风督察全覆盖、无死角、常态化，并邀请检风检纪监督员开展专项督察，建立健全防范和解决作风问题长效机制。坚持检察官专业化培训建设，以“缺什么补什么”为导向，以“小课堂”建设为抓手，分类培训，提高干警履职能力。顺应国家监察体制改革新部署，引导转隶部门干警支持国家监察体制改革，做好原侦防部门转隶各项工作。与区纪检监察部门沟通，确保转隶工作平稳有序。全年以一线检察官为重点，组织岗位练兵、技能竞赛活动20余次。接受区人大监督，1名副检察长向区人大常委会汇报履职情况。举办“检察长开放日”“公众开放日”活动3次。推进以案件信息公开为核心检务公开工作，发布重大案件信息258条，公开案件程序信息2756条、终结性法律文书1331份。是年，该院查办的“8·30”组织淫秽表演案获全国扫黄打非重点案件，交通事故责任纠纷虚假诉讼监督案获2017年度全市检察机关保障民生十大典型案件，“赵连生抢劫案”评为全国十大法律监督案件。5件侦查监督案件入选全市检察机关优秀监督案件，其中4件在分类评比中名列第一。全院综合绩效考评成绩名列全市第一，区检察院获全国检察宣传工作先进单位、全省检察机关优秀信息工作单位、市妇女儿童工作先进单位称号，反贪污贿赂局荣立集体三等功，1名干警荣立个人二等功，3名干警荣立个人三等功。未成年人案件检察科被命名为“南京市工人先锋号”，60余名干警在省市级各类评比和业务竞赛中获奖，获奖数量、层级位居全市首位。

【司法责任体制改革】 2017年，鼓楼区推进司法责任体制改革，采取好中选优、优中选强方法，完成第二批员额检察官遴选工作，遴选出11名员额检察官，充实到一线业务部门。落实司法责任制、入额院领导带头办案制度，明晰员额检察官权力清单，建立绩效考核制度，压实办案责任，在案件数量不断增加的情况下，所办案件无一错漏，平均办案期限同比缩短4天。省检察院为此在区检察院召开全省检察机关内设机构改革试点工作现场会，省市检察院主要领导肯定该区检察院做法和成效。

【诉讼制度改革】 2017年，鼓楼区开展以审判为中心诉讼制度改革，提高干警引导侦查、审查运用证据及排除非法证据能力，构建以证据为核心指控体系，公诉案件有罪判决率100%。区检察院参与认罪认罚从宽制度试点工作，区检察院与区法院、公安鼓楼分局会签《关于审理刑事案件适用认罪认罚从宽制度的实施细则》，建立被告人认罪与不认罪案件相区别的出庭公诉模式和辩护律师参与下的认罪、量刑协商制度。全年适用认罪认罚从宽办理案件740件811人，量刑建议采纳率99.8%，平均办案期限缩短5天，节约司法成本，提高司法效率。

【职务犯罪惩治】 2017年，鼓楼区查办贪污贿赂案件28件30人、读职侵权案件8件11人，大案率100%，为国家挽回直接经济损失8000余万元。立案查办南京生物医药发展有限公司原党支部书记高长福（正处级）贪污受贿案、南京地铁运营有限责任公司原副总经理何志康（正处级）受贿案等，涉及处级以上干部5人。开展追逃工作，将潜逃20年、涉案金额1300余万元贪污犯罪嫌疑人潘小欣、陈方银绳之以法。加大惩治行贿犯罪，全年立案查办行贿犯罪嫌疑人10人。开展医疗、石化、海事系统专项打击行动，对18名犯罪嫌疑人立案侦查，立案查处窝串案28人。针对行业乱象，排查虚报、冒领国家职业介绍补贴专项资金背后贪污犯罪，立案查办社保系统国家机关工作人员3人。区检察院结合办案，推行精准化预防工作，发送检察建议19份。在医疗卫生系统开展“远离回扣，廉洁从医”主题警示教育活动30余场，600余人次受教育。开展“送预防进单位”活动，为市水务局等10家单位开设预防专题讲座，对江苏第二师范学院溧水校区等5个重点工程项目开展专项预防，保障工程廉洁。

【检察职能延伸】 2017年，鼓楼区打击涉众型经济犯罪活动，办理非法吸收公众存款、集资诈骗等犯罪案件38件54人，对掩饰、隐瞒集资诈骗款6亿余元洗钱犯罪案件被告人张某某依法提起公诉，并延伸职能开展“拒绝高利诱惑，远离非法集资”普法宣传活动，从源头防止犯罪活动蔓延。在办理侵犯企业利益犯罪和侵犯知识产权犯罪案件15件38人办案之余，区检察院延伸检察职能，走访苏宁电器等企业，开展法制教育。针对中储南京智慧物流科技有限公司企业商号被外地公司抢注商标等情况，从法律、证据、程序3个层面提出意见建议8条，引导企业依法理性维权。

【危害生态环境犯罪公诉】 2017年，鼓楼区批捕、起诉污染环境、非法采矿犯罪案件34件109人。针对办案中发现长江生态环境资源保护工作存在“多头管理”等问题，区检察院牵头成立由47家单位参与的鼓楼长江生态环境资源保护联盟，凝聚合力，预防和减少长江生态环境事件发生，推动长江渔业、林业、江砂、湿地、水资源全面保护工作。依托该联盟建立一体化协作机制，依法查办跨宁镇扬长江流域非法捕捞案件、南京胜科水务有限公司污染环境案等破坏长江生态资源犯罪案件17件62人。针对北河口水厂取水口附近非法垂钓现象严重、影响市民饮用水安全问题，与6家成员单位座谈协商，达成治理共识。

6月5日，鼓楼长江生态环境资源保护联盟成立

【刑事犯罪办理】 2017年，鼓楼区办理审查逮捕案件684件963人，审查起诉案件1391件1958人。依法办理涉案人数30人的“9·21”柬埔寨跨国电信诈骗案、赵某某等12人跨省销售有毒有害食品案等最高人民检察院、公安部挂牌督办案件。查办引发社会高度关注的赵连生抢劫伤医案，受案后准确定性，24小时内即作出批捕决定，由区检察院检察长支持出庭公诉，保证案件依法公正，受到中央领导、省市委主要领导肯定。保障特殊人群权益，对5名不附条件不起诉的未成年人进行异地帮教。开展法治进校园、进社区活动14次，派员入驻市第二看守所，成立全省首家未成年人帮教工作站，先后对在押260名未成年人开展提前介入、心理疏导、小组帮教及个案帮教等活动20余次，教育感化涉罪未成年人。

【刑事诉讼】 2017年，鼓楼区改进监督方式，拓宽侦查监督渠道，在公安鼓楼分局案管中心挂牌成立首家派驻检察室。强化刑事侦查活动监督，依法对辖区所有侦查机关开展立案监督、追捕追诉、纠正违法等工作。全年监督立案6件8人、监督撤案4件6人，追捕、追诉7件10人，纠正侦查活动中违法行为6件。完善“两法衔接”机制，监督行政执法机关移送涉嫌犯罪案件5件11人。加大刑事审判力度，依法提请抗诉2件，其中对异地法院一起漏罪判决提请抗诉获改判。

【民事行政检察监督】 2017年，鼓楼区对涉及民间债务纠纷、房屋买卖合同纠纷等民事生效判决，发出再审检察建议2件。打击虚假诉讼行为，依法以妨害作证追究4名虚假诉讼当事人刑事责任。支持区法院开展“解决执行难”专项行动，起诉拒不执行判决、裁定犯罪案件2件2人。对拖欠劳动报酬等损害劳动者合法权益行为，开展公益诉讼，履行支持起诉职能，维护弱势群体合法权益。针对苏某某等人非法捕捞损害长江渔业资源行为，依法提起刑事附带民事公益诉讼，要求其承担渔业资源损失费用；向行政机关发出监督履职检察建议11份，推动行政机关依法履职。

【刑事执行检察监督】 2017年，鼓楼区开展各种专项检查40次。做好刑罚执行活动监督，交付执行监督70次，办理暂予监外执行监督案件20件、财产刑执行监督案件5件，促进刑罚执行规范有序。开展羁押必要性审查，保障在押人员合法权益，对不需要继续羁押犯罪嫌疑人提出释放或变更强制措施建议58件。开展争创“全国规范化派驻看守所检察室”活动，派驻南京市第二看守所检察室获评“全国一级规范化派驻检察室”。开展社区矫正工作检察监督，督促司法行政机关对社区矫正人员加强教育管理。

【交通肇事案获国家司法援助】 3月，鼓楼区检察部门在审查李某某和孙某某2起交通肇事案中，发现被害人徐某和林某符合司法救助条件。经核实，两起案件被害人家庭因其或家人发生交通事故后，被害人重伤或致死而失去经济来源，生活陷入困境，而肇事者没有经济赔偿能力，导致被害人家庭未获得赔偿，即告知刑事被害人有申请求助权力。在接到申请书后，区检察院即启动刑事被害人国家司法救助程序，使两位被害人各自收到3000元赔偿金。6月26日，区检察院分别审查两起电动车、摩托车交通肇事案，相继开展被害人国家司法援助。

【警示教育】 1月12日，鼓楼区检察部门到市水务局开展警示教育活动。南京市水务局领导、部门负责人及下属单位工作人员100余人现场接受警示教育。区检察院领导作“畏法慎行，远离职务犯罪”专题讲座，介绍反腐形势并解读职务犯罪，介绍处置贪污罪、受贿罪、挪用公款罪、滥用职权以及玩忽职守罪等常见职务犯罪规定。以事实案例解析水务系统职务犯罪易发环节，从单位和个人两个层面就预防职务犯罪提出建议。会后，区检察院向与会人员发放《预防职务犯罪邮路宣传手册》100余本，指引水务人员严以律己，防范职务犯罪。

【羁押必要性听证会召开】 7月10日，鼓楼区针对两起羁押必要性审查案件，召开听证会。区检察院特约检察员和人民监督员会同案件承办人、辩护人一起参加听证会。主持人向与会“两员”（人民监督员、特约检察员）介绍刑事执行、检察部门开展羁押必要性审查法律依据、工作机制及案件前期调查情况，参与听证“两员”就疑惑问题针对性提问，结合案件的犯罪事实、法定情节、认罪悔罪态度、羁押表现以及社会危害性等方面发表意见。此次听证会，区检察院主动接受区人大代表、政协委员及人民监督员、特约检察员监督，提高羁押必要性和审查公开性透明度，受到与会代表好评。

【电信诈骗案公诉】 9月20日，鼓楼区检察院成功出庭支持公诉“9·20”柬埔寨电信诈骗案。该案系最高人民检察院与公安部联合督办，犯罪嫌疑人30人，是自2015年全国部署开展打击治理电信网络犯罪专项行动以来，最高人民检察院与公安部联合挂牌督办首批重大电信诈骗案件之一。该诈骗团伙60余人，被害人涉及江苏、福建、湖北、陕西等多省市地区，诈骗数额高达453万余元。分管副检察长带领公诉干警多次提前介入案件，明确电信诈骗案件办理审查标准、法律适用。选派优秀干警作为该案件承办人，全面审查和补充侦查全案，为准确定罪量刑夯实证据基础。整个庭审持续两天，辩护律师团队多达数十人，公诉人在庭审中从被告人组成诈骗组织、冒充公安、检察、电信工作人员，编造被害人个人信息泄露、涉嫌犯罪、银行账户内资金需要监管等理由，欺骗被害人将钱款转入指定账户，从而非法占有被害人财物，以及该犯罪团伙的作案手段、犯罪工具、主观故意、诈骗剧本、管理制度、银行转账凭证、业绩单、提成单等方面证据展开诉讼。公诉人认为，犯罪团伙自成立以来，以非法占有为目的，虚构事实，诈骗王某某、张某某等多名被害人财物价值 453 万余元，诈骗数额特别巨大，其行为触犯《中华人民共和国刑法》第二百二十六条，犯罪事实清楚，证据确凿充分，均应以诈骗罪追究刑事责任。公诉人将首犯、从犯以及累犯都罗列清楚，提出对累犯应当从重处罚、罪行较轻应当从轻或者减轻处罚的公诉意见，打击电信诈骗犯罪。

【公众开放日】 9 月 30 日，鼓楼区检察部门举办“公众开放日”活动。区人大常委会和内司委领导，以及区人大代表、政协委员、人民监督员、作风监督员、检风检纪监督员、社区群众代表 20 余人走进区检察院，近距离了解检察工作。参观该院北区办案工作区、南区案管中心和信息技术中心，观看刑事执行检察工作争创专题片，听取检察院领导介绍 2017 年各项检察工作开展情况。代表们畅谈活动体会，评议检察工作，肯定区检察院创新举措工作实效。提出加大检察工作宣传力度，提升知名度，破除“神秘感”；了解社情民意，维护民生民利；强化法律监督职责，维护当事人合法权益，实现法律效果和社会效果有机统一等 4 项建议。 （李国田）

·法　　院·

【概况】 2017 年，鼓楼区受理各类案件 2.44 万件（其中含旧存 3976 件），法院领导办理案件 815 件，办结 2.07 万件，同比分别增长 5.49%和 10.92%。依法审理公安部督办“9·20”柬埔寨特大跨国电信诈骗案。审结公安部督办彭某等 43 人网上组织卖淫犯罪集团案件。审结侵犯公民信息犯罪 9 件 13 人，其中一起案件入选最高人民法院发布的侵犯公民个人信息犯罪七大典型案例。快速审结备受社会关注的赵某抢劫伤医案。深化网络司法拍卖机制改革，全年上网拍品 442 件，成交金额 10.35 亿元，同比上升 63%。推进以审判责任制为核心司法改革，建立审判监督新机制，让行政审批转变为审判监督，强化案件质量管理。区法院与南京大学、南京师范大学、河海大学等院校建立案例讨论机制，召开各类专家研讨会 11 场，拓宽法官理论视野和裁判思路。每周举办法官学堂，召开青年干警发展促进会，搭建平台，交流学习。适应司法改革需要，组建“首批法官入额”领导机构，明确员额岗位要求，制定操作性强的入额方案，在监察室全程监督下由审管办委托第三方人员进行个人业绩评判，全年 79 名员额法官、6 名法官助理参加全省法院系统业务培训。注重审判辅助人员业务技能培训，首创区法院书记员协会，完善书记员协会制度，定期举办书记员培训大会，促进书记员群体自治管理和业务提升。开展“我是共产党员”主题实践活动，引导干警将“公正、廉洁、为民”司法核心价值观贯穿工作始终。强化司法调研，承担最高人民法院审判理论重大课题“人民陪审员制度改革研究”结项；“基层法院运用信息化手段破解‘案多人少’的实践路径”被评为2017年度全市法院优秀重点调研课题第一名；《信息化助推案件繁简分流》被最高人民法院采用，并在全国案件繁简分流机制改革推进会上交流。人民陪审员改革试点工作取得新突破，《人民法院报》介绍该院做法。是年，区法院获最高人民法院授予全国优秀法院、全国案件繁简分流机制改革示范法院称号。

【刑事审判】 2017年，鼓楼区审结各类刑事案件1262件，判处罪犯1579人。审结抢劫、强奸、故意伤害等暴力型犯罪39件43人，盗窃、诈骗等侵财型犯罪324件448人。加大典型刑事案件审判力度，杜明龙案入选最高人民法院公布侵犯公民个人信息犯罪七大典型案例；李某某拒不执行判决案获评2017年度南京市十大典型案例；依法审理“9·20”柬埔寨特大跨国电信诈骗案；依法惩治涉医犯罪，维护医疗秩序，审结省内有重大影响赵某抢劫伤医案；审结生产、销售假药、有毒有害食品等涉及食药领域犯罪9件，对适用缓刑罪犯同时发出禁止令4人次；打击新型网络犯罪，审结公安部督办彭某等43人网上组织卖淫犯罪集团案件。试点刑事案件认罪认罚从宽制度工作，区法院牵头召开区公检法联席会议，出台实施《关于审理刑事案件认罪认罚从宽制度的实施细则》，初步形成可复制、可推广经验做法。对盗窃、醉驾等案件推行裁判文书自动生成人工智能技术，提高审判效率。

【民事审判】 2017年，鼓楼区审结一审民事案件9732件。按照“调解优先”原则，参与全市医患纠纷调解试点工作，推动建立和谐医患关系，审结医疗纠纷案件160件。建立家事调查员、心理疏导家事案件审判机制，助推法官办理家事案件，提高办案效率。区法院与区仲裁委建立联合工作机制，维护劳资双方合法权益，化解群体性争议，维护社会稳定，审结劳动争议案件1145件。审结物业纠纷案件894件，通过“示范诉讼”解决清江花苑、锋尚小区等系列物业纠纷。结合审判执行中发现问题，发出司法建议5份，与有关部门会签《建立健全物业纠纷多元化解机制的实施意见》等文件，搭建物业纠纷多元化解平台。该做法被省法院推广。

【商事审判】 2017年，鼓楼区审结商事案件3042件。其中，审结房地产纠纷案件232件、买卖合同纠纷909件，审结破产、

8月23日，区法院召开“涉物业纠纷多元化解机制建立”新闻发布会

清算案件 11 件。设立“僵尸企业”破产处置绿色通道，审结涉金融纠纷案件 1145 件。应对新兴行业法律问题，支持和保障新兴服务行业发展，妥善审理共享交通、代驾服务、物流服务等案件。

【知识产权审判】 2017 年，鼓楼区审结知识产权案件 268 件，戴某诉某出版社著作权侵权案被评为全市法院系统知识产权保护十大案例。开展“庭审进园区、进企业”活动，帮助驻区企业规范知识产权市场经营机制，助力企业创新发展。区法院与区市场监督管理局和区文化局制定实施《鼓楼区关于建立商标权纠纷多元化解机制的实施意见》《鼓楼区关于建立著作权纠纷多远化解机制的实施意见》，提升依法化解知识产权纠纷水平。探索建立知识产权“互联网 + 审判”网上全流程诉讼新模式，10 起著作权侵权案件当事人于各地同时参加网上庭审，节约司法资源，提高审判效率。

【案件执行】 2017 年，鼓楼区执结各类案件 6927 件，同比增长 57.4%。开展执行专项活动，采取集中执行 76 次，出动人员 753 人次，加大惩治逃避执行、抗拒执行行为，依法拘留拒不执行或妨碍执行的 291 名被执行人，拘传 255 人，搜查 116 件次。通过南京市直播平台全程直播陈某等拒不执行判决、裁定罪庭审现场，并传唤72 名被执行人现场旁听庭审，震慑被执行人履行义务。移交拒不执行判决裁定罪线索 37 件，其中 2 人入罪判刑。加大罚款、悬赏和纳失力度，对 33 名被执行人采取罚款措施，对 43 名被执行人财务悬赏执行方式，对 3042 名被执行人纳入失信被执行人名单。启用终本案件“唤醒”管理软件系统，建立“大指挥”模式，将执行指挥中心建设成为执行工作综合事务管理中心。全面启用《履行告知书》，助力生效法律文书执行。推行网上司法拍卖机制，实现拍卖标的物增值，全年司法网拍 442件，成交金额 10.35 亿元，同比上升 63%。区法院创新执行工作方式，成立定价小组，在区物价局、区检察院参与下，推行自主定价方式代替中介公司评估的执行工作模式。11 月，区法院执行局获省高院集体三等功。

链接：履行告知书

依法履行生效法律文书确定的义务是每一位当事人应尽的法律责任，并提醒当事人不履行生效法律文书义务的，将承担相应法律后果。《履行告知书》中列明，如未在生效法律文书规定的期限内履行义务，进入执行程序后，法院将依法采取以下强制措施：扣押、冻结、划拨、拍卖被执行人的财产；将被执行人纳入失信人员名单；对被执行人限制高消费、限制出境；采取罚款、搜查、拘留等强制措施；情节严重，构成犯罪的，依法追究拒不执行判决、裁定罪的刑事责任。以上强制措施，可以同时采取。

【智慧法院建设】 2017 年，鼓楼区法院信息化智能法院建设走在全市法院前列，全年网上立案率 30.37%。开展扫描前置改革，并使用自动回填技术，促进简易案件裁判文书自动生成。配置导诉机器人、云柜，方便当事人诉讼。向当事人推送网上查询密码，全面公开办案流程及司法文书。全年在中国裁判文书网上传年度裁判文书近9000份。区法院率先在执行领域引入社会服务，与第三方外包机构合作，将查封拍卖标的物外包给第三方对外推广，通过专业包装和维护，提高拍卖物交易价值，促进执行案件财产处置事项高效完成。

【繁简分流机制改革】 2017年，鼓楼区法院以繁简分流为路径，优化审判资源配置，提高审判执行效率，被最高人民法院确定为繁简分流改革示范院。主要包括：明确繁简标准，确保简案快审，提高审判执行效率。成立两个速裁庭，专门审理速裁案件；打造实体化执行指挥中心，速执案件快速办理；剥离辅助事务，实现简中更简。成立保障中心，集约管理辅助事务，优化审判事务，解决送达难题。科学应对繁简，优化审判方式。利用"门诊式庭审"方式，处理批量案件；利用"要素式审理"方式，处理类案；利用"示范诉讼"，发挥裁判引导功能化解纠纷。采取"大合议制"，将民意引入司法；采用"专家会诊"方式，精准适用法律；采取"提级审理"方式，有效化解存案。科学助推繁简，优化技术服务。启用自动回填技术，形成个案信息库。研发裁判文书自动生成软件，实现简易裁判文书"一键生成"。"语音识别"和"OCR"软件技术助推繁中谋简。利用"智能语音识别技术"，推进庭审记录方式改革；将"OCR"与左看右写相结合，实现电子卷宗深度运用，为撰写疑难案件文书提供帮助。通过"互联网＋查控"和"互联网＋担保"助推财产保全精准高效。与软件公司配合研发执行网络查控系统，制定《南京市鼓楼区人民法院关于执保字案件流程的操作实施规范》，提高保全实效性。该院立足执法办案实际需要，通过剥离事务、机制重构、信息化建设、集约化管理、审理方式改革，整体推进繁简分流工作。是年，全国50余家法院到该院学习交流。

（赵轩婕）

·司法行政·

【概况】 2017年，鼓楼区所属律师事务所代理案件1.32万件，业务收入3.2亿元；基层法律服务所代理案件385件，业务收入185万元。鼓楼公证处办理各类公证1.79万件，业务收入710万元。办理法律援助案件1094件，接待群众咨询1.72万人次，为当事人挽回经济损失811.6万元。各级各类调解组织调处民间矛盾纠纷6953件，成功率99.9%。全区在册社区服刑人员359人，刑满释放人员2517人，无当年重新违法犯罪。在全市首推"律师驻队"试点工作，北京市中银（南京）律师事务所常驻区行政执法队宁海中队，为其提供法律服务。是年，鼓楼区医患纠纷人民调解委员会获司法部全国模范人民调解委员会称号，鼓楼区医患纠纷人民调解体制机制创新试点工作获2017年南京市社会建设创新典型案例。"南京鼓楼司法在线"微博列江苏十大司法行政微博，列全国地市级以下城市分榜第十名。区司法局获全省县（市、区）司法行政工作整体满意度总体评价第一名、全省司法行政绩效评价优秀单位，被中华全国人民调解员协会评为人民调解宣传工作先进集体。区法律援助中心获市总工会"工人先锋岗"称号。

【社区矫正】 2017年，鼓楼区规范执法、全程监管，对在册359名社区服刑人员实施全员手机定位管理，为6名重点社区服刑人员佩戴电子腕带，实时动态监控，堵塞监管漏洞。开设“社区服刑人员压力管理与情绪调适”心理咨询讲座，参加市局“读书明理 走向新生”演讲比赛，编印下发《社区矫正手册》。区司法局联合区检察院开展训诫谈话、集中入矫宣告等活动。与公检法部门及街道信息互通共享，定期召开公检法司及街道联席会议，共商社区矫正工作，接受执法监督检查。核查社区矫正系统信息数据，督察考评13个司法所，监管安全及执法质量。健全社区矫正社工奖惩机制，规范业务培训和考核。全区在矫社区服刑人员359人，无当年重新违法犯罪。

【安置帮教】 2017年，鼓楼区衔接管理、延伸帮教，对刑释重点人员严格落实省厅“必接必送”制度，与监所无缝对接。对重点帮教对象落实“五个一”即填好一张帮教协议书，写好一份思想汇报，落实好一个帮教组织，开好一次帮教座谈会，建立好一份档案工作举措，逐一建档，针对性帮扶教育。区帮教中心给鼓楼籍服刑、戒毒人员寄送《春节特别家书》753封，协调区民政、工会、妇联等部门，开展“送温暖”帮扶解困活动，为122名家庭困难刑释人员发放慰问金和实物。区矫正中心开通“远程会见”视频系统，定期组织监所在押人员与家人远程会见，实现亲情感化、社会帮教与监所改造良性互动。全区在册刑释解矫2517人，无当年重新违法犯罪。

【法律服务】 2017年，鼓楼区加强法律服务机构和从业人员执业监管，建设诚信规范律师事务所，采取网上巡查和实地检查相结合，对律师执业日常监管，查处投诉案件5件。开展“法润江苏·2017鼓楼律师公益行”系列活动，推进法企对接，走进企业开展专项法治讲座，研发企业法律服务产品。全区120个社区均配备法律顾问，成立“鼓楼区法律顾问之家微信群”和“社区法润民生微信群”，为群众提供网上便捷服务。完成原市属9家律师事务所变更主管局至区司法局材料申报，以南京设立第三巡回法庭为契机，引进北京、上海等地优质律师事务所在鼓楼区设立分所，促进区律师行业结构整合、优化和提升。在全市首推“律师驻队”试点工作，由事务所派驻专业律师，全程参与政府行政执法工作。北京市中银（南京）律师事务所与区行政执法队以宁海中队为试点，成立专项服务团队，制定“律师驻队”试点工作实施方案，营造法治环境。

【公证服务】 2017年，鼓楼区发挥公证公益职能，服务民生需求，组织开展“公证助残月”“公证公益月”“法润江苏” 等活动。走进社区开展法律讲座、咨询服务8场次，发放宣传资料500余份。为老年人、残疾人等特殊人群开通办证绿色通道，提供暖心服务，全年为70岁以上老人办理遗嘱公证200余件，上门办理公证30余件，减免公证费5万余元。区司法局参与伍佰村、东门前街、东井二村、童家巷塘湾、地铁5号线沿线等片区拆迁、拆违工作，办理现场证据保全、摇号、委托书、声明书、继承权等涉及拆迁公证 570 余件。协助中央门街道办事处完成“和会街爆炸事故 51 号房屋消险加固的装修评估公司”摇号现场监督公证。配合区保障房选房摇号，幼升小、小升初摇号，民政局发放应急包电脑摇号以及国资办公租房竞拍等现场监督公证。是年，1 名公证员获南京市十佳公证员称号。

【法律援助】 2017 年，鼓楼区践行法律援助公益服务宗旨，建设街道法律援助工作站服务网络，简化审查程序，对残疾人、青少年、农民工及老年人等特殊人群免除经济状况审查。实行案件质量同行评估制度，经检查，案卷质量总体考核均分 97.8 分，抽检案件质量合格率 100%。联合各街道援助工作站在全区开展“做好法律援助构建和谐社会”系列宣传活动。全年办理法律援助案件 1094 件，为当事人挽回经济损失 811.6 万元。

【人民调解】 2017 年，鼓楼区将拖欠农民工工资、征地补偿、拆迁安置、医患纠纷以及尚未解决或解决不彻底导致群众反映强烈、易激发群体性、突发性事件等问题列入排查重点。7 月中旬～10 月下旬，开展矛盾纠纷排查调处“百日会战”专项活动，做好国庆、十九大期间矛盾纠纷排查化解维稳工作。在全区 14 个派出所设立单独调解工作室，实行“日常考核”和“绩效考核”双考评机制。实行法院诉讼与人民调解对接工作全覆盖、规范化、多元化，设立省市区三级法院诉调对接工作室，推进南京铁路运输法院诉调对接工作室建立。全年调处民间矛盾纠纷 6953 件，调解成功 6951 件，调解成功率 99.9%。

【法治宣传】 2017 年，鼓楼区建立法治宣传责任单位互联互动机制，推进“谁执法、谁普法，谁主管、谁普法”责任制落实。区司法局组织 84 名非人大任命领导干部任前法律考试，与区委办、组织部以及各街道共同组织领导干部、公职人员法治讲座、法律培训 45 场次。丁山社区暑期举办“法治电影周”，宝船社区组织青少年消防法规知识培训、演练，热河南路街道组织青少年“模拟法庭”，区司法局开展“法育雏鹰 青少年法治夏令营”活动，推进“校园法律顾问”全覆盖，筑牢校园法治防线。启动“小桃园法治文化主题公园”建设，通过政府购买服务模式，向“分众传媒”等 3 家电梯、灯箱广告商购买 350 余广告发布位，创作都市法治漫画。9 月，鼓楼区普法志愿者大队加入“志愿者打卡器”APP 平台，各志愿者队伍开展普法宣传 173 场(次)。全年为社区“法律图书角”更新、充实各类法治图书 5000 余册，发放、张贴宣传材料 1 万余份，开展集中性、专题性“法治讲座”“法律咨询”240 余场(次)。

【获全国模范人民调解委员会称号】 6 月 27 日，鼓楼区医患纠纷人民调解委员在全国人民调解工作会议上，被司法部评为“全国模范人民调解委员会”，该区医调委主任吕露，作为全国专业性人民调解委员会代表，向大会汇报鼓楼区医患纠纷人民调解工作，受到与会代表关注。9 月 19 日，省委常委、市委书记张敬华实地察看区医调中心，肯定该中心化解医患纠纷工作。

链接：鼓楼区医患纠纷人民调解委员会

鼓楼区医患纠纷人民调解委员会成立于 2008 年。9 年来，受理医患矛盾纠纷 1423 件，调解成功 1409 件，调解成功率 99.02%，协议履行率 100%，为患者获得赔偿、补偿金额 1.08 亿元。防止群体性上访事件 15 起，避免民转刑案件 4 起，防止自杀事件 5 起，化解群体性械斗事件 5 起，工作成效得到司法部和省市区领导肯定。2010 年被司法部命名为全国模范人民调解委员会；2013 年 1 名调解员被授予全国模范人民调解员；2016 年被省司法厅评为江苏省人民调解委员会规范化建设示范点。

【“律师驻队”参与城市治理】 12 月初，鼓楼区组织协调北京市中银（南京）律师事务所与区行政执法队以宁海中队为试点参与城市治理，在全市首推“律师驻队”试点工作。律师事务所与行政执法队协调配合，派出专业律师常驻执法中队，为执法中队提供法律服务，包括开展普法教育监督和规范执法、推进和落实处罚、协调部门配合等。北京市中银（南京）律师事务所结合区行政执法队实际情况，在律师聂新鹏指导下，成立专项服务团队，下设法律支持小组和现场驻队小组。现场驻队小组实行组长负责制、组员轮流坐班制，团队协同作战，成员分工配合，制定“驻队律师”试点工作实施方案，为推进“首善之区，幸福鼓楼”建设注入法治力量。

2017 年鼓楼区新成立律师事务所一览表

表 41

序号	律所名称	成立时间	律所地址	负责人	合伙人或派驻律师
1	北京市天同（南京）律师事务所	2 月 15 日	汉中路 2 号亚太商务楼 38 层 B 单元	王　峰	王峰、李皓、陈欣
2	江苏乾智律师事务所	4 月 25 日	江东北路 88 号清江苏宁广场 1 幢 1406 室	林曙光	林曙光、沈兴、杨丽、黄臣
3	北京市岳成（南京）律师事务所	7 月 3 日	中山北路 2 号紫峰大厦 1812 室	宋　静	宋静、李丹、李馨
4	江苏通税律师事务所	7 月 18 日	中山北路 623 号大唐电力 12 层	罗春华	罗春华、王燕燕、李瑾
5	江苏执和律师事务所	7 月 19 日	江宁区秣陵街道弘景大道骋望骊都华庭 01 幢 201 室	郭伟林	郭伟林、李逸飞、张婷
6	江苏漫修（南京）律师事务所	8 月 28 日	集庆门大街 272 号苏宁睿城慧谷 E07-1 单元 1206 室	殷　军	殷军、顾晓雯、赵炀
7	上海申浩（南京）律师事务所	9 月 14 日	清江南路 19 号南大苏富特科技创新园 01 幢 8 楼	辜昀卿	辜昀卿、陆曙东、徐丽慧

续表 41

序号	律所名称	成立时间	律所地址	负责人	合伙人或派驻律师
8	北京市中伦(南京)律师事务所	10月13日	汉中路2号亚太商务楼14层AEF单元	冯继勇	冯继勇、高燕、魏铁东
9	上海明伦(南京)律师事务所	10月13日	中山北路26号新晨国际大厦第Z1402室	秦利梅	秦利梅、杨姝楠、黄敏
10	江苏韬冠律师事务所	10月19日	石鼓路107号19层E座	陈　雷	陈雷、胡建伟、倪绍虎、管兴武
11	北京观韬中茂(南京)律师事务所	11月6日	江东北路305号滨江广场2栋18楼	吕　阔	吕阔、卢晓峰、于芳菲

(乔红军)

·信　　访·

【概况】 2017年,鼓楼区群众来信来访总量1015批2484人次,同比分别下降6.62%和13.87%。其中,来信(含领导信箱)471件,同比上升10.56%,转送、交办信件按期办结率100%。来访544批2013人次,同比分别下降17.7%和18.1%(含集体访67批1388人次,同比分别下降28.72%和18.5%)。重复访254批次1066人次,同比批次下降24.63%、人次增长5.44%;过激访90批次1044人次,同比分别下降8.16%、16.61%;拆迁类上访210批次370人次,同比分别下降42.93%、62.51%。群众到省市上访也有较大降幅。在全国和省市区"两会"(人大、政协会议)、"一带一路高峰论坛"、世界轮滑锦标赛、江苏发展大会、省市党代会、党的十九大、侵华日军南京大屠杀死难者国家公祭日等敏感时期没有发生有影响信访事件。区信访局抓好队伍建设,实践"两学一做",开展"大走访"活动。学习党的十八届五中、六中全会及十九大精神和新《中国共产党章程》,组织党员赴盱眙、茅山新四军纪念馆进行红色教育,开展结对社区和服务对象大走访工作。增强政治意识、大局意识、核心意识和看齐意识,主动研判信访形势,积极应对新挑战,形成全局上下争先创优良好氛围。增强干事创业意识,立足岗位,克服困难,化解矛盾,帮助群众解难事办实事,得到信访群众理解和认可。

【信访保障】 2017年,鼓楼区信访部门在重要敏感时期掌握信息预警,注重关口前移、南北联动,与部门、街道协调,与省市对接,下发文件、方案、稳控通知和重点人员稳控函,组织街道、事发责任单位现场值班,车站稳控,把握信访工作主动权,做到"四个不发生、一个减少、一个确保"。落实区领导定期接待上访群众制度,帮助群众排忧解难。规范接访、办信工作,推行依法逐级走访、权益保障卡实施和网上代理工作。继续实行周三律师接访制度,为群众提供免费法律咨询服务,引导涉法涉诉群众通过司法途径解决问题。邀请市区部门领导授课培训,提高信访干部化解矛盾的能力。定期分析研判信访形势,梳理排查矛盾隐患，应对群体性矛盾。运用《联席会议简报》《信访信息快报》《信访专报》，向区党政主要领导、分管领导报告情况，提出改进工作、化解矛盾建议和意见，推进重大信访事项妥善处置。对疑难信访问题，协调省市相关部门和专家学者会商会办，多措并举，保障突出信访化解。全年撰写各类文件35件、维稳保障方案8件，下发稳控通知文件23件，稳控交办函86人次，各类值班保障350余人次，确保重要时期全区信访工作处于平稳可控状态。

【信访积案化解】 2017年，鼓楼区结合省市交办信访案件，建立"五个一"（每一个信访事项落实1名区领导、1名事发单位领导、1名稳控单位领导、1名责任社区干部、1名管段民警包案）信访积案化解推进机制。开展信访积案集中攻坚化解活动，区信访局与区纪委、区督查室、区委组织部等部门联合督查街道、部门信访积案推进化解情况，下发信访积案化解推进情况专报。运用政策宣传、困难帮扶、信访救助等方式，主动跟踪对接，加大约谈调处力度，督促、协助事发责任部门制订化解方案，推动化解进程。一举解决2件重大拆迁安置信访难题，化解3件多年信访疑难积案。全年化解市交办信访积案33件，化解率94.29%。

公共安全

·安全生产·

【概况】 2017年，鼓楼区修订《鼓楼区安全生产工作职责规定》，明晰有关单位和部门安全生产工作职责。成立建筑施工、餐饮场所、高层楼宇、危险化学品、人员密集场所5个专项整治工作小组，分别由分管区领导牵头负责，开展专项整治工作。全年派出检查组7781个（其中，领导带队检查组1861个），参加检查督查人员6.08万人次，检查生产经营单位9.51万家次，整治各行业领域、生产经营单位和人员密集场所安全生产。汽修行业职业病危害立案查处9起，安全生产事前立案处罚30件，事前处罚期限内结案率100%。是年，事前立案率全市排名第三，立案数列主城区第一。开展"全面落实企业安全生产主体责任"主题安全生产月和《中华人民共和国安全生产法》宣传周活动，制作展板40余块，发放安全宣传彩页1600余份、宣传手册2400余册。是年，发生安全生产死亡事故22起，纳入区统计范围21起，死亡20人，伤12人（工矿商贸领域11起、死亡13人、伤8人，交通事故10起、死7人、伤4人），亿元GDP死亡率0.02，低于南京市0.055生产安全事故控制指标。

【事故应急救援演练】 9月，鼓楼区安全生产委员会办公室、区应急管理办公室组织生产安全事故应急预案桌面演练，包括启动应急预案、紧急疏散人员、实施警戒与交通管制、燃气检查与处置、救治与转移受伤人员、扩大疏散、火灾扑救、环境监测、事故现场清理。以演练形式，检验各街道、各相关部门对安全生产应急预案和有关规定掌握、现场处置、协同配合情况及提升救援力量调度、部门属地联动、应急救援处置等能力。40家安委会成员单位

60余人参与。同时,各街道、相关部门结合实际,开展不同规模、不同背景实战演练10余场,500多人次参与。

【专项治理】 2017年,鼓楼区成立建筑施工、餐饮场所、高层楼宇、危险化学品、人员密集场所5个重点行业领域专项整治工作小组,分别由分管区领导牵头负责,开展专项整治工作。整治餐饮场所燃气安全,检查6000多家次,发放《餐饮场所安全承诺书》5000余份,查出隐患7882个,整改完成7293个;安装燃气报警器4400余个,经营性餐饮场所报警器使用率90%;拦截泄漏事件100多起。整治人员密集场所,清理群租房252户、住人地下室362处583间,清理煤气钢瓶145个。检查高层建筑消防安全,排查高层建筑937栋,发现隐患701处,整改548处。整治建筑施工领域,发现并完成整改隐患445处,行政处罚10次,安全生产约谈8次,4家企业和6名管理人员被黄红牌警示。整治危化品安全,建立危化品安全监管联席会议制度,重要时段每日巡查,汇总上报管控情况。邀请专家检查加油站22处,处置黑加油车6辆,完成10家易制毒单位备案审批。

【街道安监机构建设】 2017年,鼓楼区13个街道均单独设置"安全生产监督管理办公室",负责辖区内安全生产大检查等。配备街道安全监管人员65人(每个街道5人),招聘专职安全员78人(每个街道6人)。120个社区分别明确1名专职安全生产协管员(宁海路街道由社区主要领导担任)。是年,区安监局开展安全生产法律法规、安全隐患排查等业务辅导培训2次300人次。 (陆海宁)

【工程质量安全监管】 2017年,鼓楼区新受理监督工程89项,面积141.3万平方米,造价57.7亿元。至年末,在建项目129个,其中房建类118个、装修改造类1个、市政类9个、园林类1个。全年开展工程质量安全提升行动、建设工地消防安全检查、建设领域电线电缆等专项整治,发放安全类整改单221份、质量类整改单157份、停工通知书22份,约谈14次、红黄牌警示33个、行政处罚21起。处理各类投诉380件,环保督查62件,办结率100%,满意率100%。完成竣工备案审核12件,发放各类专项实施方案15件,工程质量强区考核获南京市第三名。监管工程创博智慧云产业研发中心7号地块2号楼等9个项目获评南京市优质结构工程,田家炳中学人防工程桩基和土建及水电安装(含消防)总承包工程等3个项目被评为市级标准化文明示范工地。

(李嘉睿)

【燃气安全管理】 6月,中央门商贸区华东国际美博城、长客集团、先锋奥特莱斯商场、金桥市场、玉桥美博城等9家企业分别组织燃气事故消防综合演练,600余人参演。年内,开展第一轮驻区企业餐饮场所燃气安全普查和专项整治,投入经费3万余元,完成7家餐饮场所安装燃气报警装置,其中2家隔墙封闭处理燃气瓶,年末全部整改到位。全年,为辖区26户餐饮企业安装燃气报警装置34台,使用率100%。 (彭　涛)

【脚手架坍塌应急演练】 6月30日，鼓楼区联合中建三局集团有限公司在葛洲坝招商紫郡兰园项目建设工地开展脚手架坍塌应急演练，市建委及区政府、区建设局、区安监局等部门领导，以及区各在建工程建设、施工、监理单位相关负责人170余人参加。演练包括抢险、警戒、技术、后勤及救护等内容。“事故”发生后应急预案随之启动，消防大队接到灾情报警后赶赴现场，消防员采用切割机割除变形钢管，避免切割火星对伤员造成二次伤害；抢险组在坍塌区域加固并清理脚手架上材料，打通生命通道；警戒组在事故区域实施警戒，疏散现场人员，防止闲杂人员进入；技术组赶赴现场，分析事故情况，商议救援方案；救护组携带救援设施赶赴现场，采用层板进行阻挡保护，后勤组联系消防和医院，120车辆赶到现场，急救伤员并送至医院抢救。演练旨在增强各参建单位安全责任意识，警示并预防施工现场重大安全隐患，同时锻炼政府相关部门和项目部门处理险情协同作战能力。

（李嘉睿）

6月30日，鼓楼区举行建筑模块支架坍塌应急救援观摩活动

·交通管理·

【概况】 南京市公安局交通管理局第五、第六大队（简称交警大队），承担辖区54.92平方公里路面指挥疏导、执勤执法、事故接处警、车驾管、交通窗口、路政管理等交管业务。辖区有主次干道97条、支路街巷259条、路口439个，其中灯控路口267个。2017年，交警大队推进交通秩序精细化管理，提升交通管理服务水平和工作质效，实现管辖范围内交通安全态势总体平稳，交通科技深度融合、交警主业转型升级和服务质态大幅改善，事故发生率稳步下降，群众满意度稳步提升。交警大队围绕“交通秩序治理三年行动计划”，突出非机动车、行人闯红灯、走快道，机动车不礼让、违停、违鸣、酒后驾驶、改装、无牌无证等交通违法行为，实施专项整治。启动夜查整治行动，依托清凉山固定整治点，严查严处酒驾醉驾、涉牌涉证、非法改装、客货混装等违法行为，筑牢全天候安全防线。下半年，连续开展“静夜”“治渣”“治面”“清拖”等专项整治行动。对低速电动车、快递外卖电动车等车辆强化管理，做到违法必纠，罚教并举。对共享单车无序发展、乱停乱放、影响交通等交通新业态，实施规范引导。与快递公司、外卖平台、共享单车企业联合管理，通报违法行为，促进管理实效，营造良好有序出行环

境。创新交管举措，成立省级机关交警警务室，发挥“零距离”地理位置优势，治理秩序，保障政治核心区交通安全，道路畅通；成立秩序整治突击队，紧盯交通秩序乱点、堵点、难点，整治辖区道路交通乱象，挤压违法行为生存空间，净化辖区交通秩序。贯彻《南京市公安局关于进一步加强基层所队“五小工程”“五室一库”建设的指导意见》，建成食堂、健身房、阅览室、浴室、洗衣房等基础设施，改善民警生活，提高生活质量。新建“五室一库”（讯（询）问室、信息采集室、证物室、警用装备室，应急警用装备仓库），加强基层执法办案功能区和警用装备物资管理设施，为执法执勤和警务实战运行提供保障。全年处罚各类交通违法行为20.55万起，查处酒后驾车违法行为696起，其中醉酒驾车329起。查处机动车各类违法行为2.49万起，查处非机动车、行人各类违法行为14.93万起，查处车辆违停13.95万起、不礼让斑马线3372起。是年，交警五大队荣立省厅集体二等功一次，4人获个人三等功、16人嘉奖、16人被评为优秀公务员。交警六大队获市局南京马拉松赛安保集体三等功，21人获市局颁发的各类荣誉。

【疏堵保畅】 2017年，交警大队将疏堵保畅服务民生为第一要务，摸排辖区内流量较大、事故多发、秩序较乱、通行易堵路段和时段，结合群众反映热点问题科学布警：一级勤务设置56个高峰岗点、10个高峰巡逻段、8个平峰整治岗；二级勤务设置52个高峰岗点、8个高峰巡逻段、8个平峰整治岗。将定点值守与条线巡逻有机结合，优化疏解省人民医院、定淮门大街、模范马路隧道等堵点，保障地铁5号线建设、环境综合整治等重点工程。推动政府成立222人志愿者队伍，在35个主要交通路口配合民警开展交通治理。

【交通安全管理】 2017年，交警大队开展道路交通安全专项整治，消除安全隐患，提升群众出行“硬环境”。全面梳理辖区道路及交通设施，道路施工改造，调整更新信号配时、交通标志、交通设施等。全年调整渠化路口18处，修复信号灯45处，更换各类标志标牌346处，维修护栏350节，补划交通标线5200余米，梳理安全隐患21处。加强源头监管，围绕辖区内管客车、货车、危险品运输车、校车“四类车”，深入辖区内重点客运单位，检查企业源头安全监管责任、相关制度落实、监管台账建立以及重点车辆和驾驶员相关情况，对监管措施落实不到位单位，现场提出整改要求。全年召开安全教育会73场次，排查重点运输企业85家，签订责任书、承诺书2514份，检查重点管控车辆200多辆，企业送锦旗10面。

【重大活动安保】 2017年，交警大队细化落实各项“点、线、面”交通警卫措施，精细组织，强化安保各项措施，完成各项交通安保任务。党的十九大安保期间，严格落实战时勤务机制，以“三个不发生”（不发生爆恐案时间、不发生在全国有重大影响的大规模群体性事件、不发生重大公共安全案事件）为目标，树立“四个意识”（政治意识、大局意识、核心意识、看齐意识）。交警五大队全力以赴，累计加班945人次，加班时长3643小时。由于十九大安保工作突出，被

10月15日，鼓楼段南京马拉松赛暨全国马拉松锦标赛交通安保

省公安厅授予集体二等功。在南京马拉松赛暨全国马拉松锦标赛、侵华日军南京大屠杀死难者国家公祭日，该大队按照核心、管控、分流要求，在辖区5处管控点、10处外围分流点、21处快速内环匝道、128个全红路口安排警力，大队领导靠前指挥，参战警力倾力奉献，确保车辆封控到位，分流秩序井然，实现既定“零差错”工作目标，完成交通安保工作。首届江苏发展大会在宁召开期间，全警上阵，连续作战，紧盯秩序重点，定人定岗定责落实管控，出新完善交通设施，提升道路交通环境和交通文明形象，确保盛会召开。轮滑世锦赛期间，交管大队保障开幕式承办场馆五台山体育馆交管秩序，根据场馆周边交通组织和交通流量规律特点，精心部署，紧盯重点，文明执勤，保障开幕式进行。

【企业车辆人员监管】 2017年，交警大队加强企业车辆人员监管工作。车管组民警放弃周末、国庆休息，走访排查风险隐患，共排查封闭货车单位154家（封闭货车415辆，占全市总数3.4%），排查个人封闭货车417辆。检查“两客一危”运输企业16家（运输车905辆、驾驶员900人）、渣土运输企业8家（渣土车356辆、驾驶员340人），与企业签订十九大期间安全责任书24份。摸排清理逾期未报废车辆4辆，举办驾驶员安全教育学习会2场，召开“两客一危”企业、新五类货车企业、渣土运输企业负责人警示教育会，约谈24家企业法人，保障辖区交通安全形势持续稳定。

【交通设施维护管理】 2017年，交警大队落实大队领导、中队长、民警、路政民警、设施组和信号员五级巡查制度，全天候、多时段开展设施巡查，发现设施存在问题，及时信息反馈，迅速维护到位。全年新增、更换标志牌297块，复划标线1.32万平方米。协调园林部门，修剪主干道建宁路一线遮挡信号灯与标志牌树枝，维护更新护栏920余套。主动调研拥堵路口，调整大桥南路新民路、幕府南路孙家洼路口等20处路口渠化，调研信号路口配时问题，合理调整配时，优化通行效率，改善道路拥堵，提高道路交通安全保障水平。

【交通宣传】 2017年，交警大队树立宣传先行理念，与新闻媒体联系，建立健全走进直播间、直播直报等工作机制，“交警五大队”微博平台获区级网络平台宣传影响力第一名。以进机关、进社区、进学校、进企业形式，推进交通文明宣传，全年下社区、机关、单位开展交警宣传185场次，发放宣传材料8000余份，在辖区主要路口悬挂横幅115条，安装公益宣传牌220余块，张贴宣传画1900余张，发放宣传倡议书4000余份，联合南京交通台发放安全宣传贴1300余份，在全区树立文明出行交通理念。

【案管室建成】 2017年，交警大队根据支队《关于开展以直属分局名义办理治安案件试点工作的通知》，创建案管室、办案中心。案管室按照市局案管室建设要求，规划办案中心各功能区域，设置地面引导标识，固定讯（询）问室桌椅，设置血样存放冰箱、加锁具，配备防盗、防潮、防火等设施设备。在案管室、办案中心醒目位置设置墙面标语、管理制度牌、工作流程图，依据大队法制工作规划，科学设置文员岗位，由专职法制员统一管理，严格落实执法监督管理工作。严格管理制度，发挥案管室执法监督作用，总结案管工作经验，及时向支队汇报情况，推进执法规范化建设向纵深发展。试点工作开展以来，办理扰乱公共场所秩序治安案件35起、阻碍执行职务案件6起，警告6人；办理交通类违法案件20起，行政拘留26人。一举端掉南京儿童医院门前带路“黄牛党”，成为打响治安案件办理第一战，震慑广州路沿线拦车带路“黄牛党”，净化医院周边路段道路通行环境，为执勤民警日常执法提供支撑，提升民警办案效率。

（张天霖　陈　新）

·消防安全·

【概况】 2017年，鼓楼区公安消防大队（简称区消防大队）围绕社会火灾防控、灭火救援，提升攻坚能力，谋实策、办实事、求实效，筑牢防火灭火两道防线。辖区火灾形势平稳可控，完成党的十九大、南京马拉松等安保工作。根据鼓楼区消防安全“总体平稳、小灾不断、隐患量大、风险不小”特点，在重大活动安保期间，全消防大队分级分类组织培训，制定《电气火灾综合治理工作要点》，逐项盘点自查，组织安装电独立式感烟火灾报警器1200只、简易喷淋装置53套，巩固电气火灾防护网；检查社会单位2524家，发现火灾隐患4931处，督促整改4823处，责令“三停”（停产、停业、停止施工）26处，罚款186.75万元，同比检查单位数上升136%，发现火灾隐患数上升142%，督促整改隐患数上升139%，责令三停数上升100%，罚款数上升222%。全年开展合成演练32次，制定各类预案264份，开展各类企业和单位消防培训420

1月5日，鼓楼区南阴阳营1号发生火灾，消防官兵救援群众

次，消防演习200余次，工作实绩列全支队第三。接出警896起，其中扑救火灾459起，抢险救援437起，出动人员1.23万人次、车辆2005辆次，抢救群众65人次，抢救财产价值44.4万元。投入151万元安装简易火灾报警和喷淋装置、50万元安装户外消防广告屏。是年，该大队参加支队第11届警体运动会获团体第一名、警体嘉年华团体总分第五名；在登山比赛中大队获第三名，方家营中队获第六名。

【消防安全专项治理】 2017年，鼓楼区以“冬春”“夏防”为载体，围绕高层、“三合一”（指住宿、生产和仓储混合在一起）、人员密集场所和易燃易爆单位为重点，开展消防安全专项治理，集中整治消除威胁公共安全隐患。截至11月，检查单位5303家次，发现隐患1.02万处，督改隐患1.01万处，下发处罚决定书280份，受案查处317起，罚款406.83万元，查封101家，“三停”72家，拘留68人，责成4家单位24小时死看硬守，约谈200家单位法人。区消防大队提请区政府召开5次专题会议和现场办公会，各级领导带队检查16次，督办重大火灾隐患单位10余次。党的十九大期间，召开高层建筑、医院消防安全负责人约谈会，以“微消防”和“户籍化”为抓手，推动单位强化“四个能力”（提高社会单位检查消除火灾隐患的能力，提高社会单位组织扑救初起火灾的能力，提高社会单位组织人员疏散逃生的能力，提高社会单位消防宣传教育培训的能力）。每季度召开消防安全重点单位例会，按照“失火必查、有责必究”原则，依法查处火灾事故责任单位和个人，受案查处17家火灾事故单位消防违法行为，罚款67.05万元，拘留8人。

【增设执勤点】 2017年，鼓楼区消防大队西康路执勤点投入使用，并建设湖南路消防执勤点，推进社区和重点单位微型消防站工作。根据“位置相邻”和“行业相近”原则，组织重点单位开展区域联防。全区有119个社区和441家消防安全重点单位建成微型消防站，超过既定工作指标。发展1个区域联防组织，涵盖7家重点单位。

（林　峰）

·人民武装·

【概况】 2017年，鼓楼区按照国防和军队改革总要求，落实军委国防动员部指示精神，牢记强军使命，坚持创新驱动，推动人武部全面建设和国防后备力量建设。自觉遵守党的政治纪律和政治规矩，维护党的团结统一，深入肃清“郭徐流毒”，开展改革强军主题教育和推进“两学一做”工作。以“赞颂辉煌成就，赓续红色基因，支持强军改革”为主题，整合区内国防教育资源，深化全民国防教育活动。聚焦能打胜战练兵备战，按照“超前谋划、及早准备”工作思路，完成民兵整组任务。抓好实战化训练演练，提升民兵分队综合能力。梳理国防工程、交通运输、民兵支前等工作，做好数据采集和补充完善工作。按照“一季征兵、全年准备”要求，早筹划早准备，组织征兵人员培训662人次，设立“南京鼓楼征兵”微信公众号，受到应征青年和家长好评。建立廉政征兵“零报告”制度和廉洁征兵监督员制度，采取突

9月9日，鼓楼区人武部组织开展国防教育活动

击检查、重点抽查、暗访督察等检查形式，保障征兵工作人员廉洁征兵。湖南路模范女子民兵连成立“为人民服务队”，与孤寡老人帮扶结队，定期上门为老人服务。慰问驻区部队、军烈属、革命伤残军人，使系列活动长期化。组织街道武装部长参加南京市三级国防教育骨干培训，组织干部职工参观“两馆”（宁海路街道海洋国防教育馆、颐和路社区将军馆）进行国防教育，发挥静海寺南京条约史料陈列馆、拉贝故居红色基地作用，扩大“红色传统国防教育”影响。举办高校新生军训，开展“国防教育宣传月”活动，普及中小学国防知识，开展军事夏令营、国防知识竞赛等教育活动，激发全社会关心国防、热爱国防、保卫国防热情。是年，区人武部1人获省军区基层武装工作先进个人称号，湖南路女子民兵连获省军区基层武装工作先进单位称号。

【兵役机构】 3月，区人武部牵头成立鼓楼区征兵工作领导小组。区长刘军担任组长，1名副区长和区人武部政委担任副组长，成员由区政府办、区委组织部、区委宣传部、区法制办、区总工会、团区委、区妇联、区发改局、区教育局、区民政局、区司法局、区财政局、区人社局、区卫计局、区法院、公安鼓楼分局负责人，河海大学、中国药科大学、南京工业大学、南京邮电大学、南京中医药大学、南京财经大学、南京艺术学院、江苏城市学院、江苏海事职业技术学院的党委书记组成。领导小组下设秘书组、体检组、政治考核组、宣纪组、军需运输组。13个街道办事处分设基层征兵领导小组，街道主任任组长，武装部长任副组长。各社区征兵工作由社区书记负责。

【兵役登记】 3月1～10日是兵役登记组织准备阶段，鼓楼区各街道武装部成立工作班子，制定工作计划，实施动员部署。11～20日宣传发动阶段，各街道武装部组织社区和驻区单位张贴《兵役登记通告》，宣传发动，调查摸底。公安鼓楼分局及各派出所提供辖区内登记对象名单。21～31日为组织登记阶段，各街道武装部组织登记对象在规定时间完成网上登记。4月1～11日是总结验收阶段，区征兵办组织全区网上登记数据检查验收。全年，鼓楼区兵役登记1.19万人，在全市率先达到100%。

【征兵工作】 2017年，鼓楼区实时组织开展征兵工作，采取区、街、社、三级联动，形成合力。区委常委挂钩各街道指导，区人武部派出13名职工，协助各街道武装部推进，街道干部挂钩社区组织，各社区按照区域内适龄青年家庭分工，入户宣传发动确保每个适龄青年家庭有人负责。区征兵工作领导小组成员单位紧密配合，关口前移，与河海大学等9所高校建立征兵工作挂钩单位，发放《征兵宣传册》1.7万份，悬挂宣传横幅300余条，制作宣传展板100余块，召开征兵宣传咨询会30余场，为应征大学生开辟绿色通道，做好政策解读、网上报名、体格检查、政治考核等各方面保障。区分管领导、人武部主官上门走访，对接征兵任务，实施末端落实，解决征兵难题。全年辖区有适龄青年1407人网上报名，560人进站体检，大学生兵员比例超过90%，完成年度征兵任务。

【民兵结构调整】 2017年，鼓楼区按照任务牵引、因战而建、编用一致原则，调整民兵结构，提升科技人员含量，做好宣传发动、调查摸底、审核录入等工作。经协调增加中国电子科技集团公司第十四研究所、中国船舶重工集团公司第七二四研究所等企业民兵数量，新建雷达维修分队、通信保障分队，编实湖南路女子民兵连，完成应急、支援、储备“三类队伍”编组结构调整和3550名基干民兵整组任务。

【战备建设】 2017年，鼓楼区进行国防动员潜力数据核查工作，以普通高校、科研院所、高新企业为重点，先后深入13个街道、8个大型企业调查，完成各类登记统计潜力数据核查工作。按照战备行动要求，修订完善七大类21项战备方案，根据基层武装部规范化建设要求，全年新添器材6大类218件，实现民兵应急装备物资常态化储备。

【民兵训练】 1月，鼓楼区组织民兵应急分队骨干40人进行警棍盾牌术训练。3月，组织各街道新任职武装部长、干事11人参加警备区专武干部集训，结合“情报信息员报知攻关”培训，两次对基层武装部长、干事进行再培训。在区机关开展岗位练兵，组织基础体能、文书拟制、战术计算等14个基础科目训练和“三实”（实弹、实爆、实投）训练。全年组织1260人次民兵应急分队，开展应急维稳、警棍盾牌术等实战化训练演练科目自训，参加警备区民兵高炮、通信、防火、抗洪联训，各科目总计2650天人次，并定期开展训练考核，提升综合能力，4次完成省军区和警备区组织的应急拉动演练任务。组织2名新任武装部长参加省军区新任专武干部集训。区人武部采取“以会代训”模式，定期召开武装工作研讨交流会。

【“双百双建”活动】 2017年，鼓楼区采取“夯基、换颜、造血、增智”共建方式，开展共建党组织和共建学校为主要内容“双百双建”（帮扶苏北革命老区100个贫困村、100名贫困学生，共建党组织和共建学校）活动。投资15万元，援建阚口村草莓大棚生产基地，开发特色产业。区人武部领导和政工科干部7人与该村贫困学生结对助学，向阚口村小学赠送书籍3000余册。7月，分批组织该村20多名留守贫困学生，参加南京“双百双建”国防夏令营，宣传传统国防教育和蓝色海洋国防知识，参观《南京条约》史料陈列馆、渡江胜利纪念馆、雨花台烈士陵园、中山陵、南京博物院等红色历史场馆，感受金陵历史文化气息。投资10万元，援建村卫生室，让村民真正享受“小病不出村”缓解村民看病就医难问题。

【有偿服务工作停止】 8月17日，鼓楼区召开驻区部队全面停止有偿服务工作军地协调领导小组第一次会议，传达贯彻总书记习近平关于军队全面停止有偿服务重要指示精神和省市领导有关要求，成立区委区政府主要领导挂帅停偿工作协调领导小组，下设停偿办公室，抽调骨干力量组建专项工作组，全力推进停偿各项工作。主动对接驻区部队，研究有关政策规定，安排专人与驻区部队联系，定期核实停偿项目情况，并要求区有关部门、街道全力配合驻区部队做好相关工作。区停偿领导小组召集驻区部队和区法院等部门，先后召开6次推进会，逐个单位、逐个项目研究停偿项目进展问题，与省军区保障局对接有关停偿工作。针对山西路军人俱乐部停偿难题，会同南京军区善后办，两次召开山西路军人俱乐部停偿工作军地协调会，查找问题难点，形成有效工作方案。截至12月，鼓楼区共有停偿项目902个，关停720个，未关停182个，关停率79.82%。 （马元杰）

【全国海洋国防教育示范区建设】 6月，鼓楼区与江苏省海洋与渔业局签署《关于提升全民海洋意识推进国家级海洋意识教育示范区建设合作框架协议》，依托海洋国防教育馆，开展海洋国防知识普及教育和宣传，打造“全国海洋意识教育示范区”和“全国海洋国防教育先进区”。

（陆婷婷）

·人民防空·

【概况】 2017年，鼓楼区拟定《鼓楼区2017年人防工作意见》，启动《鼓楼区推进人民防空改革发展实施方案》。做好3项为民办实事项目：市人民防空办公室（简称市人防办）投资6400万元，区人民防空办公室（简称区人防办）协调完成田家炳中学操场地下停车场项目主体验收工作；摇号发放2.8万个家用和车用应急救援包；免费开放狮子山人防纳凉工程。规范政务公开工作，公开信息250条，依申请公开1条。拟定《鼓楼区人防宣传报道工作试行办法》，开通区人防办微信直播平台；联合龙虎网推出“鼓楼人防新闻报道大赛”，48个参赛作品获奖。全年新增人防工程30个，面积约10万平方米，新增人防车位1883个，人防工程开发利用率99%，年产值2.8亿元。通过服务外包创建省AAAA级数字档案室，完成资料长编编纂工作。是年，区人防办获省民防工作先进单位、市人防工作先进单位称号。

【指挥通信建设】 2017年，鼓楼区修订完善人民防空袭预案，健全组织指挥机构。实施指挥所使用管理和人防指挥信息系统测试、训练，维护管理、调整和普查防空警报器78台，新增高空警报器1台。警报器维护管理人员集中培训79人次，组织“9·18”防空警报统一试鸣和侵华日军南京大屠杀死难者国家公祭日警报器鸣放。依据《人民防空训练与考核大纲》，开展人

9 月 18 日，华侨路街道组织临战疏散演练

防机关、人防指挥部、群众防空组织、重要经济目标单位防护等训练演练 5 场次，参训参演 350 人次。首次将人防训练培训工作延伸到社区，组织和指导以疏散与隐蔽为重点的防空袭课目演练。9 月 18 日，组织华侨路街道 300 人疏散演练；完成上元门水厂液氯泄漏应急演练和华侨路街道五台花园社区就近隐蔽演练。下发重要经济目标单位训练大纲，督促防护预案制定和组织专业队伍整组与训练，上报抢险抢修、医疗救护、交通运输、防化防疫、心理救护、综合保障、心理救护、通信 8 个专业队 1042 人整组名单。

【宣传教育】 2017 年，鼓楼区完善社区人防志愿者队伍建设，督促各社区开展防空防灾训练演练培训活动 3 次，宣传栏更换 4 次，人防设施巡视常态化。在国际民防日、防灾减灾日等重要时段开展人防宣传教育、防空防灾志愿者讲师团等特色活动 360 余场次，承办《江苏省民防应急科普文艺巡演》首场演出活动，制作 26 块人防宣传展板在 13 个街道巡展。印发人防宣传页和《人防社工手册》3.1 万册。区人防办会同区教育部门开展“小学民防课程集中展示推进月活动”，举办小学民防知识教育公开课、随堂听课、微型讲座、评议课等 19 节；编印《小学生民防知识教学课例集》，并列入 2017 全省民防课本征订书目在全省出版发行；组织中小学民防小报制作和评比，评出优秀组织奖 10 个，优秀成果奖 176 个；为 17 所中学配发民防教具并组织使用管理培训；开通中小学民防教育工作群，培训人防老师 80 人。建立“鼓楼人防宣教工作群”，拟定区人防宣传报道工作试行办法，与龙虎网合作，开通区人防办微信直播平台。至年末，发布微博 1872条，原创微博 785 条，社区消息微博 629条，其中社区消息类微博阅读量超过 80万人次，科普类微博单条最高阅读量超过 50 万人次，发送微信 108 条，关注用户 4861 人，点击量 6753 次。全年，市人防办采用信息 276 篇，省民防局采用信息 12篇，国家级采用 2 篇。在“9·18”全省警报试鸣日前后，联合龙虎网推出“鼓楼人防新闻报道大赛”，从文字、图片、视频三方面征集素材，13 个街道上报作品 200 多个，在图片、视频、文字 3 个奖项中 48 个参赛作品获奖。

【人防工程管理】 2017 年，鼓楼区配合市人防办监管处开展南京市人防工程维护管理问题专项整治行动，抽查人防工程 72 个，建筑面积 30 万平方米，发现一般安全隐患7处，完成整改7处，整改完成率100%；检查人防工程年检备案情况146个，建筑面积68万平方米年，年检备案率100%。开展安全生产月、安全生产大检查和安全生产隐患大排查大整治活动，检查组次64个389人次，排查重点企业38家、重点人防工程22个，发现排除一般安全隐患7个，整改率100%。小区地下车库人防工程使用情况摸底调查171个。街道人防干事、社区义务巡视员人防工程巡查培训130人，发放人防工程管理手册210余册，与30家人防工程单位签订《人防工程管理责任书》。新增人防工程30个，面积约10万平方米，全区列管人防工程680个，优良率85％、合格率95％。是年，全区人防工程无安全事故。

【平战结合】 2017年，鼓楼区推进人防建设与地下空间融合发展，发挥人防工程战备效益、经济效益和社会效益。新增人防车位1883个、列管人防工程680个，开发利用地下车库431个、招待所1个(床位100个)、地下商场16个、餐饮4个、文娱场所5个、教学和办公及会议室12个、仓库75间、自行车库118个、其他6个，开发利用率99%，年产值2.8亿元，解决就业岗位4107个。 （黄　伟）

社区建设

【概况】 2017年，鼓楼区推进社区治理创新，通过全国社区治理和服务创新实验区中期评估。在南京召开民政部乡镇论坛杂志社主办的全国城乡社区协商示范经验推介展示活动、中组部委托民政部举办的2017年全国地方党政领导干部“三社联动”(社区、社会组织、社会工作)专题研究班上，社区“六化协商”(主体多元化、内容丰富化、形式多样化、程序规范化、成果效能化、工作经常化)模式和“三社联动”实践经验被介绍推广。举办“开放空间会议+”“社区协商与基层治理”“加强党性锻炼、坚定理想信念”等主题社区书记主任培训班，全区各街道党工委副书记、民政主任，街道党群、社会事务科科长，社区书记、主任225人分两期参加培训。举办“互联网+社区”精英专题培训班，全区街道民政系统负责人、社工200余人参加。区委区政府表彰命名五星级文明和谐社区10个、四星级文明和谐社区38个、三星级文明和谐社区72个。

【星级文明和谐社区创建】 2017年，鼓楼区以“争创首善社区、建设幸福鼓楼”为目标，组织推进星级文明和谐社区创建活动。年末，通过综合每季度第三方居民满意度测评和区委组织部、区文明办、区民政局、区残疾人联合会、区委政法委、公安鼓楼分局、区城管局等职能部门年度测评成绩，中央门街道汇林绿洲社区等10个社区被区委区政府授予五星级文明和谐社区，热河南路街道三汊河社区等38个社区被授予四星级文明和谐社区，小市街道河路道社区等72个社区被授予三星级文明和谐社区。

2017年度鼓楼区星级文明和谐社区一览表

表42

星　级	街道名称	社　区　名　称
五星级（10个）	中央门	汇林绿洲、新门口
	湖南路	丁家桥、云南路
	宁海路	颐和路
	挹江门	模范西路、丁山
	宝塔桥	幕府西路
	江东街道	睿城
	热河南路	小桃园
四星级（38个）	热河南路	三汊河、白云亭、新和园、清江花苑
	挹江门	钟阜路、鲁迅园、福建路
	建宁路	四平路、城河村
	阅江楼（下关）	世茂滨江、盐大街、新民门、唐山路、多伦路
	江　东	长阳花园、宝船
	凤　凰	苏城苑、蓝天园
	宁海路	康藏路、仙霞路、苏州路
	华侨路	慈悲社、广州路
	湖南路	马台街、青岛路、裴家桥
	中央门	青石村、工人新村、观音里、天正和鸣、模范马路
	宝塔桥	依山郡、金陵二村
	幕府山	五塘新村一段、五塘新村二段、五塘村、云谷山庄
	小　市	东井新村
三星级（72个）	小　市	河路道、安怀村、小市新村、线路新村、黄家圩、张王庙、东井亭、东门街
	宁海路	北京西路、天津新村、三步两桥、古林、山西路
	建宁路	安乐村、五所村、金川花苑、新民路、滨江花园、工农新村
	江　东	清河新寓、聚福园、宝地园、腾飞园、江滨新寓、银城花园
	凤　凰	莫愁新寓、凤凰二村、白云园、西城岚湾、凤凰西街、凤凰熙岸、凤凰街、教工新村、凤凰花园、华阳佳园
	湖南路	大方巷、南秀村、傅厚岗
	热河南路	晏公庙、二板桥、新河村、姜圩路
	华侨路	虎踞关、石头城、清凉山、龙蟠路、五台山
	中央门	颂德里、紫竹林、劝业路、三牌楼、将军庙
	宝塔桥	恒盛嘉园、方家营、燕江园、金陵新六村、水关桥、桥东、金陵新四村、象山、燕江路

续表 42

星　级	街道名称	社　区　名　称
	挹江门	妙峰庵、察哈尔路、回龙桥、戴家巷
	幕府山	北崮山、盛世花园、五佰村、白云
	阅江楼(下关)	东炮台、热河路、商埠街

【专职社工培训】 3月19～28日，市委党校、区委党校、区委组织部、区民政局联合举办2017年社区书记主任培训班，全区各街道党工委副书记、民政主任，街道党群、社会事务科科长，社区书记、主任225人分两期参加培训。区委区政府、区委组织部、市委党校校务委员会等相关领导分别参加开班或结业典礼。华中师范大学、南京大学、市委党校专家教授以“开放空间会议＋”“社区协商与基层治理”“加强党性锻炼、坚定理想信念”等为题授课。12月5～7日，区民政局举办社区精英专题培训班，全区街道民政系统负责人、社工200余人参加，南京大学教授从社区营造角度阐述社区工作要义，结合社区建设案例分析社区营造的有益做法。来自IT公司社区项目负责人向社工介绍“互联网＋社区”前沿发展趋势，以及大数据和社区服务相结合的先进应用成果。参训社工到建邺区兴隆街道奥体社区、秦淮区夫子庙街道门东社区、栖霞区尧化街道王子楼社区，与社区书记主任交流工作。

【“三社联动”经验推广】 7月11～13日，中组部委托民政部举办的2017年全国地方党政领导干部“三社联动”(社区、社会组织、社会工作)专题研究班，在鼓楼区开展现场教学活动，全国28个省(区、市)分管社会管理和服务的地方党政领导干部参加培训。研究班成员参观江东街道睿城社区综合服务中心，肯定鼓楼区发挥社区、社会组织、社会工作整体优势，开展社区协商共治、提升社区治理效能成果。

【全国社区治理和服务创新实验区中期评估】 7月28日，民政部专家评估组对鼓楼区“全国社区治理和服务创新实验区”开展中期评估。评估组听取实验区建设工作主要做法、成效和举措，考察江东街道睿城社区综合服务中心“一门式”信息化平台、热河南路街道小桃园社区“有一说一”社区协商工作室以及中央门街道新门口社区“2+2”社区协商工作法。评估组肯定该区创新实践中形成社区“六化协商”模式。

(陆婷婷)